慶應義塾大学
東アジア研究所叢書
KEIO INSTITUTE OF EAST ASIAN STUDIES
KIEAS

パブリック・ヒストリーの実践

オルタナティブで多声的な歴史を紡ぐ

笠井賢紀・田島英一
KASAI Yoshinori　TAJIMA Eiichi

慶應義塾大学出版会

目　次

第Ⅰ部　「パブリック・ヒストリー」の論点

第Ⅱ部　実践に埋め込まれた歴史

第Ⅰ部
「パブリック・ヒストリー」の論点

第1章｜堆積するオルタナティブな歴史と記憶

笠井賢紀

はじめに

　近年、「パブリック（public）」を冠する学問分野がますます注目の度合いを高めているように思われる。この語は「公共」と訳される場合が比較的多く、公共人類学（public anthropology）（山下 2014; 内尾 2018）、公共社会学（public sociology）（盛山 2017）など、日本語化して取り組まれてきた分野もある。ただし、パブリック・ヒューマニティーズ（public humanities、公共人文学）のようにカタカナで英語表現をそのまま借用する場合も少なくない。ここには、「public」と「公共」のいずれもが多様な意味を帯びるという概念の内的な多義性と、両者が必ずしも重なり合わないという外的な差異とによる、訳出の困難さが少なからずかかわっているだろう。

　いずれにせよ、学問分野にパブリックを冠するときには一定の共通する志向性が見て取れる。すなわち、学問を専門家（学識経験者、研究者）から非専門家へと開くという志向性である。このとき、非専門家はより広く、「社会」とか「すべての人」と言い換えてもよく、この開放性こそがパブリックを冠する理由であろう。また、開かれるのは学問の成果にとどまらず、成果を生みだす過程に及ぶ。つまり、学問の成果を社会に還元するためのアウトリーチやアーカイヴ公開だけでなく、非専門家も共に学問に取り組んでいこうということになる。

　以上の説明は、学問分野にパブリックを冠し、学問の過程・成果をパブリックに開き、人びとと共に学問をやっていくものの志向性を紹介したものである。そもそも専門性やメンバーシップを問わずに取り組まれてきた分野であればあえてパブリックなどという必要はないのであり、学問が必

ずしもそうではなかったということも示す。学問が学界において専門家に担われ、専門知が集積されていく過程の意義は失われるものではないが、近年では、社会への直接的な成果還元や多様な人びととの協働が学界の内外から求められるようになったのである。

　たとえば、イギリス学士院（British Academy）等は 2020 年に社会科学、人文学、人びとのための芸術、経済学を総称する概念である「SHAPE」を提唱し、これらの科目群をグローバルな問題を理解し解決するためのものとして位置付け、ウェブサイトでも紹介している[1]。これは、従来「HASS」（人文学、芸術、社会科学の総称）と呼んでいたものを、それ自体が動詞としての意味を有する「SHAPE（形作る）」へと変更することで、それらの科目群が社会と共に動いていく動態的な様を強調したものである。こうした概念化も、学問をパブリックに開いていく近年の趨勢を示すものである。

　人びとと取り組む過程そのものを重視するという特徴から、パブリックを志向する学問が「doing（〜する）」を冠する場合もある。たとえば、スーザン・スミュリアン（Susan Smulyan）の編著書は *Doing Public Humanities*（『パブリック・ヒューマニティーズする』）というタイトルであり、同書ではパブリック・ヒューマニティーズが「協働的で関係的で政治的であって個人的でもあり、パブリックで起こり、人文学に新たな理解を生みだすもの」や「名詞ではなく動詞」として描かれている（Smulyan 2021）。

　こうした動態的で実践的な志向性から、パブリックを志向する学問には、その過程を生き生きと紹介するものもある。たとえば、全米人文学連合（National Humanities Alliance）は Humanities for All というウェブサイトで 2,000 件を超える「公共的な人文学の取り組み（publicly engaged humanities work）」を掲載している[2]。事例は、高等教育機関の種類、コミュニティ側のパートナーの種類、テーマ、学問分野、地域（州）で検索可能である。このうち、学問分野（disciplines）は人類学、社会学、民俗学、そして、パブリック・ヒストリーを含んでいる。

　本書は、このパブリック・ヒストリーを主題とした書籍である。歴史学のみならず幅広く人文社会学に携わる研究者や、いわゆる「文系」科目の

学びが社会とどう接続するのか疑問を持ちながら学んでいる学生、そして自分たちが暮らす社会の広い意味での歴史に関心を持っている生活者に幅広く読んでいただきたい。本章では、パブリック・ヒストリーの理解を深めるために、その位置付けと特性を概説する。

Ⅰ　共に歴史実践する社会

1　パブリックを志向する学問

　パブリック・ヒューマニティーズに含まれる数多くの領域の中でも、パブリック・ヒストリーは特に重要な位置にあるといえるかもしれない。たとえば、ロビン・シュレーダー（Robyn Schroeder）はパブリック・ヒューマニティーズとパブリック・ヒストリーとを入れ子のいとこ（nested cousin）であると表現している（Schroeder 2021）。ハーバード大学チャールズ・ウォーレン・センター（Charles Warren Center）は、パブリック・ヒストリーを、歴史学・人文学の研究、執筆、解釈、学位論文にパブリックな空間・文脈でかかわることと定義し「パブリック・ヒストリー／パブリック・ヒューマニティーズ」と合わせてウェブサイトに表記している[3]。つまりパブリック・ヒストリーは、複数領域を総称しうるパブリック・ヒューマニティーズと並記される形で用いられる広い意味を持つ概念なのである。

　さて、パブリック・ヒストリー自体は「伝統的な教室の壁を越えた歴史」（Kelly 1988）と定義されることがある。あるいは、オンラインで世界中から受講可能な科目「実践パブリック・ヒストリー（Applied Public History）」をプラットフォーム Coursera で開講しているキャサリン・クラーク（Catherine Clark）は、授業の中で「専門的なアカデミック・ヒストリーの狭い分野の外で行われる歴史」と定義している[4]。

　しかし、トーマス・コーヴァン（Thomas Cauvin）は、「パブリック・ヒストリーの厳密な定義を提案することは、当初は逆効果かもしれない」（Cauvin 2022）と主張し、明確な定義を避けている。コーヴァンは、パブリック・ヒストリーをどのように定義するかという問題を超えて、パブリ

ック・ヒストリー／パブリック・ヒューマニティーズの特徴を理解するう
えで重要な側面として、次の点を指摘する。すなわち、「共同作業の相手
は他の学者や専門家に限定されない。よりラディカルなのは、非学術的な
聴衆との協働である。パブリック・ヒストリーは実のところ、非学術的な
聴衆のためにだけでなく、非学術的な聴衆と共に活動するのである」。そ
して、パブリック・ヒューマニティーズやパブリック・ヒストリーは、学
問を否定するものではなく、むしろ学問を社会とつなげる運動や立場のこ
とであるといえるだろう。

　この運動や立場は、あえて学問側と社会側と分けたとき、そのいずれも
が主体になりうるのだが、学問側からの働きかけという側面があることも
確かである。事実、上の説明でも「共同作業の相手」とか「非学術的な聴
衆との協働」といった表現を使うとき、主体は明確に学問側である。人類
学、社会学などと並記される例があること、大学や学術機関がパブリッ
ク・ヒストリーの研究所や学修課程を置いたりパブリック・ヒストリーを
定義づけたりしていることなどからも、パブリック・ヒストリーの学問と
しての性質の高さが見て取れる。とはいえ、パブリック・ヒストリーにお
ける学問が、学界に閉じられた性質のものではないことは、その閉鎖性を
問題としている点からもわかる。

　以上の概観を踏まえたうえで、本章ではパブリックを冠する学問の姿勢
と人文社会系の学問の意義を考え、学界の内外が歴史の意味を探求する実
践に共に取り組むことの重要さに迫る。それをもって続く各章の論考を読
み解くうえで、通底する関心を読者と共有したい。

2　よりよい意味世界の探求と共生

　いわゆる文系学問不要論をめぐって、盛山和夫は「はたして「人文社会
系の学問にはきわめて大きな社会的意義があるにもかかわらず、そのこと
が世界には十分に理解されていない」として、自らには何ら問題がないか
のように考えるのは適切だろうか」（盛山 2017, 2）と疑問を呈している。
つまり、学問ではなく社会の側に問題があるから学問の意義が伝わらない
とする姿勢に対し、人文社会系の学問に内在する問題があるのではないか

と問いかけているのだ。

　盛山は「学問とは、根拠のある証拠と合理的な論理と理性的な討論とを通じて、世界に関する共同に受け入れることのできる知識を探求する営みだ」（盛山 2017, 13）としたうえで、「「共同知」はその学問共同体において「公共的なもの」としての価値を有する（だろうと推定される）もの」であり、「公共的なもの」は「公共性に妥当するような知識をめざすという協働の営みに参加」することによって可能になると論じた（盛山 2017, 13-14）。そして、人文社会系の学問は意味世界を探求するものであり、公共的空間においてよりよい意味を永遠に探求し続ける営みとして描かれる。

　ここにおいて、パブリック・ヒストリーは学問側が主体となりつつも、非学術的な人びとと協働することを目指すものであったことを想起できる。すると、パブリック・ヒストリーが、公共性に妥当するような知識を目指す性格を有していれば、パブリック・ヒストリーへの参加は、広い意味における学問共同体への参加だと位置付けることもできるだろう。

　さて、社会にはさまざまに異なる価値観を持った人びとが暮らしている。そうした中、価値観の違いを超えて、証拠と論理と討論によって共同知を探究しようとする学問という営為はきわめて重要である。このように、価値観の違いを超えて行われる——または超えるための——営為は、価値観が異なっても人びとが共に生きていくために不可欠である。なぜなら、こうした営為がなければ価値観が対立する集団間の対立が先鋭化するためである。

　ところで、「共に生きていくために」と書くと、共生が達成すべき目標かのように見える。しかし、実際の社会は、すでに価値観の異なる他者同士が「共に生きざるを得ない」状況に置かれているともいえる。対立が先鋭化し戦争や武力紛争が生じたり、虐殺が生じたり、特定の属性を社会から不可視化したりして、共に生きているとは常識的には言いがたい状況もあるが、それらの状況もまた、価値観の異なる者同士が同じ社会に共に生きているからこそ生じる構造的暴力である。つまり、私たちは否応なく時間や空間を他者と共にしながら生きざるを得ず、どこかユートピアに脱出可能なわけではないのである。

このような共生観に基づき、筆者は、共生社会とは目指すべき目標なのではなく、私たちに与えられた前提であると考えてきた（笠井 2020）。そして、共生は目標ではない以上、ある時点で達成し終えるということはできず、少しでもよりよい共生状況になるように、私たちは不断の努力を続けなければならないと論じた。共生のために私たちが行う努力とは、価値観が異なる他者とのコミュニケーションを継続することであり、笠井（2020）は会話、熟議、越境をその作法として挙げたが、学問という営為における協働の継続もまた重要な共生の作法といえるだろう。

3　歴史実践と文脈依存性

　パブリック・ヒストリーと関連の深い言葉として「歴史実践」がある。保苅実は、歴史実践を「日常的な実践において歴史とのかかわりをもつ諸行為」と呼び「歴史する（doing history）」という概念を唱えた（保苅 2004）。保苅の基本的な姿勢は次の言葉によく現れている。

　　事実じゃないんだけれども、何かそこには大切なものがあるはずだと言って掬いあげる、あるいは、尊重する。でも僕はこの、「掬いあげて尊重する」という行為の政治学を問題にすべきだと思います。（省略）
　　「あなたの経験を深く共有することはできないかもしれないけれども、それがあなたの真摯な経験であるということは分かります。だから、あなたの歴史経験と私の歴史理解とのあいだの接続可能性や共奏可能性について一緒に考えていきましょう」ということはできるんじゃないか。

（保苅 2003、省略は引用者による）

　保苅はこう述べたうえで、「記憶・物語（ナラティヴ）」と「事実・真実」の対立は「ほとんど意味を持たなくなっている」とし、「人間の歴史経験」に真摯（faithful/truthful）であるような歴史学が必要だと唱えた（保苅 2003）。保苅の立場では、研究者が事実ではないと思いつつも、語り手が

経験したと述べたことは「掬いあげ」尊重するという行為にもまた政治性が入り込んでいることが指摘される。そして、研究者が深く共有できないかもしれないその経験と、研究者自身の歴史理解とをどう接続／共奏するかが問われる。

テッサ・モーリス−スズキ（Tessa Morris-Suzuki）もまた、語られる歴史がいかに真実であるか、あるいは真実に近いかに着目するのではなく、いかに「真摯に」語られるかに価値を置く「歴史への真摯さ（historical truthfulness）」という概念を提示した。「歴史への真摯さ」には、（1）過去を理解することなしには自分のことも自分の属する世界も理解できないという認識、（2）他者の歴史の見方にも真摯に耳を傾ける必要性、（3）自分の位置を再考し過去の見方が歪められていないか検証する能力という三つの要素がある（モーリス−スズキ 2004）。

自らとつながる歴史、他者のそれぞれの歴史を重視するパブリック・ヒストリーの実践が世界各地で広まり、歴史的過去だけではなく実践的過去の重要性も認識されてきている。そうした中、菅豊は「世界のパブリック・ヒストリアンたちは、ヒストリー・ウォーズ（history wars）のまっただなかで、修正主義者たちと対峙している」という（菅 2019b）。歴史学界以外の人にも歴史学という場が開放され、実践的・実用的過去が歴史的過去を相対化する形でこれまでの歴史学に介入するとき、「歴史に介入するという行為のみに限れば、歴史修正主義とパブリック・ヒストリーとは類似したものと受け止められても仕方がない」、「ヒストリー・ウォーズが絶え間なく勃発する現代において、アカデミック・ヒストリーも、このパブリック・ヒストリーと融合し、協働する必要性を増大させている」と述べ、「最終的には歴史学が、アカデミック／パブリックという二項対立と区分表現を乗り越えてもう一度つながり、眼前の社会に向き合う実践を含んだ知識生産の営為として再構築されることが望まれる」と論じる（菅 2019a）。

ヒストリー・ウォーズと歴史実践とのかかわりについてはモーリス−スズキの講演と、それに基づく彼女と姜尚中との対談がまさに『Doing history』という書名で刊行されている。この中で、モーリス−スズキは保苅

の「歴史する」概念に触れたうえで、次のように述べている。

　「歴史する」というのは、ジグソーパズルで「大きな絵」をつくっていくことです。パズルのピースはほぼ無限にあります。少しずつピースを集めます。その断片を精査し検証し分析します。その意味や価値を考えます。そしてそのピースを全体像の中に埋め込んでみる。これが「歴史する」ことなのです。不都合な断片だからと恣意的に捨てたり、無理矢理サイズの合わない空間に押し込んだりすると、歴史のジグソーパズルの絵がますます見えなくなってしまうのです。終わりなき作業ですが、素晴らしい作業でもあります。
　わたしたちは、一人ひとりが歴史の物語を編んでいます。ただ、一人だけではジグソーパズルの完成はとても望めません。それゆえ、多くの知見を参照し、異なる立場の人たちと交流し、生涯をかけてこのジグソーパズルに取り組むのです。

（モーリス−スズキ　2017）

　以上の議論をまとめると、「歴史する」とは、一人ひとりが歴史経験を持ち、その個々の歴史経験について真摯な態度で接し自らの歴史理解との接続を図り、その過程において異なる知見・立場の人との交流をしながら歴史を描いていく飽くなき実践のことである。この実践はパブリック・ヒストリーの一環だと位置付けることができるだろう。ただし、ヘイドン・ホワイト（Hayden White）がホロコーストに取り組み、モーリス−スズキと姜尚中が従軍慰安婦問題について語るように、あるいは後述するように、アレックス・ヘイリー（Alex Haley）が奴隷制度を物語の軸につねに据えていたように、歴史的な加害・被害に関する出来事が目立つ。それらの出来事はきわめて大きな影響を当時の人びとの経験に与えていたばかりでなく、現在まで歴史認識や他者との関係性に影響を与えることであるから、当然「歴史する」実践で重要な位置を占める。
　ただし、人間の歴史経験に真摯に向き合うというとき、より日常的な、あるいは家族や地域社会の範囲における歴史経験もまた看過されてはなら

ないだろう。こうした観点から、本書が取り上げる事例も、国家レベルの問題から個人レベルの問題まで幅広く取り扱う。なお、あらゆる個人レベルの問題もまた、社会とつながる問題である。

　歴史を地層のように捉え「堆積した歴史（sedimented histories）」と表現したサラ・ロイド（Sarah Lloyd）とジュリー・ムーア（Julie Moore）は、「堆積した歴史は時を超えて用いることができるもので、それぞれが互いに隣接して存在しつつ、歴史における適者生存の競争に追い込まれることはない」（Lloyd and Moore 2015）と論じた。パブリック・ヒストリーが目指すのは、ヒストリー・ウォーズを展開する対立しあう歴史像を打ち立てることではなく、表層に見えているものだけではなく、その下にある多様な歴史の存在を認めることにある。そのようにして、いままでとは異なるオルタナティブな歴史観に気付かされるのである。

II　パブリック・ヒストリーをパブリックにするもの

1　パブリック・ヒストリーの性質

　かつて、社会学者のジョージ・ヒラリー（George Hillary）は「コミュニティ（community）」という概念がきわめて多義的に用いられていることに着目し、先行研究を渉猟し、多くの定義に共通する要素の抽出を試みた。その結果、領域・地域（area）、社会的相互作用（social interaction）、絆（ties）を要素に含める定義が多いことが報告された。当然、最大公約数的な要素群がつねに高い妥当性を持つわけではないが、概念の核となるのはどのような要素であるかを考える試行は、概念の利活用において重要であろう。

　本節では、パブリック・ヒストリー概念を構成する多様な要素を挙げてみよう。その際、パブリック・ヒストリーがもつ志向性（性質）を示すものとして、各要素を【〜性】という表現で統一して挙げるものとする。

　菅（2019b）は「現場では、学際的という以上の、より脱領域的な叡智を結集するのが自然」と述べており、「すべての人文・社会科学にまたがる『入会地＝コモンズ』」としてパブリック・ヒストリーが描かれており、

ここからは【脱領域性】が見て取れる。ヒストリーの名がつくために、歴史学という学問の一分野をパブリックに開けばよいかのように見えるが、歴史（history）をパブリックに開くとき、必ずしも狭義の歴史学の方法が実践で採用されるわけではない。

　ホワイトは、マイケル・オークショット（Michael Joseph Oakeshott）による「歴史的過去（historical past）」と「実践的過去（practical past）」の区別を援用しつつ、オークショットよりも実践的過去の意義を主張した。ホワイトは歴史的過去により歴史を占有する研究者集団によって、人びとがさまざまに認識していた実践的過去が虚構として排除されてきたとする（White 2014＝2017；北條 2019）。このとき、ホワイトがいうところの実践的過去は、私たちがパブリック・ヒストリーと呼ぶ、パブリックに開かれ、学界に占有されていない領域としての歴史における歴史を指すといえるだろう。ここからは【実践性】や【公共性】が見て取れる。

　このとき、実践の担い手となるパブリックは、全世界のありとあらゆる人であってもよいが、実際には何らかの文脈を共有する特定のコミュニティの人たちのことである場合が多いだろう。人びとがよりよい歴史の意味を探究し実践するのは、十分に意味付けられていない歴史が自分たちにはあると気付いたり考えたりするためである。あるいは、学問などによって他者が意味付けた歴史とは、別の意味が見つかるかもしれないからである。この自分たち＝コミュニティという、文脈を共有している者たちの【当事者性】もパブリック・ヒストリーにおいては注目できる性質である。ただし、何らかの当事者性を有していても、歴史の意味を探求する機会を持たない、語る機会や方法を持たない人びとの歴史は、結局、他者によって意味付けられなければならないのだろうか。この観点からは【発話可能性】も何らかの意味で確保されなければ、パブリック・ヒストリーとは言いがたいかもしれない。

　さて、フェイ・セイヤー（Faye Sayer）はパブリック・ヒストリーを「歴史をより多くの人びとに伝えるためのコミュニケーション」であり、「歴史の実践と制作における一般市民の参加」の場だと論じている（Sayer 2019）。市民参加の場であるため、パブリック・ヒストリーは民主的な過

程でもあり、また、しばしば反体制的なものも含まれる。ここからは【民主性】や【抵抗性】が見て取れる。

　コミュニケーションであり、人に伝達するものだという点に注目するとき、パブリック・ヒストリーが【物語性】を有することにも注目できる。たとえば、1970年代にアレックス・ヘイリーの小説と、それを基にした同名のテレビ番組『ルーツ：アメリカ家族の物語（Roots: The Saga of an American Family）』は世界的なブームとなり、日本で放映された同番組も高視聴率であった。同作はアフリカ系アメリカ人であるヘイリー自身の来歴探しである。18世紀に奴隷としてガンビアからアメリカに連れてこられた先祖クンタ・キンテから連なる家族の歴史が描かれる。ブームと同時に、同作には猛烈な批判も寄せられた（Mills and Mills 1981）。ヘイリー自身が同作を「ファクション（faction）」、つまり事実（fact）と虚構（fiction）を綯い交ぜにした「ファクション（faction）」であると言明しているが、このことに加え家系図の矛盾などが厳しく批判されたのである。しかし正確な事実であるかどうかといった問題を超えて、同作は優れた作品として世界中に感動をもって受容された。ここでは、専門家と非専門家は先鋭化した対立構造にあり、『ルーツ』がパブリック・ヒストリーの作品であるかどうかには議論の余地が残る。もし彼らが協働し、専門知による考証や史料批判がなされていれば、異なる作品になったかもしれない。とはいえ、世界中の人びとに受け入れられたのは、作品が専門家に占有された歴史の枠を超えていたことと、惹きつけるだけの物語性があったこととが要因であると考えられ、伝達という観点から見たときには物語性は重要であろう。

　ただし、人びとよって歴史の意味が探求され、歴史の物語が紡がれるとき、潜在的には無数の筋立てやイベントとその意味づけがありうる。ここでは、福永真弓による、物語の収束をめぐる、「重要なのは、いくつもの緊張関係の中からあるラインをもつ物語へと収束しようとしているその過程と、その過程においてせめぎあっているいくつもの声の存在をよく捉えることである」（福永 2010）という指摘が当てはまるだろう。つまり、歴史がパブリックに開かれ、人びとが共に歴史の意味を探求する際にも、コミュニティ内部における【多声性】への配慮が重要である。

同じ社会にもさまざまな声があるからこそ、誰かに占有された歴史だけではない歴史が必要になる。他方、一人ひとりが異なる歴史像を打ち立てて乱立したとしても、そのままではパブリックな領域は形成されがたく、同じ社会に異なる価値観・歴史観の者同士が共生せざるを得ない以上、パブリック・ヒストリーには【対立性】も内包されうる。ただし、この対立性は、同時に、異なる者同士がわかりあう契機にもなりえるもので、【媒介性】を有するともいえるだろう。

　歴史の意味づけをめぐる対立を内包しつつも、何らかの物語に収束し、パブリックな歴史が描かれたとしても、それは絶対的な解を意味するものではない。あくまで、その熟議を重ねたその時点における暫定的な解であり、さらなるコミュニケーションの過程の中で、書き換えられていく可能性につねに開かれている。つまり、パブリック・ヒストリーは実践としては【永続性】を有しており、その暫定的成果としての物語は【可謬性】を有しているともいえる。

　以上、パブリック・ヒストリー概念の要素として、脱領域性・実践性・公共性・当事者性・発話可能性・民主性・抵抗性・物語性・多声性・対立性・媒介性・永続性・可謬性を挙げた。ここで気をつけなければならないのは、パブリック・ヒストリーそれ自体が動詞としての「歴史する」にあたる実践としての側面、それによって生みだされる名詞としての歴史にあたる物語としての側面を共に持っており、加えて、その主体が誰であるかも重要であるということである。

　ここまで挙げてきた性質には、実践・物語・主体に関する諸性質が混在している。たとえば永続性は物語がずっと続くことを指すのではなく、つねに公共に開かれ続けるという実践面の性質であるし、可謬性は一度作られた物語も変化しうるという物語面の性質であるというように、どの側面に関する性質であるかを分類可能なものもある。他方で、物語性は成果としての物語に関する性質であると限定的に論じることも考えうると同時に、歴史実践が動詞かつ共同行為としての「物語り」（やまだ 2000）であるという性質を有しているなど、側面ごとに切り分けるのが困難な側面もある。

　歴史や歴史学にこれらの諸性質を付与・増加させたものをパブリック・

ヒストリーといえるかもしれない。だが、実践はきわめて多様であり、事例によっては、これらすべての性質を帯びていないものもあるだろうし、逆に、ここでは挙げていないものの、パブリックに開く実践として重要な異なる性質を帯びているものもあるだろう。あるいは、すべての性質を帯びていたとしても、実践面において重点が置かれる性質がいくつかに限定される場合もあるだろう。

2　コア概念としてのパブリック＝公共性

　さまざまな性質を帯びうるものの、パブリック・ヒストリーを論じるにあたり、最も重要で不可欠な性質は「パブリック」であるということは、その名称から明らかである。本章冒頭で述べたように、パブリックを公共と訳出することをめぐっては困難さもつきまとう。ここで、パブリック・ヒストリーにおける歴史は、制度的・学術的に正統とみなされるものに限定されず、すべての人があらゆる分野において展開しうるという点から、「実践・物語・主体の全側面において開かれている」ということを、さしあたりパブリック＝公共性の意味とおいてもよいだろう。ところで、パブリック・ヒストリーという概念を用いるからパブリック＝公共性がコアな概念であるというのはいわば当然のことである。ここで問われるべきなのは、そもそもパブリック・ヒストリーが社会にとってなぜ必要なのかということである。

　パブリック・ヒストリー概念や実践の必要性に答える前に、公共性を「開かれている」と説明すること自体の課題についても触れておこう。課題として、実践においては倫理や法や技術の観点から実施不可能な場合、物語においては論理や脈絡がどのようにしてもつながらない断片的なものである場合、主体においては実践や語りがある特定の経験や地域を共有している人びとのコミュニティに限定される場合があることが挙げられる。つまり、いったん「開かれている」と描いたものの、たちまち公共性の制限に気付かされるのである。では、公共性の定義をいまいちど見直すべきかというと必ずしもそうではない。

　公共性があくまで開かれていることであるとしたうえで、なぜ制限が生

じるのかを社会が一つひとつ熟議しなければならない。価値観の異なる他者とよりよく共に生きるためには、正解にたどり着かなくても暫定的な解を目指す熟議や、完全にはわかり合えなくても他者の立場を想像する越境といった諸作法に努め、他者との関係性を継続する必要があるのである（笠井 2020）。公共性の制限についても同様である。

たとえば実践面について、法・倫理に反している事態が生じたとき、なぜ実践を制限するような法や倫理が社会に用意されているのかを問うことが重要である。この問いは、必ずしも法・倫理を覆す運動を生むものではないが、歴史や妥当性について社会が確認する契機となる。あるいは物語面について、ある経験を語ろうとしたときになぜ断片的であり続けるのかを問うことを通じ、集合的トラウマが浮き彫りになったり、あるいは物語化の持つ暴力性を社会が認識したりすることがありうる。この場合も同様に、ただちにトラウマや暴力性が解消されるものではない。さらに主体面について、ある実践や物語が特定の経験などの共通性を有するコミュニティに限られるとき、「誰が語りうるのか」、「どうすればコミュニティに入れるのか」といった諸問題が現出する。これらが複合的に問われる状況もめずらしくはない。

以上から、（1）社会がパブリック・ヒストリーを重要なものとし、（2）パブリック＝公共性を「開かれている」ことに求めるとき、（3）パブリック・ヒストリーの実践・物語・主体が実際には何らかの制約に開かれていないという、理念と実態との乖離（かいり）が観察され、（4）乖離から社会的な問いや認識が生まれ、熟議や他者への想像の契機となり、（5）継続的な熟議や他者への想像は、異なる価値観を持つ他者とよりよく共に生きるために不可欠である、という論理によってパブリック・ヒストリーの必要性が説明できる。再帰的に、共生社会に不可欠なのであるから、「（1）社会がパブリック・ヒストリーを重要なもの」とすべきであるといえよう。

おわりに

本章は、本書におけるパブリック・ヒストリー概念の理解を示したもの

であり、ここでその内容をいまいちど要約して示そう。近年、国内外問わず、人文社会学がどのように「開かれている」学問になるべきか、盛んに議論されパブリック・ヒューマニティーズが重視されている。その中で、パブリック・ヒストリーは中心的な位置を占めるものといえる。学問が歴史を占有することなく、人びとと共に人びとの歴史を作り上げていくパブリック・ヒストリーは、人びとが自分たちの歴史を取り戻したり手に入れたりする歴史実践である。ここで、パブリック＝公共性を謳う以上、パブリック・ヒストリーは「開かれている」ことが前提となるが、実際には種々の制限により、理念（開放性）と実態（閉鎖性）とは乖離する。この乖離への注目こそが、社会が不可視化してきたことや議論の埒外に置いてきた歴史的ことがらや諸主体を議論の俎上（そじょう）に載せ、社会にコミュニケーションを生む契機となる。価値観の異なる他者が共に熟議したり、知を求めたりする営為は、共に生きざるを得ない社会をよりよくするためには不可欠で、共生社会のための作法とも呼べるものである。すなわち、パブリック・ヒストリーの概念・実践の重視は、共生社会に資するものであり、社会にとって重要である。なお、パブリック・ヒストリーにはコア概念の公共性だけでなく、脱領域性・実践性・当事者性・発話可能性・民主性・抵抗性・物語性・多声性・対立性・媒介性・永続性・可謬性などが挙げられる。

　ここまでの整理を踏まえ、本書の各章ではより詳細に議論を展開する。まず、コア概念である公共性については、生活世界という概念を用いて共編者の田島英一が論じる。そして、他の章では具体的な歴史実践を取り上げてパブリック・ヒストリーを論じる。読者におかれては、（1）各章の事例における実践・物語・主体がそれぞれどのようなものであるのか、（2）各実践がパブリック・ヒストリーとしてどのような性質を帯びているのか、（3）当該実践はどのように開かれて／閉じられていて、（4）その状況が生まれているのはなぜなのか、さらには（5）実践によって社会に提起された課題はどのようなものであるのかに注目して読み進めていただきたい。

　加えて、各事例にはそれぞれ独自の媒体や方法がある。このことは、本章では十分に議論が展開できていない点である。謡、語り、ラジオ、映像、

ソーシャルメディア投稿など多様な媒体による歴史実践が行われ、それを分析する研究者たちの方法もさまざまである。それらの媒体・方法を用いながら、いわば「学問側」にいる執筆陣が、どのような意味において協働してパブリック・ヒストリーを紡いでいるかという点についても批判的に検討いただき、本書がパブリック・ヒストリーを読者自らが展開する一助となれば幸いである。

1) British Academy, "This is SHAPE", https://www.thebritishacademy.ac.uk/this-is-shape/（最終アクセス：2024 年 10 月 6 日）。
2) Catherine Clark, "Applied Public History", provided by MOOCs Platform Coursera, https://www.coursera.org/learn/uol-public-history/（最終アクセス：2024 年 10 月 6 日）。
3) Charles Warren Center, "Public History & Public Humanities", https://warrencenter.fas.harvard.edu/%C2%A0public-history-public-humanities（最終アクセス：2024 年 10 月 6 日）。
4) National Humanities Alliance, "Humanities for All", https://humanitiesforall.org/（最終アクセス：2024 年 10 月 6 日）。

参考文献
内尾太一（2018）『復興と尊厳——震災後を生きる南三陸町の軌跡』東京大学出版会。
笠井賢紀（2020）「所与の前提状況としての共生」笠井賢紀・工藤保則編『共生の思想と作法——共によりよく生き続けるために』法律文化社、1-12。
菅豊（2019a）「パブリック・ヒストリーとはなにか？」菅豊・北條勝貴編『パブリック・ヒストリー入門——開かれた歴史学への挑戦』勉誠出版、69-134。
————（2019b）「パブリック・ヒストリー——現代社会において歴史学が向かうひとつの可能性」菅豊・北條勝貴編『パブリック・ヒストリー入門——開かれた歴史学への挑戦』勉誠出版、1-12。
盛山和夫（2017）「公共社会学はなにをめざすか——グローバル化する世界の中で」『社会学評論』68（1）、2-16。
福永真弓（2010）『多声性の環境倫理——サケが生まれ帰る流域の正統性のゆくえ』ハーベスト社。
北條勝貴（2019）「〈ありのままの事実〉を支えるもの——近代日本における歴史実践の多様性」菅豊・北條勝貴編『パブリック・ヒストリー入門——開かれた歴史学への挑戦』勉誠出版、69-134。
保苅実（2003）「誰が歴史家なのか——ラディカル・オーラルヒストリー」『史資料

ハブ地域文化研究』2、57-65。

──────（2004）『ラディカル・オーラル・ヒストリー──オーストラリア先住民アボリジニの歴史実践』御茶の水書房。

モーリス-スズキ、テッサ（2002）『批判的想像力のために──グローバル化時代の日本』平凡社。

──────（2017）「生きている歴史・繋ぐ記憶」テッサ・モーリス＝スズキ・姜尚中『Doing History──「歴史」に対して、わたしたちができること』弦書房。

山下晋司（2014）『公共人類学』東京大学出版会。

やまだようこ編著（2000）『人生を物語る──生成のライフストーリー』ミネルヴァ書房。

Cauvin, Thomas（2022）*Public History: A Textbook of Practice*, NY: Routledge.

Kelley, Robert（1988）"The Idea of Policy History." *The Public Historian*, 10（1）, 35-39.

Lloyd, Sarah and Julie Moore（2015）"Sedimented Histories: Connections, Collaborations and Co-production in Regional History", *History Workshop Journal*, 80（1）, 235-248.

Mills, B. Gary and Elizabeth Shown Mills（1981）"Roots and the New Faction: A Legitimate Tool for Clio?", *The Virginia Magazine of History and Biography*, 89（1）, 3-26.

Sayer, Faye（2019）*Public History: A Practical Guide*, 2nd Edition, NY: Bloomsbury Publishing.

Schroeder, Robyn（2021）"The Rise of the Public Humanists." in Susan Smulyan ed., *Doing Public Humanities*, NY: Routledge.

Smulyan, Susan（2021）"Introduction." in Susan Smulyan ed., *Doing Public Humanities*, NY: Routledge.

White, Hayden（2014）*The Practical Past*, Evanston: Northwestern University Press（＝2017、上村忠男監訳『実用的な過去』岩波書店）.

第2章 歴史における二つの「公」

田島英一

はじめに

　かつて加々美光行は、中国研究の新たなパラダイムを「コ・ビヘイビオリズム」として提示した。第二次世界大戦以降の地域研究の歴史を振り返った加々美は、そのオリエンタリズムと、オリエンタリズムの根源にある、存在構造としてアジア、アフリカ、ラテン・アメリカ諸国を客体化する姿勢を批判する。そして、研究対象となる諸主体と研究者自身という主体が相互連動関係にあるという共同主観性ないし共同主観的存在構造を承認しつつ、国別研究を行う「コ・ビヘイビオリズム」を提唱する。ここにおいて、社会科学諸領域を中心とした既存の中国研究は、「中国学」に再編されることになる（加々美 2008 参照）。

　またチョウ（Rey Chow, 周蕾）は、儒家的な「正名」が現代中国においても既存の政治的ヘゲモニーを強化し続けており、これはジャック・デリダ（Jacques Derrida）のいう「ロゴス中心主義」的支配の典型だとして批判している（チョウ 1998, 172）。

　この両者の批判は、一見したところ直接的な関係がない。しかしいずれも、歴史における「公」を考えるうえで、深い示唆を与える。本書はpublic history（公共の歴史？）に関する論考集であるが、本章では、特に歴史における「公」の二つの異なる方向性について、考えてみたい。

I　参与知、人格、生活世界

　マイケル・ポラニー（Michael Polanyi）のいう暗黙知（ポラニー 1980 参照）と形式知に近い概念として、知を参与知と客観知に分けておく。参与

知は、他者との共同実践から生まれる覚悟の産物であり、文字化できない。一方客観知は、外在化された客体への認識の産物であり、文字化による伝達も可能になる。参与知は伝達できないが、たとえば上杉鷹山の「してみせて　言って聞かせて　させてみる」的なプロセスの中で、相手が主体的に悟ることはある。ただし、自己の参与知と、それを悟った他者の参与知は、決して同一ではない。自己も他者も、異なる文脈や関係性、仏教的にいう「縁」を生きる固有の人格（person）であり、相互間には越えがたい差異が横たわっている。当然その覚悟も、異ならざるをえない。参与知には、人格間の差異を超える共約可能性がない。だが客観知には、文字を媒介とした共約可能性が保証されている。ある意味、文字こそ主なのであって、人は画一的なリテラシーを有し、文字に依存しつつ思考する固有性なき客体として従属的に存在する、個体（body）でしかない。人格は現実世界におけるありのままの人であり、個体は文字によって再構成された仮構世界の人である。人格の知は参与知にとどまるが、理性の力で世界を俯瞰できる地点に立つという仮構が、現実世界の客体化と、客観知への還元を可能にする。この架空のメタ次元を、イデア世界と呼んでおく。イデア世界に立つ人も、そこから俯瞰される人も、固有性なき個体であるがゆえに、共約可能性が保証される。

　仮に世界を、神仏のような超越者の次元たる第一層、人間の次元たる第二層、事物の次元たる第三層に分ける。第一層からは第二層と第三層が、第二層からは第三層だけが、俯瞰可能になる。本来人は、第三層にかかわる客観知しか手にできない。超越者だけが、第二層を客体化できる。当然、同じ第二層の人格である他者を、客観知に還元することはできない。マルティン・ブーバー（Martin Buber）が、他者を「それ」として客体化することができないといったのも（ブーバー 1979 参照）、ハンナ・アレント（Hannah Arendt）が、「who は名状できない」（アレント 1994, 48, 295）といったのも、そのためである。ヴィクトール・フランクル（Viktor Frankl）は、「人格的実存は、完全に客観化することができないのです。実存が私の前の客体、私の眼前にある客体として存在することは決してありません。実在はつねに私の思考の背後に、私の後ろに、主体として存在

しているのです。ですから、実存は、究極的には一つの神秘なのです」という（フランクル 2004, 27）。この、互いに主体として向き合い協働する人格の世界を、生活世界としておく。

他者は客観知の対象ではなく、共同実践の伴侶である。この他者との共同実践を、呼応としておく。人格は、相互呼応関係にある。『聖書』的な表現を用いれば、他者を客体化し、客観知に還元することは「裁く」ことであり、呼応することは「共に喜び、共に泣く」ことにあたる。客観知に還元された他者は、人格的主体性を奪われ、個体となる。固有性なき個体は、容易に集団化する。こうして、対象の個体集団が「やつら」として実体化し、「我々」と対置される。早くもここに、オリエンタリズムの道徳的瑕疵が顕在化している。

呼応は、文字化できない暗示的ロゴス（implicit logos）に属する。狭義の暗示的ロゴスは、寓話、暗喩、示唆のような、直接文字化できないロゴスを指す。広義の暗示的ロゴスには、沈黙、嘆息、涙、呻吟、抱擁、生き様といった、非言語的要素が含まれる。イエスの説教や禅問答は、暗示的ロゴスに属する。

信仰とは、超越者を第一の他者とし、呼応関係を結ぶことである。この呼応を、信仰的呼応と呼んでおく。第一層は霊性の次元、第三層は物性の次元である。超越者は遍在し、物性の束縛を受けない。人間存在の複雑さ、曖昧さは、人格として霊性に属し、信仰の主体たりうるのに、個体として物性に属し、物性の束縛を受けるという、その二面性にある。個体が依存する、衣食住をはじめとする、第三層からの物性の支えを、財貨と呼んでおく。財貨は、仏教的には「空」たる「色」であり、『聖書』的には「世の富」である。信仰はその束縛を「罪」「迷い」「貪」「煩悩」等とし、そこからの解放による人格的固有性、主体性の回復をもって、人間存在の正常化を図ろうとする。だから超越者は、第一層にありながら、あえて人を客観知に還元せず、あくまでも人格として遇し、自身と同じ霊性において、人の尊厳を承認する。たとえば仏教は、人が「仏性」を宿す「如来蔵」だといい、釈迦は「天上天下唯我独尊」ということばで、人格の主体性、固有性を承認する。『聖書』は、人が「神の似姿」「神の栄光の器」であるこ

とを認め、「高価で貴い」といい、贖いを約束する。この承認を、義の承認と呼んでおく。

　信仰的呼応の本質は、義の承認にある。義の承認には、「慈悲」「アガペ」「仁」等、さまざまな呼称がある。それは、すべての人格に等しく、かつ無条件に与えられるのであって、貴賤の差を生まない。むしろイエスは「罪人」を招きにきたとさえいい、親鸞は「弥陀の誓願」が「悪人」を拒まないといった。義の承認は、親密圏内において自然なこととみなされやすい。超越者は、義の承認が信仰的呼応や親密圏を超え、第二層内の人格と人格とのあいだにも広がることを望む。この、人格間の義の承認を、社会的呼応と呼んでおく。こうして呼応（response）は、社会における人格の責任（responsibility）となる。福音書のイエスが、複雑化していた律法を、「神を愛する」「隣人を愛する」のたった二条で総括したのは、よく知られる。イエスはその先に、「あなたがたの間にある」とした「神の国」を見ていた。

　文脈や関係性に依存する人格に、不変の本質はない。人格は、マイケル・サンデル（Michael Sandel）のいう「状況づけられた自我」として、変わり続ける。

　　　より徹底した反省を可能とするためには、われわれは、前もって個体化され、自らの目的に優先して与えられた、まったく負荷なき所有の主体ではありえず、自らの中心的な大望や愛着によって一部が構成され、自己理解が修正されるに従って、発展し、変容していくことに開かれ、実際に影響を受ける主体でなければならない。

　　　　　　　　　　　　　　　　　　　　　　　（サンデル　1999, 318）

個体が食べたものでできているように、人格は超越者を含めた出会った他者でできている。新たな他者との呼応を通して、たえず変容する。この変容を、創発と呼んでおく。教育とは、呼応を通した創発への期待である。たとえば『クリスマス・キャロル』のスクルージは、かつての共同経営者マーレイの亡霊から、欲まみれの人生が悲惨な最期を招くという「正解」

を示されたが、そこに恐怖しか感じない。しかし寡黙な幽霊に連れ去られ、若き日々の自分や、つつましくクリスマスを過ごす部下、病気で余命いくばくもないその息子の姿といった暗示的ロゴスに接すると、彼らとの呼応を渇望し、最後には劇的な創発を体験する。教育学者パウロ・フレイレ（Paulo Freire）も、以下のように教育の本質を「対話」、つまり呼応に見ている。「対話とは、世界を命名するための、世界によって媒介される人間と人間との出会いである」「真の対話は、批判的思考を含まないかぎり存在しえない。その思考は、世界と人間との不可分の結びつきを認め、その二分化を許さない思考である。現実を動かないものとしてではなく、過程や変容としてとらえる思考である」「批判的思考は、閉ざされた naïve 思考と対比される。閉ざされた思考は『歴史的時間を重さとして、過去の獲得物や経験の堆積として』（友人の手紙より）見る。そこから現れる現在は、標準化された秩序整然たる現在でなければならない」（フレイレ 1979, 103）。

　差異の彼方にいる他者との呼応は、想像力に負荷をもたらす。この負荷が、かえって創発を生む。差異は共約の障害であるが、創発にとっては契機となる。セイラ・ベンハビブ（Seyla Benhabib）は、「無知のヴェールの背後では、自己と区別される他者が消えてしまう」とジョン・ロールズ（John Rawls）を批判しつつ、「道徳的な視座や推論が他者の視点から逆転される」（ベンハビブ 2014, 100）ことが重要だという。またケネス・ガーゲン（Kenneth J. Gergen）は、「意味とは、人々が互いに行為を調整し合う中で立ち現れてくる」「私はたった一人では、何も意味することができません」「ある対話のあり方を反省するためには、このように異なる共同体に属する声が必要なのです。二つの共同体が、私の中で出会います。つまり、私自身が、二つの世界をつなぐ水路となるのです。自らを反省することによってはじめて、自分が入りこんでいる多くの共同体を結びつけることができるようになり、より調和的に世界を再構成する可能性が開かれることになります」（ガーゲン 2004, 95）と語る。

　道徳とは、つまるところ、差異の向こう側に立つ他者の、人格的尊厳に対する配慮であり、究極的には義の承認である。人格は人格間で繰り返される無を数の呼応から生まれた、暗示的規範を参照しつつ、主体的想像力

において他者と相対させねばならない。この、文字化できない暗示的規範を、自治秩序と呼んでおく。ロバート・ベラー（Robert Bellah）は、自治秩序を「制度（institute）」と呼び、呼応との相互作用関係を認めている。「制度とは、法とモーレス（習律）―非公式な慣習・習慣―の内に埋め込まれ、またそれらによって強制される規範的な型である」「制度は、私たちを教育し、形成する」「私たちは他者とともに生を営みながら、言葉と行動を通して、この生を可能にしている諸制度を不断に創造し、また再創造している」（ベラー等 2000, 序論）。アルフレッド・シュッツ（Alfred Schütz）がいうように、「われわれは、生活世界のなかで行為し作用するばかりでなく、生活世界に対して行為し作用する」（シュッツ＆ルックマン 2015, 49）のである。こうして生活世界は、たえざる動態となる。人格は、ファウスト博士のように「止まれ」とは叫べない。

　仮に、人と人との紐帯から生まれるのが「公」であるとすれば、信仰は法輪型の公を目指すことになる。人格は差異を抱えたまま、超越者をハブ、宗教的呼応をスポーク、社会的応答をリムとする関係の中で、互いに結ばれ、共生する。この公を、共生の公と呼んでおく。「神の国」は、共生の公の『聖書』的表現である。

II　客観知、個体、制度世界

　通常我々が「公」ということばから連想するのは、共生の公ではない。むしろ、客観知に還元可能な個体が、客観知に属する画一的ルールに従い、秩序が維持されるような「公」である。これを、共約の公と呼んでおく。共約の公の領域を制度世界、その規範を統治秩序としておく。共約の公は、創発を繰り返す動態としての共生の公と異なり、静態である。改定という人工的手続きを経ねば、統治秩序は変わらない。中国的文脈に落とせば、たとえばいにしえの「小国寡民」は、共生の公に属していた。それが、儒家的「正名」を経て、法家的中央集権へと至るのは、共約の公が完成する過程であった。

　共約の公は、客観知を生むイデア世界から始まる。第二層を俯瞰しうる

イデア世界は、第一層と同じ位置を占める。換言すれば、イデア世界とは、第一層の世俗的表現、ないし人の手で超越者を放逐した、空き家の第一層にほかならない。だから、イデア世界から始まる共約の公は、超越者に対する敵意の自覚もないままに無神論を肯定し、自己神格化を図っていることになる。『聖書』の冒頭を飾る「創世記」には、それを連想させる物語が散見する。たとえばアダムとイブは、自己神格化を可能にする「知恵の実」を食することによって、自らを客体化し、裸であることを知った。その代償は、楽園（共生の公）からの追放であった。バベルの人びとは、個体間の全き共約を信じていた。その自信が、彼らに神と同じ高みに立てる塔の建設を促した。その代償は、共約の喪失（よくいえば、共約幻想からの覚醒）であった。

　制度世界での共約が必要になった最大のきっかけは、農業文明（カインの時代）の到来であったろう。「出エジプト記」には、神が人びとを飢餓から救うためにマナという食物を与えたが、食べて満ち足りたはずの人びとが、マナの貯蔵を自己目的化してしまうという、奇怪な倒錯が描かれている。マナは翌日には腐敗する食物であり、彼らは腐臭で自らの生存環境を破壊してまで、マナの貯蔵に奔走したのである。それは、過労死や地球温暖化を前になお経済成長を渇望する、我々の姿と重なる。そして穀物は、人類史上初の貯蔵可能な財貨であった。財貨の獲得と分配は、多くの人格を個体として客体化し、動員することで実現する。こうして、人を財貨に基礎づける客体化としての統治が始まる。貯蔵量の格差は、この統治における地位と権力の格差へとつながった。

　財貨の貯蔵量により個体を序列化する作用を、利の承認と呼んでおく。制度世界では、利の承認が基本原理になる。たとえば、学校なら学業成績、企業なら営業利益といった財貨的（財貨に還元可能な）価値に基づいて、構成員たる個体を序列化している。個体は、唯一無二の存在ではない。つねに、代替可能である。兵士は死ねば補充可能であり、「無能」な職員は解雇して、新規採用を行うこともできる。尾崎紅葉『金色夜叉』の「前期お宮」にとって、貫一は人生を共にできる唯一無二の人格であり、義の承認の対象であった。だが「後期お宮」は、利の承認に傾き、富山を伴侶に

選ぶ。それは富山の提供する財貨が、彼女の家の苦境を救うばかりでなく、彼女の承認欲求を満たしたからである。だから、富山以上の財貨を提供してくれる男が現れれば、躊躇なく乗り換えたであろう。そして貫一も、結局は利の承認に身を委ね、自らを個体に貶めつつ、復讐を完遂した。その結果、お宮も貫一も不幸になった。人が人格的主体性において幸福実現することを願うのが、義の承認である。利の承認の関心は、幸福にはない。貯蔵財貨の多少がすべてであり、個体はそのための手段でしかない。

　世界各地で農業文明が文字を生んだことは、偶然ではあるまい。統治秩序は、文字化可能な客観知である。客体化できない霊性（見えない力）を、客体としての物性（見える富や不幸等）に変換し、人の意のままに操作するのが呪術であるとすれば、発話行為を粘土板や亀の甲羅の上で形象化する文字の発明は、呪術そのものであった。たとえば、文字を持たないアイヌの人びとは、発話行為を itak、つまり「i-（それを）＋tak（招く）」という。i- は、霊的な何かを指称することばであり、カムイ送りの祭りイオマンテ（i-それを＋omante 送り返す）の i- と同義である。発話行為は、霊的かつ文脈依存的な召喚行為でもあった（それが、霊媒師「いたこ」の語源だという説にもつながっている）。だが農業文明は、その依り代として文字を発明した。それは呪術として、エジプトの神官、商の卜官、ナシ族の東巴のような宗教者の手を経て生まれた。文字として客体化されたことで、「正しい発音」「正しい文法」といった標準化、均質化も可能になる。その結果生まれた、共約可能なことばが、明示的ロゴス（explicit logos）であった。狭義の明示的ロゴスは学校で教えられる古典や国語の類だが、広義の明示的ロゴスには信号旗、交通標識、数式、通貨等も含まれる。「ヨハネによる福音書」によれば、イエスはその生涯をもって神の本質を表現する、「（暗示的）ロゴス」であった。一方、冒頭の「ロゴス中心主義」的支配は、明示的ロゴス（統治秩序）に基づく支配を指す。

　この意味で、言文一致運動の本質が「話すように書く」のではなく「書くように話す」ことにあると喝破し、「雑種性を許容する多言語性から、雑種性を異常事態とみる多言語性への移行」が「日本語」を生んだ（死産せしめた）とした、酒井直樹の指摘は正しい（酒井 1996 参照）。発話の規

範化から生まれた明示的ロゴスは、あるいはラテン語、あるいはアラビア語、あるいは漢文として、世界帝国（および世界宗教）に共約の公をもたらした。そして、帝国に反旗を翻しつつ誕生した国民国家も、じつは同じ手法で、いささか規模の小さい明示的ロゴスを生みだし、いささか規模の小さい「我々」を実体化したにすぎない。ヨハン・ゴットリープ・フィヒテ（Johann Gottlieb Fichte）や本居宣長の雄弁にもかかわらず、ローマン・アルファベットや漢字（万葉仮名）がなければ、「正しいドイツ語」や「正しい日本語」は生まれていない。「日本人」や「ドイツ人」は、「漢意（からごころ）」や「死せるラテン」の鬼っ子であった。国民国家は、世界帝国の呪術的手法を継承していたのであり、その意味でも、カール・シュミット（Carl Schmitt）の「政治神学」という皮肉は、正鵠を射ていた（シュミット 1971 参照）。

　財貨獲得の追求は、財貨という手段が目的化した倒錯の結果である。それは現実よりも、再構成された現実としての客観知を本質視するような、倒錯にもつながる。フェルディナン・ド・ソシュール（Ferdinand de Saussure）の言語観も、その産物であった。人びとに共有される「約束事の束」としてのラング（langue）は、まさに明示的ロゴスである。彼にとっては、それこそが言語の本質であり、発話（parole）はその影にすぎなかった（ソシュール 1972 参照）。だからソシュール言語学は、数学や論理学と同じイデアの学、抽象科学に属していた。だがそこでは、「日本語」の実在性が約束事の母体たる「日本人社会」の実在性を前提とし、「日本人」の実在性が「日本語」の共有を前提とするという、奇妙なトートロジーが放置されている。しかも、客観知としてのラングが人工的改定を経ていないのに、現実の言語が時代と共に変化するという事実と向き合えない。にもかかわらずこの言語観は、いわばウィルソン主義から構造主義人類学に至るまで、大手を振ってまかり通った。かつ、ラングを根拠に個体を集団化し、「我々」と「やつら」の境界線を実体化した。

　20世紀後半から、ノーム・チョムスキー（Noam Chomsky）等がこの言語観に挑戦した（以下、Chomsky 1986 1988 参照）。チョムスキーにとって、人は何より発話における創造の主体であるが、遺伝子情報として組み込ま

れた原理や変数の影響を受けるとした。つまり、霊性と物性、双方に目配りをしたのである。そして彼は、ソシュール的言語観を、いみじくも「プラトン主義」と呼んだ。80年代以降のチョムスキーの議論に従えば、原理は言語の不変性、変数は言語の類型性にかかわり、この両者が言語知識の中核をなす。しかし、言語知識には周縁部も存在し、そこは個人の言語体験ないしデータに左右される。この普遍性、類型性、無限の多様性という層からなる言語が、全き共約に到達することはない。共約可能性は、程度問題にすぎない。しかも、言語接触の生んだ言語知識の揺れが、原理や変数に依拠しつつ再構築されることになるわけで、それが言語変化の説明を可能にした。いわば言語も、呼応と創発で変わる動態だったのである。明示的ロゴスが保証する共約という静態は、イデア世界の自己神格化が見せる幻想にすぎない。

　無論制度世界は、この動態に抵抗する。「正しい」明示的ロゴス、「正しい」リテラシーという幻想への固着は、いまも公教育によって強化され続けている。現実の多言語性は「ことばの乱れ」として批判され、時には方言札のような、人格的尊厳を無視した手法まで採用された。そうした教育で勝利したリテラシー強者だけが、制度世界の中枢にアクセスし、財貨と権力を手にすることになった。

Ⅲ　宗教、偶像、ホッブズ

　農業文明が生んだ世界帝国は、統治の合法性のために超越者を利用せんとした。その結果、信仰の集団化、組織化が起きた。「同じ信仰」という共約を目指し、構成員を教祖から平信徒にまで序列化した。財貨の支えをもって運営される宗教組織は、もはや制度世界の一部、『聖書』のいう「世」の一部でしかなかった。この、共約の公に変質した「信仰」を、宗教と呼んでおく。共約の公である以上、宗教は「我々」と、異教徒、異端等と呼ばれる「やつら」との分断線を実体化し、分断線上で異端審問や宗教戦争を起こす。人を殺すのは宗教であって、信仰ではない。人命を奪い、人間の尊厳を毀損することは、超越者が最も忌み嫌う行為である。宗教は、

それを超越者の名において正当化する。

　視覚に訴える仏像、神像、寺社、教会堂、曼荼羅、イコン等、聴覚に訴える読経、声明、神楽、讃美歌等、嗅覚に訴える焼香等は、見えない超越者を形象化する手段であったが、やがて宗教の中で、「我々」を結びつける明示的ロゴスになる。プロテスタンティズムは、教会堂の荘厳、秘蹟の神秘、十字架のイエス像等、カトリックが用いた視覚的形象に対して禁欲を示した。しかしその分、狭義の明示的ロゴスへの依存が増した。それが、文脈依存的で柔軟な『聖書』解釈を「異端」視し、進化論教育、人工妊娠中絶、LGBTQを非難する、原理主義や米国福音派を生んだ。「『聖書』のみ」は、一歩間違えれば、ファリサイ律法主義と同じ明示的ロゴスへの依存により、彼我の分断線をより深刻な形で実体化する。ロサンゼルス市サンバレー地区にある、福音派メガ・チャーチ、グレース・コミュニティ教会（Grace Community Church）の牧師であるジョン・マッカーサー（John MacArthur）は、民主主義を標榜する現代米国において、信教の自由を支持できないとの立場を表明している。彼はその理由を、信教の自由が「偶像崇拝」を拡散させるだけで、唯一の「真理」である福音派の拡大に寄与しないからだと語っている [1]。

　『聖書』は、見えないものこそ尊いという。霊性は、見えない。あるいは祈り、あるいは耳を傾けるといった、呼応の対象でしかない。神像の製作といった無理な形象化は、禁じられた。「旧約」時代に「ヤロブアムの罪」などと呼ばれた偶像崇拝も、その延長線上にあり、異教の神の形象化と崇拝という、単純な逸脱に見える。だが偶像の本質は、事物が超越者の代替物となることにこそある。だとすれば、制度世界の優位により、利の承認が義の承認を凌駕するとき、唯一の価値基準となる財貨こそが、真の潜在的偶像だといわざるをえない。超越者への信仰的呼応よりも財貨の追求を優先させるとき、人は個体化し、主体性や固有性、つまり人格的尊厳の一切を失う。そして、「罪の奴隷」となる。実際、イエスが一貫して敵視したのは、ヤロブアム的偶像ではなく、財貨であった。その伝道は、荒野の断食をもって始まった。そのイエスに、サタンがパンという財貨を用いて誘惑したことは、よく知られている。それに対するイエスの答は、人

は財貨にのみ依存するのではなく、神のことば（義の承認）によって生きるのだというものであった。彼は、財貨への執着から解放されたザアカイを見ては「この家に救いがきた」といい、財貨に執着する者が救われるのは「ラクダが針の穴を通るより難しい」といった。何を食べ何を着るかといった財貨への執着は、これを戒めた。彼が唯一暴力を行使したのは、義の承認の場たる神殿で、商売をする者を見たときであった。そのイエスを売ったユダは、対価として銀貨を得た。ブーバーは、「ひとは自己が所有欲と結びついていることに目覚め、そこから離れることによって救われるのであって、所有欲と結合したままで神に導かれることはあり得ない」（ブーバー 1979, 133）と断言する。

　個体が民族や階級といった集団に埋没すると、共約の公は、「我々」集団の利益の優先を求める。人格の主体性や固有性は、個体の利益と同じ「私」だとされ、人間の尊厳は根拠を失うことになる。だから宗教の場合同様、民族自決や革命といった「聖戦」における「やつら」の殺害、自己犠牲を伴う攻撃が肯定される。人命軽視は、偶像崇拝を見分ける最もわかりやすい症状である。「ヤロブアムの罪」についても、その本質は、偶像を前にした古代パレスチナの宗教儀礼において、幼児を捧げ物として焼くといった、著しい非人道性にあった。「偶像崇拝」を否定しつつ明示的ロゴスに依存する一神教が、神のためと称しつつ教団組織の利益のために自爆テロを容認し、かつ摩崖仏を「偶像」として爆破するとしたら、これほど滑稽な茶番はない。

　超越者への呼応が信仰の原点である以上、明示的ロゴスへの依存は、毒にこそなれ薬にはならない。「コリントの信徒への手紙二」は、「文字は人を殺しますが、霊は人を生かします」（第3章）という。神学者エルンスト・トレルチ（Ernst Troeltsch）は、「言葉は燃えかすであって、生そのものではない。文字はひとを殺すことしかしない。われわれが燃えかすからふたたび生を呼び覚ますことができるときにのみ、われわれは文字以上のものを手にしているのである」（トレルチ 1997, 56）といっている。トレルチが求めるのは、「イエスなら何と言うか」（トレルチ 1997, 126）を主体的に想像すること、つまりイエスへの呼応であった。釈迦は、「ことばで表

現されたものを（真実と）考えているだけの人びとは、ことばで表現された（世界の）なかに安住し（執着し）ている。彼らはことばで表現されたもの（の実体）を知らないから、死神にとりつかれてしまう」（長尾等1979, 442）と諭す。それは、制度世界化に安住する者は、財貨偶像の奴隷なるという意味にも解釈できる。

　残念ながら、信仰の本質を宗教に見るような、ソシュール的倒錯は珍しくない。ピーター・バーガー（Peter Berger）は、宗教の信憑性が危機に瀕していると指摘し、宗教が公共のものたらんとすれば実在性を欠き、実在たらんとすれば公共性を欠くと述べた（バーガー 2018, 第6章）。これは、あくまでも宗教の問題であって、信仰とは無縁である。共生の公は、制度世界が支える「聖なる天蓋」など必要としない。バーガーは、不条理の問題を容易に解決する方法が、自己の集団への同一化と、社会規範による不条理の正当化だとし、そこに宗教が果たす役割を見ている。（バーガー2018, 第3章）それも、信仰とは無関係な、宗教の作用である。そうした議論では、本質としての信仰が忘れさられている。だから近代の統治秩序構想者は、制度世界から競合関係にある古い統治秩序、つまり宗教を排除することと、超越者そのものを生活世界へ、さらには人間の内面へと封鎖する世俗化、私人化とを、容易に混同した。しかも皮肉なことに、それはそのような世俗化、私人化とは無関係の、経験科学を手本にして行われた。

　既述のように、経験科学は人が第二層にいながらにして、第三層を客観知に還元する営みである。それは、第一層を等閑視したまま行われる。第一層を等閑視できるからこそ、経験科学と信仰は両立できた。「ローマの信徒への手紙」第1章は、「世界が造られたときから、目に見えない神の性質、つまり神の永遠の力と神性は被造物に現れており、これを通して神を知ることができます」という。実際、経験科学の諸法則は、天地創造の痕跡としてイメージされ、神の偉大さに見合うほどに、優雅（数学的にエレガント）でなければならなかった。アド・ホックな補足説明は、天衣無縫であるべき自然秩序への、無様な当て布として非難された。地動説の天動説に対する優位性は、まさにこの点にあった。信仰はこうして、経験科学の暗渠を流れ続けるエトスたりえたのである。

だが、近代的な統治秩序を構想する者は、地動説の勝利が聖座（Holy See）を世界の中心から太陽系の一辺境へと放逐したという、現象の表層を見た。事態に激怒したローマ教会は、宗教裁判によってガリレオ・ガリレイ（Galileo Galilei）を恫喝した。そのガリレイを訪れ、政治思想「科学化」を構想したのが、トマス・ホッブズ（Thomas Hobbes）であった。

　彼は、「『聖書』が書かれた目的は、人びとに神の王国を示し、神の従順な僕となるように彼らの心の準備をさせることにあった。したがって、現世とそれに関する哲学は、自然理性の行使のために人々の論争にまかされている」のであるから、「心の準備＝人格間の自治秩序」と、イデア世界から描く「現世とそれにかんする哲学＝個体間の統治秩序」とを分離することによって、「科学化」が可能になると考えた。（永井 1979, 116）それが、制度世界と生活世界を別扱いにする政教分離（Separation of Church and State）原則にもつながっている。だが彼は、その過程で自らが第一層をイデア世界化し、第二層の強引な客体化を行う過程で、経験科学が決して踏み込まない信仰の領域に関与してしまっているという事実に、気付かなかったのである。その結果、人間はホモ・エコノミクス的個体へと均質化され、統治秩序なしでは、万人の万人に対する闘争が起こると予言された。超越者から切り離された人は、人格的主体性、固有性とは無縁な存在であり、それは社会契約論において「自然人」、正義論において「無知のヴェールの前に立つ人々」とされた。どう呼ぼうとも、それはインセンティブという刺激に反応する、行動主義心理学のマウスのような存在でしかない。カール・マルクス（Karl Marx）的には疎外された存在であり、マルティン・ハイデガー（Martin Heidegger）的には主体性なき「世人」であり、エーリッヒ・フロム（Erich Fromm）的には「好みが標準化されていて、他からの影響を受けやすく、その行動を予測しやすい人間」（フロム 1991, 131）であった。だから統治秩序のゴールは、つねに効率的な財貨の獲得と、公正な分配でしかなかった。それは時に common-wealth（みんなの財貨）だとされ、時に「正義の第二原理」だとされた。

　そうした仮構と、現実世界は、つねに齟齬をきたす。ジャン-ジャック・ルソー（Jean-Jacques Rousseau）は、「僧侶の宗教（カトリックに代表

される組織宗教）」や「徒党（中間組織）」を排除すれば、制度世界で「一般意志（共約の公）」が成立するといったが（ルソー 1954）、宗教は排除しても、人格は超越者の前に立ったままで、実際に均質的個体になるわけではない。この点では、「叡知的存在」としての人（人格）は、「自然的世界」のように諸法則に支配されることはないといった、シャルル・ド・モンテスキュー（Charles-Louis de Montesquieu）のほうが正しい（モンテスキュー 1989, 41）。法則性がない以上、予測可能性も成立しない。実際アラスデア・マッキンタイア（Alasdair MacIntyre）は、社会科学には経験科学のような予測可能性がないと指摘している（マッキンタイア 1993, 第4章, 第8章）。人が本当に客観知に還元できる個体であり、原子や分子のような法則性を持って行動するのであれば、兵法書に精通した趙括は、長平で白起に勝利していたはずである。当然、経験科学のような共約可能性もない。確かに、イムレ・ラカトシュ（Imre Lakatos）のリサーチ・プログラム論やトーマス・クーン（Thomas Kuhn）のパラダイム論は、経験科学における共約にも限界があることを示唆した。それでも経験科学には、マルクス経済学者と近代経済学者の討議を小半時も聞いたときに感じるような、絶望はない。

　自由主義最大の弱点は、利の承認をデファクトな原理としたことによる功利主義化と、宗教の排除が共約可能性につながるというホッブズ的幻想にある。結果として統治秩序は、人格的尊厳や道徳性の根拠を欠く。だから不貞行為のような道徳的問題も、慰謝料という財貨による補償でしか解決できない。マッキンタイアは、デイヴィッド・ヒューム（David Hume）もイマヌエル・カント（Immanuel Kant）も、普遍的道徳律を情念と理性に基礎づける試みにおいて、ことごとく失敗したと述べている（マッキンタイア 1993, 第8章）。実際、フランス革命の『人権宣言』は、人権の根拠を「最高存在」なる暗箱に託さざるをえなかった。ジョン・ロック（John Locke）は道徳性の根拠を理性に求め、神の賜物たる理性が「他人の生命、健康、自由または財産を傷つけるべきではない」と教えるため、自然状態は「自由の状態ではあるけれども、放縦の状態ではない」（ロック 1968, 12）といった。結局は、神頼みであった。しかも、理性による自

然状態は「偏頗と暴力」という「不都合」を免れないとし、結局は社会契約に解決を求めた（ロック 1968, 第2〜4章）。ルソーは、理性に次ぐ第二の天性として、「憐み」を導入した。『人間不平等起源論』によれば、理性と憐みが、自然状態における自己愛を、人間愛と美徳に変えるという（ルソー 1972, 第1部）。しかしこれも、「人間愛と美徳」への変容メカニズムを暗箱の中に放置している。あげく『社会契約論』では、全構成員に国家への権利の明け渡しを要求した（ルソー 195, 第2〜6章）。この、ほんのり甘いロマンティシズムから始め、ホッブズと大差ないリアリズムに着地するというパターンが、自由主義には多い。アダム・スミス（Adam Smith）は『道徳感情論』において、持続性のある商行為は、自己と他者のあいだの共感と、無数の観察者から得られる共感によって成り立っており、そうした共感が自ずと道徳的な抑止力になると主張した。利害関係を持たない観察者が自己の内面に投射され、「公平な観察者」が生まれるという（以上、スミス 2003）。ある意味、ジークムント・フロイト（Sigmund Freud）の超自我を先取りしたような話だが、そのメカニズムについては曖昧な説明しかない。だから小坂井敏晶は、次のように突き放す。「マキャベリ・ホッブズ・ルソーらの思想に代表される近代政治哲学が立ち向かった中心課題を一言で表現するならば、宗教的虚構の物語に寄りかかることなしに社会秩序の根拠をうち立てることは可能か、そして可能ならばどのような原理に依拠すべきかというものだった」「共同体の〈外部〉に位置する神や自然法といったブラック・ボックスを援用することなしに社会秩序を根拠づけることはそもそも初めから不可能な試みだ」（小坂井 2002, 66）。

　自由主義に懐疑的な 19 世紀以降の第二層の学は、人格的主体性回復の処方箋を書き始める。マルクスは制度世界にコミューンというラスト・リゾートを用意し、無政府主義は制度世界そのものを否定した。セーレン・キェルケゴール（Søren Kierkegaard）は、「神をもたぬものは自己をももたぬ」（キェルケゴール 1939, 63）として、人を「単独者」として、もう一度神の前に立たせようとした。ハイデガーにとっては、「死」が神の代用品になった。哲学者として「神の発明」を笑ったアレントは、キェルケゴールのことばを「他者がいなければ自己はいない」と言い換えた。

おわりに

　歴史における「公共」にも、共生の公と共約の公、ふたつの方向性があ
りうる。無論、共生の公を目指したとしても、歴史研究に神学的要素を持
ち込むことはできない。だが少なくとも、過去を生きた人びとを人格とし
て遇すること、加々美のいう「共同主観的存在構造」を承認することで、
史料の明示的ロゴスにのみ依存する歴史とは、異なる歴史を描くことが可
能になるだろう。たとえばアイヌのユーカラや遠野の民話は、史料ではな
い。しかし、過去から発せられた暗示的ロゴスであることも、間違いない。
それを通して過去と向き合おうとするとき、歴史学と文学が一定の融合を
見る形で、新たな学問領域となる可能性がある。

　また、過去を客体化することの道徳的問題も、問い直されることになる
であろう。たとえば、南京大虐殺の犠牲者数が 20 万人か 30 万人かといっ
た論争は、徹頭徹尾、制度世界の論理に貫かれている。犠牲者を個体の集
積として扱っているうえに、論争の行方が、大げさにいえば国益にかかわ
ってくる。だが現実世界の不幸は、人格に応じて形が違う。ダボスで一杯
1,000 円のコーヒー片手に定義としての「貧困」を語る、飢餓の経験のな
い経済学者に、学ぶ術もないスラムの少年が知っている貧困は見えない。
南京における張三の死と李四の死は、それぞれの家族、友人に異なる悲劇
をもたらし、それぞれの悲劇は異なる形で連鎖したであろう。それを追わ
ずして「客観的」犠牲者数を論じるとき、我々にはかえって見えなくなる
現実、客観知の網目からこぼれ落ちてしまう現実もあるだろう。

1)　「約翰・麦克阿瑟：我不会争取宗教自由因為我不争取偶像崇拝」（『基督郵報』
　　2021 年 3 月 5 日掲載）https://chinese.christianpost.com/news/john-macarthur-i-
　　wouldnt-fight-for-religious-freedom.html（最終アクセス：2024 年 10 月 6 日）参照。

参考文献
アレント，H.（1994）『人間の条件』志水速雄訳、筑摩書房。
ガーゲン，J. K.（2004）『あなたへの社会構成主義』東村知子訳、ナカニシヤ出版。
加々美光行（2008）「現代中国学のパラダイム——コ・ビヘイビオリズムの提唱」

加々美光行編著『中国の新たな発見』日本評論社。

キェルケゴール，S.（1939）『死に至る病』斎藤信治訳、岩波書店。

小坂井敏晶（2002）『民族という虚構』東京大学出版会。

酒井直樹（1996）『死産される日本語・日本人――「日本」の歴史―地政的配置』新曜社。

サンデル，M. J.（1999）『自由主義と正義の限界』菊池理夫訳、三嶺書房。

シュッツ，A.、ルックマン，T（2015）『生活世界の構造』那須壽監訳、筑摩書房。

シュミット，C.（1971）『政治神学』田中浩・原田武雄訳、未来社。

スミス，A.（2003）『道徳感情論（上）（下）』水田洋訳、岩波書店。

ソシュール，F.（1972）『一般言語学講義』小林英夫訳、岩波書店。

レイ・チョウ（1998）『ディアスポラの知識人』本橋哲也訳、青土社。

トレルチ，E.（1997）『信仰論』安酸敏眞訳、教文館。

永井道雄編（1979）『ホッブズ』中央公論新社。

長尾雅人等編（1979）『バラモン経典　原始仏教』中央公論新社。

バーガー，P. L.（2018）『聖なる天蓋――神聖世界の社会学』薗田稔訳、筑摩書房。

ブーバー，M.（1979）『我と汝・対話』植田重雄訳、岩波書店。

フランクル，V. E.（2004）『苦悩する人間』山田邦男・松田美佳訳、春秋社。

フレイレ，P.（1979）『被抑圧者の教育学』小沢有作・楠原彰・柿沼秀雄・伊藤周訳、亜紀書房。

フロム，E.（1991）『愛するということ』鈴木昌訳、紀伊国屋書店。

ベラー，N. R.、マドセン，R.、サリヴァン，W. M.、スウィドラー，A.、ティプトン，S. M.（2000）『善い社会――道徳的エコロジーの制度論』中村圭志訳、みすず書房。

ベンハビブ，S.（2014）『他者の権利――外国人・居留民・市民』向山恭一訳、法政大学出版局。

ポラニー，M.（1980）『暗黙知の次元――言語から非言語へ』佐藤敬三訳、紀伊国屋書店。

マッキンタイア，A.（1993）『美徳なき時代』篠崎榮訳、みすず書房。

モンテスキュー，C.（1989）『法の精神（上）』野田良之・稲本洋之助・上原行雄・田中治男・三辺博之・横田地弘訳、岩波書店。

ルソー，J. J.（1954）『社会契約論』桑原武夫・前川貞次郎訳、岩波書店。

ルソー，J. J.（1972）『人間不平等起源論』本田喜代治・平岡昇訳・岩波書店。

ロック，J.（1968）『市民政府論』鵜飼信成訳、岩波書店。

Chomsky, Noam（1986）*Knowledge of Language: Its Nature, Origin, and Use*, New York: Praeger Publishers.

Chomsky, Noam（1988）*Language and Problems of Knowledge: The Managua Lectures*, Cambridge: The MIT Press.

第Ⅱ部

実践に埋め込まれた歴史

第3章 共鳴する親子ラジオ
——アメリカ統治下沖縄のラジオ放送が紡いだもう一つの歴史

松本章伸

はじめに

　第二次世界大戦後、暫定的にアメリカの施政下に置かれていた沖縄において、米軍は日本本土から沖縄に対する行政権をすべて停止して、軍政府が統治を行った。その後米軍は、1950年12月に琉球列島米国民政府（United States Civil Administration of the Ryukyu Islands）を設置して、米民政府へと移行し27年間にわたって直接統治を続けた。その際、米軍は理想的な「民主主義」と占領政策に対する理解を促すために、「メディアを用いた心理作戦」（土屋 2009, 59）に取り組んだ。その一つが、本章にて扱う「ラジオ共同聴取施設（通称「親子ラジオ（Group Listening System[1]）」）」である（図3-1）。

　この施設は、「1セットにつき、125W型アンプ一台、マグネチック式スピーカー300個、マイクロホン、通信型レシーバー、ガソリン発電機およびその付属部品より成る」（沖縄郵政管理事務所編 1974, 787）。親機には、①米軍が検閲・制作指導を行った無線のラジオ放送を受けるための受信機と中継機、②親子ラジオの放送従事者が放送を配信することができるマイク等の装置が備えられていた（図3-1の①と②を参照）。一つの親機につき、平均して約300個のスピーカーがつながっており、聴取者は同時に同じ番組を聞いていた。聴取者は親子ラジオを運営している会社（以下、親子ラジオ社）に対して、定期的に番組を聞くための聴取料を月単位で支払う必要があった。親子ラジオ社が同じ地域に複数ある場合は、放送番組の内容はもちろん、近所付き合いや親戚付き合いからラジオ社を選ぶこともあっ

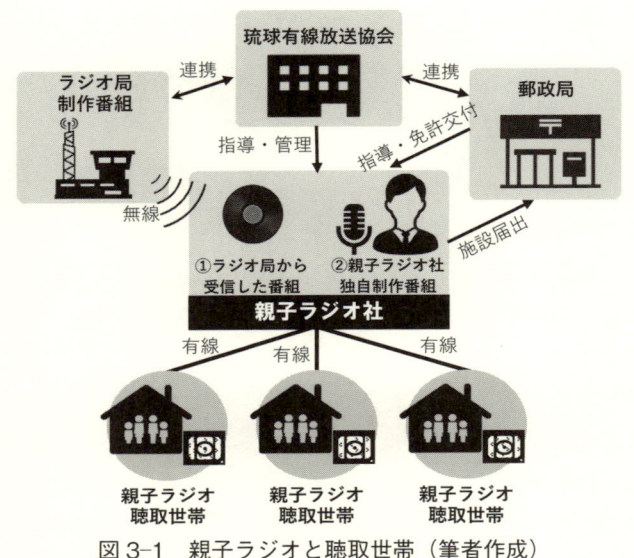

図 3-1　親子ラジオと聴取世帯（筆者作成）

大城（2018）、沖縄郵政管理事務所編（1974）、謝花（2016a）を基に作成。

た。各親子ラジオ社は、琉球放送（RBC）やラジオ沖縄（ROK）をはじめとする放送局が制作した番組（図 3-1 の①）を放送していた。中には、地域情報や沖縄芸能などの独自の番組を制作して放送するラジオ社もあった。親子ラジオは「音の配給」（沖縄大百科事典刊行事務局 1983, 626）と呼ばれ、戦後復興の過程において、貴重な娯楽の一部となっていた。

　第二次世界大戦後のアメリカ統治下の沖縄おけるメディア政策に関する研究は、メディア史を中心に基礎研究が積み重ねられてきた（川平 1997; 向後 2009; 宮城 1982a; 1982b; 1994; 吉田・広谷 2018）。ここでは特に、親子ラジオに関する三つの研究領域の動向について、以下に確認する。（1）沖縄県では自治体史や地域史の編纂が盛んなこともあり、かつて同ラジオの放送に携わっていた人びとや、ラジオを聴いていた人びとへの聞き取りを通じて、生活の中での親子ラジオの実像が浮き彫りになってきた。また（2）戦後沖縄における親子ラジオを地域史や生活史の観点から検討した先駆的な研究が挙げられる（大城 2014; 2015; 2018）。さらに、（3）地域メディアやコミュニティメディアなど、親子ラジオのメディアとしての機能に

ついても議論されてきた（坂田 2005; 2024、高嶋 2003）。拙稿（松本 2021）では、アメリカ統治下の親子ラジオの番組制作手法と法制度の視座を通じて、米軍によるメディア政策の一致と不一致について検証した。

しかし、親子ラジオ放送従事者の具体的な取り組みや、番組内容に関して明らかになっていない点が多く、

図 3-2　渡久地政豊（当時 28 歳）
（渡久地ラジオ提供）

特に同メディアを通じて一般の人びと自体が作りだしている歴史について、盛んな議論は管見の限り見当たらない。

こうした状況を生んでいる要因として、以下の二点が挙げられる。一点目は、米軍占領下に放送されていたラジオ番組は、日本本土と沖縄を合わせても番組アーカイブはわずかしか残っていないことが挙げられる。特に親子ラジオの番組は、多くの放送従事者が生放送もしくは、中継による放送を行っていたため、特に残りづらかったこともその原因の一つであると考えられる。また二点目には、2025 年で敗戦 80 年を数え、同時代の放送経験を持つ語り手が乏しくなっていることも挙げられる。親子ラジオというメディア装置は広く周知されているにもかかわらず、これまで多くについて「よくわからない」メディアとして放置されてきた。こうした現状は、同時代のメディアだけにとどまらず、現代における地域の有線放送やコミュニティラジオの番組についても同じことがいえる。現在も多くのラジオ局は生放送による配信のため、放送局や施設[2]が番組のアーカイブ化に取り組んでいない限り、再び番組を聴くことは難しい。

そうした中、筆者は、沖縄全島の自治体に調査協力[3]を仰いで、かつて親子ラジオの放送に携わっていた従事者もしくはその遺族を探し、彼らが担った放送業務に関する聞き取り調査を続けてきた。筆者は、沖縄県本島の北部に位置する本部町字渡久地において渡久地親子ラジオ社（以下、渡久地ラジオ）を運営していた渡久地政豊（以下政豊、図 3-2）の遺族と出逢い、彼が制作し放送していたと思われるラジオ番組音源 618 本[4]（総時

間 477 時間 57 分 40 秒）を譲り受けた。本章では、これらの渡久地ラジオの番組音源を、聞き取り調査と琉球政府文書、さらにアメリカ統治下のメディア「史」や沖縄の「歴史」と突き合わせながら読み解く。その際念頭に置きたいのは、本書に通底しているパブリック・ヒストリーの概念である。本章第 1 章で笠井は、「パブリック・ヒストリーそれ自体が動詞として「歴史する」にあたる実践としての側面、それによって生みだされる名詞としての歴史にあたる物語としての側面を持っており、加えて、その主体が誰であるかも重要である」とし、その性質には、「実践・物語・主体」が混在している、と指摘している。

　したがって本章では、アメリカ統治下の沖縄において、沖縄県出身の渡久地政豊による、（1）親子ラジオ放送従事者の主体としての実践した内容と、（2）彼が親子ラジオを実践することで紡いだ物語（番組）について、検討する。

I　親子ラジオ放送従事者としての政豊の歩み

1　政豊とラジオの出逢い

　沖縄県那覇市から車で沖縄自動車道を北上することおよそ 1 時間 20 分。本部町役場や町営市場など、周辺住民の生活の中心地に近い県道沿いに、渡久地ラジオ（屋号ラジオヤー）はある（図3-3）。渡久地ラジオは現在、大手電機メーカーの販売店として家庭用電気機械器具の販売を主としながら、地域のイベントを映像で記録する業務も請け負っている。この店の先代社長が政豊で、現在は跡を継いだ長男の渡久地満（以下、満）夫婦と、長女の宮城やよい（以下、やよい）とで、切り盛りしている。

　政豊は、4 人兄妹の三男として生まれた。中学を卒業後、郵便局の集配係として働いていた。開戦後、国を挙げて多くの人びとが戦争へと駆りだされていく中、政豊（当時 17 歳）は、昭和 18 年 3 月 20 日に志願兵として、佐世保鎮守府佐世保第二海兵団（海軍二等水兵）に入隊。2 か月間の入隊教育を受けた。昭和 18 年 5 月 21 日には、電信員（おもに無線電信、または無線電話の業務に従事する者）としての最初の学校である防府海軍通信学

校の普通科電信員課程に入校。同課程を 147 名中 3 番目の高成績で卒業した。課程修了に伴い昭和 18 年 7 月 25 日に海軍一等水兵に昇格。同日、電信員として次の教育課程である普通科電信術課程に入校し、昭和 19 年 2 月 2 日に同課程を 124 名中 2 番目の優秀な成績で卒業した。その際政豊は、優秀な成績が評価されて褒章を授賞している。同年 2 月 3 日

図 3-3　渡久地ラジオの外観
（筆者撮影）

には大日本帝国海軍の砲艦「嵯峨」に着任。同年 11 月 1 日には海軍上等水兵に昇格した。昭和 20 年 2 月 8 日には、作戦地やその他所要の地の一つであった香港において、警備・港務・通信などの任務にあたる香港方面特別根拠地隊に配属。同年 5 月 1 日には海軍水兵長に、また同年 9 月 1 日には一等兵曹に昇格。敗戦後、政豊（当時 19 歳）は、香港から輸送船「扶餘丸」に乗船し、外地から帰還した。昭和 21 年 7 月 30 日、神奈川県浦賀に上陸。昭和 21 年 7 月 31 日には、依命予備役に編入した[5]。

　外地から沖縄に戻った政豊は、那覇市内の国際通り沿いに店を構えていた幸地ラジオ社で、ラジオの販売や修理を請け負う仕事を手伝いながら、ラジオに関する知識を学んだ[6]。彼は 1950 年代に郷里本部町に戻り、町内の靴屋の一角に SONY 製のラジオ受信機を置かせてもらい、販売を始めた。その後、大手電機メーカーの販売店として初めて自分の店を持った。

　戦後の沖縄では、無線のラジオ受信機を用いて聴取することができた。しかしながら、琉球放送局は二つの問題を抱えていた。（1）ラジオ受信機の普及率は少なく、（2）沖縄の電力事情が不安定だったため、限られた琉民にしか放送は届いていなかった（沖縄郵政管理事務所編 1974, 783-784）。そこで米軍は、ラジオ放送の拡大を目指して、簡易で安価に、かつ電力事情が不安定な沖縄においても、少ない電力で多くの聴取者に番組を届けることができる親子ラジオの導入を図った。

　アメリカ陸軍政府と沖縄民政府は、占領地域救済政府資金（通称ガリオア

資金）を用いて親子ラジオの設備を購入し、1952 年 8 月に沖縄首里市に初めて設置した。その後親子ラジオは各市町村に広がった。当初親子ラジオは、ラジオ放送局の番組を再送信することを目的として運営されていたが、次第に地域住民への広報機能を併せ持つようになった（沖縄郵政管理事務所編 1974, 784）。親子ラジオの運営形態は、(1) 沖縄各地の市町村行政による運営[7] と、(2) 個人企業による運営[8] の二つがあった（大城 2014, 10-13）。

2　電信員から親子ラジオ放送従事者へ

　第二次世界大戦中の海軍での経験は、その後の政豊の人生に大きな影響を与えた。本部町では、親子ラジオを放送するための施設が完成したことに関する感謝の気持ちを表すために、民政府や琉球政府の係官らを招いて、譲渡式を開催した（沖縄タイムス 1953b, 3）。松田ラジオ社（以下、松田ラジオ）は、本部町に初めて設置された親子ラジオで、役場から委託を受けて運営していた。同ラジオ社は、琉球放送（RBC）や極東放送（KHR）等のラジオ局が放送した番組を中継したものが大多数を占めた。そうした放送の合間を縫って地域情報を放送していた[9]。

　政豊も親子ラジオを始めようと、当時 3、4 歳だった息子の満を連れて、那覇の親子ラジオ社へ見学にいき、自宅に 2 m ほどのアンテナを立て、設立に向けて準備に取り掛かった（謝花 2016a）。彼は 1958 年頃から親子ラジオの運営を始めた（小浜 2014, 9）。多くの放送従事者は、政豊のように放送の経験を持ち合わせておらず、親子ラジオの運営を始めてから放送に携わる人びとが多かった。

　当時は該当する部署へ親子ラジオを始めたい旨を届け出るだけで開設することができた（沖縄タイムス 1953a）。松田ラジオに次いで町内で 2 社目となる政豊が起こした親子ラジオ社は、個人的に起業した企業による運営で、かつ「②援助を受けず、米軍設備の中古品や日本本土からの機材購入によって」（大城 2014, 12）設置した施設である。

　1955 年までには親子ラジオは、沖縄群島で施設数 46（加入数 13,190）、宮古群島に施設数 12（加入数 3,360）、八重山群島に施設数 12（加入数 2,305）が普及していた（沖縄郵政管理事務所編 1974, 787）。私設企業として

運営するラジオ社の中には、日本本土で放送された番組をテープに録音し、それらを海運して自社の放送として流すなど、アイデアと資金力の差が放送内容に如実に現れるようになってきた（那覇市企画部市史編集室編 1981, 284）。こうした事業者同士の競争は、ラジオ会社の淘汰につながりかねないとして、17 の有線放送事業者[10] が集まり、「琉球有線放送協会」を設立した。同協会は、琉球放送の番組を琉球一円で聴取することができるように、放送網の普及発達を促し、公共の福祉に寄与することを設立主旨として掲げた（図 3-1）。政豊もこの協会に名を連ねた（沖縄タイムス 1955）。

　しかしながら親子ラジオの発展は一方で、米軍にとって不測の事態を招いていた。軍の電話に親子ラジオの放送が混線し、同ラジオに必要な放送機材の不足を補うために、米軍の資材を盗用する事件が多発していたのである（那覇市企画部市史編集室編 1981, 285）。1959 年には米軍は、「有線放送の業務を規制することによって、公共の福祉を確保することを目的」[11]とした法制度を整えた[12]。

　親子ラジオの最盛期は 1960 年頃で、施設数は 140（加入者数 84,000 あまり）にまで達した（沖縄郵政管理事務所編 1974, 784）。1960 年の親子ラジオの普及率は、沖縄の人口全体の約 3 分の 1 にあたる人びとが親子ラジオを聴取していた（沖縄郵政管理事務所編 1974, 46）。本部町では、1970 年頃から沖縄国際海洋博覧会の開催の準備が始まり、その頃から一般の無線ラジオ受信機が家庭に普及していった。親子ラジオの終焉を悟った政豊は、字備瀬近辺から放送網を縮めていき、1975 年の海洋博が始まった頃には運営を辞めた（小浜 2014, 12）。

II　親子ラジオを通じて「歴史する」

1　主体としての政豊の取り組み

　こうした背景のもとに親子ラジオの運営を行っていた政豊は、どのような取り組みを行っていたのだろうか。放送は、朝 5 時から夜 11 時頃まで行っていた。生前政豊は、自らの放送の役割について、「五時に民謡流すとみんな喜んで聴いてくれて、それで古典も民謡も朝にふさわしい曲を流

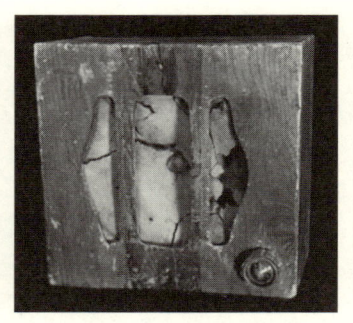

図 3-4　渡久地ラジオの従業員たち（渡久地ラジオ提供）　　図 3-5　渡久地ラジオのスピーカー（筆者撮影）

すんです。あの頃は時計のない時代だから、ラジオを聴いて今畑にいく時間だ、この放送はそろそろ帰る時間だ、という時計代りにもなっていたのでいい加減な放送はできなかった。」（小浜 2014, 9-10）と話している。親子ラジオの放送活動は、政豊と 3 名の従業員が担った（図 3-4）。番組のアナウンサーはおもに政豊が務め、元教員の根路銘国茂（ね ろ めくにしげ）も担当した。

　当時、親子ラジオを運営するためには、放送従事者自身で放送インフラを整える必要があった。その作業の一つが、親子ラジオ社から各聴取世帯に放送を届けるためのケーブルを放送地域一帯に張り巡らせることだった。そのために政豊らは、道端に何本もの電柱を立てて廻った。ケーブルは台風で切断することが多く、その都度政豊は満を修繕作業に駆りだした[13]。親子ラジオの聴取者宅に設置するスピーカー（図 3-5）の製作も従業員の仕事だった。ラジオ本体にスイッチはなく、ボリュームのノブしかついておらず、渡久地ラジオの放送は、単一チャンネルだったため、聴取者にチャンネルの選択権はなかった。渡久地ラジオの設立当初の聴取世帯は、100 軒ほどだった（謝花 2016b）。図 3-6 は、渡久地ラジオの放送地域（塗りつぶした部分）を表したものである[14]。斜線部は、渡久地ラジオの他に親子ラジオを放送していた会社がある地域を示している。特に四つの字では、他の親子ラジオ社と聴取者を取り合っていた。そうした競合状態にあっても、政豊は着実に放送地域を広げ、隣の上本部村[15]まで放送インフラを築いた。最盛期には渡久地ラジオの聴取世帯は 2,000 軒にのぼった

図 3-6　政豊が番組を放送していた地域（筆者作成）

（謝花 2016b）。

　政豊にとって聴取者は、親子ラジオの運営に欠かせない存在であり、彼らから支払われる聴取料金が、彼のおもな収入源だった。聴取者を広く獲得するために、ご当地感のある番組を企画して、契約へと結びつけようとしていた。その一つが『部落訪問』である[16]。1958 年に収録された番組『部落訪問 古島区』は、以下の政豊のアナウンスから始まる。

　　　各部落を訪ねて部落の方々の唄を紹介する『部落訪問』の時間でございます。今日は古島区からお送りすることにいたしましょう。古島からお送りする『部落訪問』のはじめは、『本部長節』、『本散山節』、『金武節』でございます[17]。

　同番組は、国頭郡本部町やその周辺地域などで生まれた古典音楽や民謡などを、古島出身の歌い手が演奏することによって成り立っている。政豊

は、他にも地域を変えて「我が町」の有名人や歌い手などを番組に出演させることで、各地の特色をだそうとしていた。

渡久地ラジオ社の聴取料は定かではないが、1952年頃、那覇市内の沖縄親子ラジオ社の聴取料は100円、加入申し込み取りつけ費が500円だった（沖縄タイムス 1952）。一方で、こうした聴取料制は、親子ラジオの放送従事者にとって欠かせないものであったと同時に、経済的な理由から親子ラジオの聴取を諦めざるを得ない人たちも生んでいた。しかしその場合は、たとえ自宅で定期的にラジオを聴取することができなかったとしても、スピーカーを設置している近所の家に出向いて、放送の一部を通じて情報を得ていたという。このように聴取者の状況によって、致し方なく制限を受けざるを得ない人びともいた。親子ラジオは本来、情報を広く公に伝えることを目的として放送ネットワークが構築されてきたものの、その実情は、「開かれている」と同時に、「閉じられる」こともあった。

本部町議会会議録（1958年）には、本部町内の親子ラジオを通じて、各種行事を放送してもらう対価として、謝礼を支払っていたとの記載がある[18]。この資料は、行政機関から住民への連絡を親子ラジオが代替していたことを裏づけている。町内いずれの社がこの業務を担っていたのかは定かではないが、こうした謝礼も親子ラジオの貴重な収入源の一つとなっていたはずである。

2　実践としての親子ラジオ放送

多くの聴取者を魅了するために、政豊はどのような放送の工夫を行っていたのだろうか。同社の放送番組は、以下の3種類に分類することができる。（1）琉球放送局等の無線ラジオ放送を中継・録音した番組、（2）地域情報を告知する生放送番組、（3）政豊らが収録・編集した録音構成番組である。政豊は、自宅の一室を収録スタジオに作り替え、（2）と（3）の放送を行った（図3-7）。

政豊が制作した（3）について、年度別に示したのが図3-8である[19]。彼はテープの箱やメモに番組の情報を書き残していた。また、番組の内容を通じて制作時の状況を把握することができるものもあった。そうした情

報を基に、収録年月日と放送年月日を知ることができた。

当時政豊は、おもに6mmのオープンリールテープを収録メディアとして用いていた。親子ラジオの運営を終えた後、彼は新たな録音メディアが主流になる都度、オープンリールテープからカセットテープへ、その後MDへと複製を繰り返した。そのため、重複して保存されている

図3-7　渡久地親子ラジオの収録風景（左：嘉手苅林昌、中央：津覇ユキ、右：政豊、右下：やよい）（渡久地ラジオ提供）

ものもある。一部、政豊の番組を広く聞いてもらおうと、CDにして販売したものもあった[20]。したがって図3-8は、番組情報の確認が取れたものと、重複していた番組を除いた音源を基に図表化した。年度別分布によると、一番多くの音源が残っていたのは、1960年で、その年をピークとして70年代に向かうにつれて右肩下がりになっている。また60年代の番組が最も多く残っていることがわかる。この図はまるで、沖縄における親子ラジオの栄枯盛衰を代弁しているかのようである。

（3）の番組音源は、沖縄芸能、学校活動、教育番組、情報伝達、地域活動の五つに分類することができる。まず（A）沖縄芸能は、『民謡の時間』[21]や『古典音楽』[22]など沖縄に古くから伝わる音楽番組や、地方興業の実況録音などが挙げられる。特にこの沖縄芸能を扱った番組には、嘉手苅林昌（てがるりんしょう）や津波公徳、金城実など錚々たる歌い手が出演している。（B）学校活動は、学校の入学式の様子や、各地域の小中学校で開催された音楽会や作文発表会、学芸会等の模様を収録した番組『学校だより』がある。（C）教育番組は、青少年の非行を防止するための教育方法や、人間形成に関する専門家の講演を収録したものなどである。（D）情報伝達は、『週間町の話題』と題した番組が挙げられる。この番組は、近隣で開催された研修会や海神祭の様子、地域の公衆衛生、防犯運動、電力供給に関する情報を定期的に伝えた。（E）地域活動は、生活改善普及員が中心となり、農村の生活の向上を目的とした取り組みの成果を発表する様子を伝えた

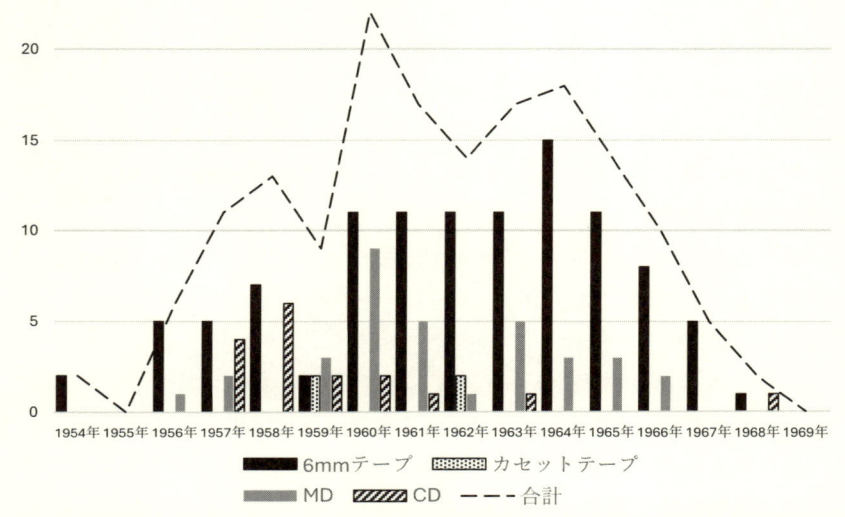

図3-8　現存する渡久地ラジオ制作番組の媒体別保存状況と年代別分布（筆者作成）

『生活改善発表会』や、町長による新年度の挨拶や青年会の会議の様子も含む。このように政豊は、豊富なジャンルの番組を制作していた。ここで注目したいのは、彼が手がけた番組の内容だけでなく、政豊はそれらの番組を、誰とどのように創りあげていたのかということである。

　当時大御所の歌い手たちは、渡久地ラジオに「前触れも何もなくひょこっと。本部の親子ラジオの活動がどのようにして伝わったか知らないけれど、津波公徳さんも、自分の練習生を連れて夜から来て歌っていた」（小浜 2014, 12）という。政豊のスタジオに出入りしていたのは、限られたプロだけではなかった。中には本名をだしたらまずいからと、名前を変えて演奏する警察署長や、遠く崎本部からまだ変声していない小学生をスタジオに連れてきて演奏の経験を積ませる、沖縄芸能に熱心な両親もいた。政豊のラジオが呼び水となり、民謡の上手い下手は関係なく、民謡に関心を持ち、自分も番組に出たいとスタジオを訪れる人びともいたという（小浜 2014, 12）。政豊のスタジオは、誰もが気軽に訪れて収録に参加することができる開かれた場になっていたことがわかる。満によると、番組の内容は、

政豊が事前に計画して収録していたというよりも、即興で生まれたものが多くあったと話している。とりわけ政豊は、まるで音楽プロデューサーのようだったという。集まった歌い手同士をプロアマ問わず、状況に応じてコラボレーションさせたり、少しアレンジを加えた演奏をするようにアドバイスするなどして番組を収録した（小浜 2014, 12）。当時親に連れられてスタジオに通っていたかつての小学生は、後に沖縄民謡協会の会長となり、「渡久地ラジオがなかったら、今のようには歌っていなかった」（小浜 2014, 13）と振り返る。彼の他にも、渡久地ラジオの番組への出演をきっかけにして、アマチュアからプロへ転身した歌い手もいた（小浜 2014, 13）。政豊は、夢を追う若者たちを親子ラジオという媒体を活かして、表舞台に立つ機会を与えたいと考えていたようだ[23]。まさに同番組は、次世代のスター発掘番組としての側面も併せ持っていた。

　政豊のスタジオに集まってくるのは、芸能に興味のある人だけではなかった。教職員等さまざまな職種の人びとが集い、酒を酌み交わす憩いの場となっていた。満はこうした現場で、政豊の番組『学校だより』は生まれたのではないかと話している[24]。宴の席は、学校行事や地域のイベントに関する情報が必然的に集まった。彼はこうした情報を基に、持ち前の企画力で新しい番組を考案した。

　政豊は、ラジオの聴取率や番組の反応を意識しながら、独自のアイデアで番組制作を行っていた。アメリカ統治下という特異な時代において、政豊のこうした活動こそが「歴史」であり、また彼自身が「歴史」を作りだしていたといえる。

Ⅲ　政豊のラジオが紡ぐ沖縄の物語

1　時代の変化と守りたい声

　本節では、政豊が制作したラジオ番組の一部を紹介したい。本部町内の小学生が童話を発表する様子を収録した『学校だより　本部町内童話大会』（1963 年 12 月 14 日収録、開催場所：瀬底小学校）の冒頭は、標準語に近しいアクセントやイントネーションを用いて話す政豊の挨拶から始まる。

本部町、並びに上本部村の生徒の皆様方、こんばんは。今週も楽しい『学校だより』の時間が参りました。

　さらに番組の中で発表する小学生は皆、標準語を話している。彼らの発表の合間には、政豊のアナウンスが次のように挿入されている。

　お話会では、お話の内容、これが大変大切だってことは前の時間にお話いたしましたけど、その他に、声量、つまり声の大きさ、態度、その他に、アクセント、発音、それから音の模倣、ジェスチャーなどと、色々の方から採点されます。

　政豊は、「正しい」標準語を話すことが、公の場において必要であることを伝えている。当時の沖縄教職員会は、同化政策の一環として教育現場において、標準語を用いることを児童生徒に促した。教室ではもちろん、朗読や作文を発表する際にも当然標準語で話さなければならなかった。政豊の番組の中には、こうした標準語励行の産物ともいえるお手本となるような生徒の声も収められていた。

　方言は一部の村では通用しても広い社会に出ると通用しないばかりか、誤解をされたり、変な目つきで見られたり、しまいには馬鹿にされて、いつの間にか自分が引け目を感じるようになります。そうなると、自然に人前に出るのが嫌になり、せっかく希望に燃えて本土に就職しても言葉の面から崩れていくのではないでしょうか。皆さんは自分の将来と方言とを結びつけて考えたことはありませんか。言葉は自分の将来に大きく直接結び付いて大きく左右するということをもう一度思い直して、自分の将来のためにも共通語を練習しようではありませんか [25]。

　この作文は、1950年代後半から本格化する、沖縄から本土への集団就職や出稼ぎ、進学する沖縄の人びとにとって標準語の習得が重要な知識の

一つだったことを物語っている。このように、政豊の番組には、1950年代頃から60年代に至る沖縄において、沖縄教職員会による復帰運動に伴う標準語励行（謝花 2016b）と、人びとの移動の足跡を辿ることができる。政豊は、そうした同時代の状況を考慮しつつ、娯楽に学びを添えた番組作りを心がけていたと考えることができる。一方で政豊は、同化政策や復帰運動の流れとは異なる方向で、番組制作を行っていた。満は以下のように振り返っている。

> 豊年祭みたいなものは、これ皆方言なんですよ。昔の首里城の言葉でありますけどね。□□□□□当時は多分方言を使うなと言われているものだから、敢えてこういう。（中略）親父はね、そういう文化に興味があったんですよ。例えば、現代歌劇とかいうのは、敢えて残そうとしているでしょ。方言を残そうということで、多分（収録に）行ったんだと思う [26]。[（　）は筆者、□は判別不能]

　この発言は、消えゆく方言を後世に残そうとしていた政豊の意思を感じとることができる。生前彼は、約600本もの番組音源を他の媒体へと複製を繰り返しながら、いつでも再生することができるように保存作業を続けていた。彼の作業は、単に媒体の保存を目的としていただけではなく、彼が見聞きしていた統治下沖縄の声と「歴史」をつないでいきたい、そんな想いがあったのではないだろうか。

2　声が映す沖縄の日常と東アジアの風景

　次に、政豊が中学生の作文大会の様子を収録したラジオ番組音源素材を聞いてみよう。本部半島に浮かぶ島に住む中学生が発表した作文には、1960年代から70年代における人びとの暮らしが詠まれている。

> 島に家を持ち、畑を持ちながら、出稼ぎに出なければならない父さん母さんの苦しそうな顔。それは周囲を海に囲まれた島でありながら、昔から漁業の発達しなかったせいかもしれません。半農半漁という言

葉がありますが、私達の島は半農半出稼ぎなのです。遠くは那覇・嘉手納まで出かけていく父さんや、パインの時期になると、泊まり込みで働きに出掛ける母さん達。家に残るおじいさんおばあさんを中心に、私達子どもは寂しい何日かを送らなければなりません。しかし、お父さんやお母さんのこのような苦しみによって支えなければならない生活のことを思う時、私達も何か精一杯頑張らなければならないんだと思い、家事の手伝いにも一段と力が入ります。私は何日かぶりに父さん母さんがうれしそうに小走りで走るようにして帰ってくる姿は何とも言えません。私はこのような苦しみを背負う島に生まれ、育まれてきましたが、どこよりもこの島に一番愛着を持っております[27]。

　彼女の母親が出稼ぎに行ったというパインアップル工場は、戦後琉球政府による農業政策の一環として建設された。とりわけ沖縄本島の北部では、換金作物の主体であるパインアップルやサトウキビの栽培へと舵を切り、経済環境を変えようと模索されていた時代である（本部町史編集委員会1994a, 451）。出稼ぎをして家族を支えていた彼女の父親のように、1955年以降の沖縄では、基地経済に依存した高度経済成長の追い風を受けて、本部町からも本島中南部の都市部にある商業施設や基地関連施設で軍雇用員としての職を求める人口の流出が見られた（本部町史編集委員会 1994a, 452）。
　一方で、他の中学生が発表した作文は、本来であれば雇用の機会を得ることができるはずの米軍基地に対して、彼女とは異なる角度から軍の存在について疑問を投げかけている。

　　私は沖縄では戦後どころかまだ戦争さえ終わっていないと思います。なぜならば事実、沖縄では軍人、軍事政治、軍事優先の政治が行われているからです。中南部へ行きますと至るところに基地があり、まるで基地の中に沖縄人が住んでいるみたい──住んでいるような──感じさえいたします。そして、ベトナム戦争への──ベトナム戦争のための──戦艦や戦闘機が激しく出入りしています。私たちの住んでいる北部でも実戦さながらの演習が繰り返されています。そのため、山

間で働く人々は——人々が——銃弾に遭ったり、空からジープが降下してきたりして、多くの危害を与えています[28]。

さらに他の中学生は、当時の沖縄が置かれた状況を訴えている。

　アメリカも平和を守るために沖縄にいるのだということをよく聞きますが、これは自分たちの平和を守るということでしょうか。自分たちの平和を守るためには、人の平和はどうでもよいということでしょうか。とにかく私たちは1日でも早く祖国に復帰して何の不安もなく、のびのびと勉強してみたい[29]。

　これらの作文は、沖縄の米軍基地を拠点にベトナムへと展開する米軍の軍事活動が加速化する一方で、沖縄の住民もベトナム戦争の加害者であるとする見方が強まり、米軍に対して基地の撤去を求める反戦運動が巻き起こる潮流を中学生の目線で指摘している。彼らの声は、こうした沖縄闘争の背景を基に発せられたものである。このように彼らの発表は、生活苦にありながら、家族からの愛情を受けながら島での生活を慈しむ中学生や、戦争や闘争の喧騒に惑わされることのない学生生活が送りたいと願う中学生の心の叫びがつづられている。言い換えれば、支配的に語られてきた戦後沖縄の通貫史からはこぼれ落ちてしまった彼らの豊かな感情を政豊は丁寧に拾い集め、親子ラジオを通じて多様かつ多面的な同時代の沖縄の姿を伝えていた。

おわりに

　本章では、アメリカ統治下の沖縄において、親子ラジオの主体とその実践、およびそうした実践を通じて紡がれた物語（番組）について検討した。
　政豊は、インフラの構築、番組の収録・編集を自らで行い、収益を得ていた。渡久地ラジオの聴取者は、沖縄県北部地域一体に広がり、放送網も寡占状態にあった。政豊は、番組を制作する放送従事者（主体）としてだ

けではなく、さまざまな人びとがこの親子ラジオを通じて発表することができる機会を創り、子どもたちの可能性を育み、また琉球文化を後世に残す取り組みを実践してきた。

　日本におけるパブリック・ヒストリー研究の先駆的な存在の一人である岡本充弘（2024）は、パブリック・ヒストリーについて三つの流れがあると指摘している。（1）history to the public, for the public とする「パブリックに対する」歴史と、（2）history in the public, among the public とする「パブリックの中」にある歴史、そして（3）history with the public とする「パブリックと協働」する歴史である。とりわけ岡本（2020）は、ラジオやテレビを媒体とした歴史、かつ何らかの媒体によって「専門的な作り手」から伝えられている歴史が（1）であるのに対して、一般の人びと自体が作りだしている歴史である「パブリックの中」の歴史のことを（2）としている。

　沖縄県本部町を中心に政豊が集めた音声の中には、敗戦後の沖縄の暮らしと復興に沸く人びとの様子に加え、冷戦期東アジアの緊張状態を伝える鼓動が聞こえてきた。岡本のパブリック・ヒストリーの研究枠組みを参考にするならば、政豊の番組は、専門的な研究者によって作りだされてきた「パブリックに対する」歴史が色濃く反映されている。一方で彼の番組は、（2）の一般の人びと自体が作りだしている歴史である「パブリックの中」の歴史も紡がれている。また彼の番組は、多様な人びとの好意的な参画を通じて制作されていたことからも、（3）「パブリックと協働」して作られてきた歴史であるとも解釈することができる。そうした意味において、パブリックと協働して集められた多様な歴史は、親子ラジオの放送を通じて、沖縄北部一帯において共鳴していた。

　本章において考察したラジオ番組音源は、氷山の一角であり、多くの検討課題を残している。音源の中には、地域のために尽くし、青春期を目一杯謳歌したいと話す青年会のメンバーや、婦人会や生活改善発表会において農作業や家事の効率化を図り、家族との幸せな時間を持つことができたと話す母親の声なども収録されている。児童、学生だけではなく、幅広い世代の色とりどりの「声」は、ラジオ番組を通じてどのような「歴史」を

紡いできたのだろう。

　こうした「歴史」に真摯に寄り添うためにも、将来的には政豊が残した親子ラジオ番組のアーカイブを構築してそれらの「声」を広く開く取り組みを行いたい。

1)　大城（2018, 74）によると、米民政府文書には「Master-slave system」、「Master-slave Unit」、「"Oyako" radio receiving sets」のように異なる表記がなされているという。

2)　昭和 38 年から令和 4 年までの秦荘有線放送で放送された録音資料が、「声の記録」秦荘有線放送音源資料として、秦荘図書館内（滋賀県愛荘町）で視聴することができる、https://www.town.aisho.shiga.jp/toshokan/library/index.html#1（最終アクセス：2024 年 10 月 12 日）。安岡健一（2024）「福祉社会研究会　資料を聞く：有線放送自主番組（とくに長野県上郷有線）をめぐって」資料より引用。

3)　慶應義塾大学東アジア研究所の高橋産業経済研究財団支援学術プロジェクト「東アジアを中心とした諸地域における歴史実践とパブリック・ヒストリー」の採択後、沖縄全島の市町村史と 50 の市役所や役場、博物館にて調査を行ってきた。

4)　オープンリールテープ（277 本）、カセットテープ（39 本）、CD（152 本）、MD（150 本）。

5)　厚生労働省社会・援護局援護・業務課「旧海軍の履歴について（回答）」2022 年 10 月 11 日付。「履歴原表」、「功績調査票」・「功績調査票（佐世保）」を基に執筆。

6)　渡久地満・宮城やよいへの聞き取り（渡久地ラジオ社にて実施、2023 年 2 月 18 日）。

7)　沖縄県における市町村の行政による運営は、「① 1952 年から 53 年の間にガリオア資金によって購入された機材が自治体に譲渡・設置された親子ラジオ、②地域内部で設置熱が高まり、政府への陳情によって何らかの援助を受け設置された親子ラジオ、③地域内の設置予算を準備するなどして政府の援助を受けずに設置された親子ラジオ」（大城 2014, 10）。

8)　個人企業による運営は、「①企業設立の後先や陳情の有無は不明であるが、設置時に政府の援助を受けたラジオ社と、②援助を受けず、米軍設備の中古品や日本本土からの機材購入によって施設を設置した」（大城 2014, 12）。

9)　松田ラジオの放送の聴取者の一人である松川秀清への聞き取り（本部町役場にて実施、2022 年 3 月 14 日）。

10)　以下、沖縄タイムス（1955）を引用。名護電気商会親子ラジオ部（仲本朝一）、宜野湾親子ラジオ社（兼次佐一）、中山親子ラジオ社（中山兼一）、安慶名親子ラジオ社（比嘉善助）、高良親子ラジオ社（平良清光）、糸満親子ラジオ社（金城國

雄)、宇久田親子ラジオ社（宇久田朝英）、天久親子ラジオ社（長渡幸一）、名護文化放送親子ラジオ社（太田守一）、渡久地親子ラジオ社（渡久地政豊）、ペリー親子ラジオ社（高良正雄）、丸一親子ラジオ社（高良三□）、嘉手納親子ラジオ社（渡慶次憲三）、松川親子ラジオ社（金城盛義）、オンキョーラジオ社（石垣長昭）、ウェーブラジオ社（新川唯介）、具志頭村親子ラジオ社（久保政幸）〔□は判別不能〕。

11)　琉球政府文書法務局法務室「有線放送法　立法　規則　ゆ-11」R00161208B。

12)　有線放送法（立法第21号）と有線電気通信法（立法第22号）が制定。

13)　渡久地満への聞き取り（渡久地ラジオ社にて実施、2022年3月14日）。

14)　渡久地ラジオが放送をしていた地域については、渡久地満・宮城やよいへの聞き取り（渡久地ラジオ社にて実施、2024年1月24日）を基に作成した。具体的な年代は不明。他社の親子ラジオ社が放送していた地域については、大城（2014, 29）を参照して作成した。

15)　1947年から琉球政府の国頭郡にあった村で、石川、嘉津宇、北里、具志堅、新里、謝花、豊原、備瀬、山川からなる。1971年に本部町に編入合併した。

16)　渡久地満・宮城やよいへの聞き取り（渡久地ラジオ社にて実施、2024年1月24日）。

17)　『部落訪問　古島区』（1958年収録）。

18)　本部町議決書（1969）には、「ラジオ放送費　3ヶ所」として20ドルが計上されている。ただこの諸費は親子ラジオ社へ支払われたものなのか、一般のラジオ局（ラジオ沖縄や琉球放送など）に支払われたものなのかは不明。

19)　執筆時に把握している統計を基に作成。そのため、今後、調査を進める過程で、同情報や数値は変わる可能性があることを特筆しておく。また図3-8については政豊が親子ラジオの運営を辞めた後の時代に収録したと思われる音源も見つかったが、それは反映させていない。

20)　沖縄LOVEweb「オムニバス『親子ラヂオは島うたラジオ』（百沖CD）」https://okinawaloveweb.jp/preview/44985.html（最終アクセス：2024年10月15日）。

21)　番組の中では、『郷土民謡』『郷土の民謡』『民謡の時間』『郷土の民謡の時間』など類似する番組タイトルが複数散見された。渡久地満によると、いずれも同じ趣旨の番組であったことと、『民謡の時間』の表記が最も相応しいとの回答を得て、本章ではそれに統一した。

22)　番組の中では、『古典音楽』『古典の時間』『古典の調べ』など類似する番組タイトルが複数散見された。『民謡の時間』同様に、いずれも同じ趣旨の番組であったことと、『古典音楽』の表記が最も相応しいとの回答を得て、本章ではそれに統一した。

23)　前掲（2022年3月14日）。

24)　前掲（2023年2月18日）。

25) 渡久地親子ラジオ社収録音源、中学生作文大会、実施場所不明、発言者名不明、1967 年（同じテープに収録されている作文中の年代を示す言葉から推測）。

26) 前掲（2022 年 3 月 14 日）。

27) 渡久地親子ラジオ社収録音源、中学生作文大会、実施場所不明、発言者名不明、収録日不明。

28) 渡久地親子ラジオ社収録音源、中学生作文大会、実施場所不明、発言者名不明、1967 年（同じテープに収録されている作文中の年代を示す言葉から推測）。

29) 前掲（渡久地親子ラジオ社収録音源、中学生作文大会）。

参考文献

大城由希江（2014）「戦後沖縄・共同聴取施設の実像――『親子ラジオ』の資料整理を通じて」『日本文化論年報』17、1-39。

―――（2015）「米国統治下の沖縄と親子ラジオ」貴志俊彦・川島真・孫安石編『増補改訂　戦争・ラジオ・記憶』勉誠社。

―――（2018）「米軍占領期沖縄のラジオ放送に関する歴史的研究」神戸大学国際文化学研究科博士学位論文。

岡本充弘（2020）「パブリックヒストリー研究序論」『東洋大学人間科学総合研究所紀要』22、67-88。

―――（2024）「続パブリックヒストリー研究序論」『東洋大学人間科学総合研究所紀要』26、71-89。

沖縄大百科事典刊行事務局編（1982）『沖縄大百科事典（上巻）』沖縄タイムス社。

沖縄郵政管理事務所編（1974）『琉球郵政事業史』丸正印刷社。

川平朝申（1997）『終戦後の沖縄文化行政史』月刊沖縄社。

向後英紀（2009）「戦後沖縄放送史断章――米軍政府放送から沖縄商業放送へ」『政経研究』46（2）、171-196。

小浜司（2014）『島唄を歩く』琉球新報社。

坂田謙司（2005）『「声」の有線メディア史――共同聴取から有線放送電話を巡る〈メディアの生涯〉』世界思想社。

―――（2024）『「音」と「声」の社会史――見えない音と社会のつながりを観る』法律文化社。

髙嶋正晴（2003）「〈コラム〉親子ラジオと島うた」西成彦・原毅彦編『複数の沖縄――ディアスポラから希望へ』人文書院、301-308。

土屋由香（2009）『新米日本の構築――アメリカの対日情報・教育政策と日本占領』明石書店。

那覇市企画部市史編集室編（1981）『那覇市史 資料編第 3 巻 8 市民の戦時・戦後体験記（2）戦後・海外編』暁印刷社。

東区 50 周年記念誌編集委員会（2015）『本部町東区 60 年のあゆみ』、本部町東区分区 50 周年記念事業期成会。

松本章伸 (2021)「占領期日本のラジオドキュメンタリー——音声と番組制作工程から読み解く」大阪大学大学院文学研究科博士学位論文。

本部町史編集委員会編 (1994a)『本部町史　通史編(上)』本部町。

本部町史編集委員会編 (1994b)『本部町史　通史編(下)』本部町。

宮城悦二郎 (1982a)「戦後沖縄の放送 (II) ——その歴史的背景」『琉球大学法文学部紀要社会学編』(25)、139–166。

宮城悦二郎 (1982b)『占領者の目——アメリカ人は〈沖縄〉をどう見たか』那覇出版社。

宮城悦二郎 (1994)『沖縄・戦後放送史』ひるぎ社。

吉田功・広谷鏡子 (2018)「放送のオーラル・ヒストリー　"ゼロ" からの出発—戦後沖縄放送史を生きる—川平朝清」『放送研究と調査 2018 年 12 月号』NHK 出版、2-19。

定期刊行物

沖縄タイムス (1952)「ORK 親子ラジオ設立に就いて」5 月 28 日朝刊。

沖縄タイムス (1953a)「民営親子ラジオ」5 月 5 日朝刊。

沖縄タイムス (1953b)「親子ラジオの譲渡式」9 月 11 日朝刊。

沖縄タイムス (1955)「琉球有線放送協会設立主旨」8 月 1 日朝刊。

沖縄タイムス (1956)「普及するラジオ唯一の娯楽機関」7 月 4 日夕刊。

謝花直美 (2016a)「くとぅば風くとぅば波④ 親子ラジオ (中)」沖縄タイムス、1 月 31 日朝刊。

謝花直美 (2016b)「くとぅば風くとぅば波⑤ 親子ラジオ (下)」沖縄タイムス、2 月 7 日朝刊。

インターネットサイト

沖縄 LOVEweb "オムニバス『親子ラヂオは島うたラジオ』(百沖 CD)", https://okinawaloveweb.jp/preview/44985.html (最終アクセス：2024 年 10 月 15 日)。

沖縄県公文書館

　[琉球政府文書]

法務局法務室「有線放送法　立法　規則　ゆ-11」R00161208B。

沖縄県本部町役場

第 2 回本部町議会会議録、1958 年 6 月 19 日。

本部町議決書、1969 年。

第4章 ロシアの「チャストゥーシカ」と
歴史実践

熊野谷葉子

はじめに

　ロシアは豊かなフォークロアの伝統を誇り、民衆が口頭で伝える歌や物語を 19 世紀以来熱心に蒐集・刊行してきた。もっともこうした民衆の言語芸術につきものの野卑な語彙や辛辣な政治・社会批判は、ソ連崩壊後の一時期を除いて時の政権あるいは編者の判断で排除されてきたから、公刊資料に見られるロシア・フォークロアはたいてい「表」の顔であり、活字にならない「裏」のフォークロアもある。本章のテーマである短い俗謡「チャストゥーシカ」は「表」でも「裏」でも膨大な量が歌われてきたためこの名称から連想されるものは人によってかなり異なる。ある人びとにとってチャストゥーシカとは卑猥な戯れ歌だが、別の人にとっては感傷的な叙情歌であり、あるいは陽気な踊り歌、ナンセンスと冗談、危険な風刺歌……またはそれらすべてなのである。

　チャストゥーシカはさまざまな場で歌われ、聞き手が次の歌い手となって、歌が不断に再生産されてきた。1 歌 4 行という短さと単純な詩行構成、決まりごとの少なさは、老若男女誰もがこの歌を歌うことを可能にしたが、その反面、16 拍で終わってしまうだけに、初めて聞いて即座に理解するのは難しい。たとえば次の歌をさらっと歌われたら、すぐに意味がわかるだろうか。

Бригадир, бригадир,	班長、班長
Синие порточки.	青いズボン
Ничего не понимает,	何も分かっちゃいないのに
Только ставит точки.	点々ばっかりつけている

2000 年 7 月 26 日　筆者採録（熊野谷 2002a, 225)

「班長」とはソ連の集団農場コルホーズの班長を指し、彼が「点々ばっかりつけている」のは、班員の労働日を労働手帳に記入している様子である。ソ連では 1930 年代から 1966 年まで「労働日計算」という給与査定が行われ、各コルホーズでは班長が班員の仕事ぶりを「労働日」に換算して書き留め、年間の労働日数に応じて穀物を支給した。「何も分かっちゃいない」班長の査定に班員は不満なのだろう。ちなみに二行目の「ズボン（порточки／portochki）」は 4 行目末の「点々（точки／tochki）」と韻を踏んでいるだけで特に意味はない。

　この歌は 1926 年生まれの女性によって 2000 年に歌われたものだ。彼女がこの歌をよく歌っていたであろう 1940〜50 年代には、聞き手たちは歌の内容を完全に理解し、共感して笑い合い、溜飲を下げたことだろう。歌の内容自体は虚構（青いズボンの班長は存在しなかった）かもしれないが、この歌の理解を可能にする歴史的状況（労働日計算）と歌の主旨（班長の査定には不満がある）は聞き手たちによって共有された。一方、時代が下って「点々」が理解できない人が出てきたとき、このチャストゥーシカを歌うことは、歴史を物語る行為ともなった。またこれを聞き理解しようとすることも、歴史を知り歴史を構築しようとする行為だろう。これはパブリック・ヒストリーでいうところの「歴史実践」の一つではないか、と筆者は思うのである。

　チャストゥーシカの演奏や理解、再生産は歴史実践といえるのか。パブリック・ヒストリーと何らかの親和性が認められるのか。本章の目的は、それを判断する資料を提供することである。第 I 節ではチャストゥーシカの形式、内容、歌い方から、この歌の「パブリック」な側面を明らかにする。第 II 節ではチャストゥーシカと「ヒストリー」の関係を考えるため、まず既刊のチャストゥーシカ集にどのように歴史性が付与されてきたかを概観する。次に筆者がロシア連邦アルハンゲリスク州で採録した「森」をテーマとする一連のチャストゥーシカを取り上げ、インフォーマントの証言と照らし合わせてそこに秘められた歴史性を考える。歌や語りといったフォークロア・テキストは、一定の型に凝縮されて解釈が難しくなることがよくある。インフォーマントやその同時代人によるオーラル・ヒストリ

ーは、そんなフォークロア・テキストの謎を解く鍵になりうるのだ。

I　チャストゥーシカとは

1　詩行とリズム

　チャストゥーシカは、1行4拍×4行であることが多い。ボタン式アコーディオン「ガルモニ」やバラライカによる軽快な音楽に乗せて歌い、誰かが一つ歌ったら数拍おいて誰かが次の歌を歌う。歌いながら、また聞きながら、足で小刻みに床を踏み鳴らして踊ることも多い。いろいろな名称で呼ばれていたが、19世紀末に「速い частая／chastaja」を語源に持つ「チャストゥーシカ частушка／chastushka」がジャンル名として定着した。広い地域で長く歌われるうちにさまざまな変種も生じている。

　チャストゥーシカは、農村で、また都会の工場などで、おもに若者が集まって歌い踊った。伴奏楽器の演奏者は通常男性で、ガルモニ奏者は大変人気があったようだ。

Гармониста любить,	ガルモニ弾きに惚れるなら
Надо чисто ходить,	きれいにしてなきゃいけないよ
Надо пудриться и мазаться	おしろいはたいてクリーム塗って
И брови наводить.	眉毛を描かなきゃならないよ

1995年7月31日筆者採録（熊野谷 2002a, 148）

この歌が実際どのように歌われたかは、筆者らが運営するインターネット上のサイト「ВТАЯРФЭЭ 日露合同上トイマ地区調査」内の『北ロシアの暮らしとフォークロア』第2章で聞くことができるが[1]、歌詞をローマ字で表記し詩の音節と拍を対応させて示せば表4-1のようになる。

　ロシア語は1語に1か所アクセント（´）があり、強く長く発音される。チャストゥーシカの韻律は文学詩でいう「4脚のホレイ（強弱格。1行8音節となる）」に似ているが、この歌の1行目のように音節数が少なく（6音節）音節を引き延ばしたり休止を入れたりして歌うこともあれば、3行目

表 4-1　音節と拍の対応

拍	1表	1裏	2表	2裏	3表	3裏	4表	4裏
1行目	Gar-	mo-	ní-		sta	lju-	bít’,	
2行目	Ná	do	chí-		sto	ho-	dít’	
3行目	Ná-	do	púd-	li-	tsja	i	má-	za-
4行目	tsja	i	bró-	vi	na-	vo-	dít’.	

のように音節数が多く（9音節）、次行1拍目に食い込ませて歌うこともあるなど、文学の韻律では説明できない。伴奏楽器の刻むリズムに乗り、いくつかの行末で脚韻を踏めばよいのである。この歌では1、2、4行目が「-it’」という韻を踏んでいる。

2　再生産とグループ形成

　チャストゥーシカは複数の歌い手が次々に歌をくりだしてその場をつないでいくものだが、歌い手の順番や歌の内容に決まりはない。とはいえ、先行する歌から連想される、何かしら関連のある歌が出ることが多いのは確かである。たとえば上述の「ガルモニ弾きに惚れるなら…」にある時実際に続けて歌われたのは次の歌である。

А гармониста люблю,	ガルモニ弾きに惚れちゃった
Да я чисто хожу,	だからあたしはきれいにしてる
Я и пудрюсь, я и мажусь,	おしろいはたいてクリーム塗って
Я и брови навожу.	眉毛だって描いている

1995年7月31日筆者採録（熊野谷 2002a, 148）

これは、先の歌への返歌である。このような歌が当意即妙に返されれば、歌の場は大いに盛り上がる。あるいは前の歌を作り変えたこんな歌を歌ってもよい。

Тракториста любить,	トラクター乗りに惚れるなら
Надо подготовиться.	準備をしなきゃいけないよ
Тонну мыла закупить,	石鹸1トン買い込んで
А потом знакомиться.	それからお近づきになる

2000年7月23日　筆者採録（熊野谷 2002a, 157）

「ガルモニ弾き」を「トラクター乗り」に置き換えたものだが、トラクター乗りは油と泥まみれなので、付き合うなら石鹸で洗ってやれ、というユーモアたっぷりの歌である。

　これらに見るように、チャストゥーシカは、すでにある歌の型に別の語句を流し込んだり、歌の一部を置き換えたりして新しい歌を作る。特に歌いだしの1行目には定型表現が多く、1行目が共通する歌が大きなグループを形成していることもある。

Не ходите, девки, замуж,	娘さんたち、お嫁に行くな
Не плетите две косы.	2本のお下げを編まないで
А лучше с косенькой одной	お下げは1本の方がいい
Да жить у матери родной.	暮らすのは実の母さんとがいい

1996年7月25日　筆者採録（熊野谷 2002a, 207）

Не ходите, девки, замуж	娘さんたち、お嫁に行くな
Замужем — неловко.	嫁の暮らしは楽じゃない
Да с первой ночи на кровати	最初の夜からベッドの上で
Будет забастовка.	ストライキが始まるよ

1996年7月20日　筆者採録（熊野谷 2002a, 207）

Не ходите, девки, замуж,	娘さんたち、お嫁に行くな
Замужем не шуточка.	嫁の暮らしは冗談じゃすまない
Через девять месяцев	9ヶ月たったと思ったら
Заревёт малюточка.	赤ん坊が泣き出すよ

1995年7月31日　筆者採録（熊野谷 2002a, 207）

Не ходите, девки, замуж,	娘さんたち、お嫁に行くな
Надо всем поуважать.	みんなに頭を下げなきゃならない
Старому и малому,	年寄りから子供まで
И ещё свекровке-дьяволу.	おまけに悪魔の姑に

2000 年 7 月 30 日　筆者採録（熊野谷 2002a, 208）

これらはすべて、結婚生活の辛さを説いて結婚をやめさせようとする歌だが、歌いだしは共通で、進むにつれて具体的な内容が語られる。インタビューを通じてわかったことだが、このタイプの歌が大量に作られたのは、かつて当地の婚礼で盛んに歌われたためだった。北ロシアの伝統的な婚礼では「延ばし歌」と呼ばれる悲しい歌を歌って花嫁を号泣させる習慣があったが、20 世紀半ばには古めかしい延ばし歌は忘れられ、その代わりに同じ機能を果たすために歌われたのが「娘さんたち、お嫁に行くな……」のチャストゥーシカであった。婚礼のたびごとに作られ歌われたこれらの歌は、婚礼の習慣が変化し花嫁を泣かせなくなった後も、チャストゥーシカのレパートリーとして残ったのである（熊野谷 2007, 22-32）。

　このようにチャストゥーシカは、個々の歌が特定の作者に属するものではなく、正しい歌詞が決まっているわけでもない。不断に無限に生産され、人びとが緩やかに共有する、まさにフォークロアなのである。

3　「私」の歌のパブリックな側面

　多くのチャストゥーシカを見ていると、その歌詞にはしばしば一人称の「私」が存在することに気付く。前項で取り上げた「娘さんたち、お嫁に行くな」では、このように呼びかけているのが歌中の「私」であり、結婚生活の辛さを知る既婚女性という人物像がうかがえる。実際に婚礼でこれらの歌を歌っていたのは花嫁の友人たちで、おもに未婚女性だったわけだが、彼女らは歌中の「私」の言葉を発し、既婚女性の役割を演じていたといえよう。こうした演劇性ゆえか、チャストゥーシカには男の歌と女の歌があり、通常女性の歌い手は女の歌を、男性の歌い手は男の歌を歌う。男の歌とはたとえば、

Ой, товарищ дорогой,	やあ、友達よ、
У меня заботушка:	俺には心配ごとがある
У милашки в животе	可愛いあの娘のお腹の中に
Лежит моя работушка.	俺の作品が宿ってる

1995 年 7 月 31 日　筆者採録（熊野谷 2002a, 212）

といったようなものだ。総じて男性の歌にはこうした冗談や艶笑の要素が多く、他に兵役に関する歌、集団での練り歩きを歌う歌、他村の村人を挑発する歌などもある。

Голубые василёчки,	青い矢車草
В сентябре повянете.	9 月には萎れるね
Буду в армию уеду,	僕は軍隊へ行ってしまう
Девушки, вспомянете. Уух!	娘さんたち、思い出してよ！

1995 年 7 月 30 日　筆者採録（熊野谷 2002a, 216）

По деревеньке пройдём,	村を練り歩こう
Да по серёдке зухаём, У-уух!	真ん中で騒ごう、ウーウー！
А кто навстречу попадёт,	向こうから来る人には
Тому бока набухаём, У-уух!	お腹にドーンとくれてやろう、ウーウー！

1995 年 8 月 1 日　筆者採録（熊野谷 2002a, 213）

この二つの歌の歌詞は、実際の演奏の場面と強く結びついている。1 歌目の「私」は徴兵された若者だが、こうした徴兵の歌は、兵役で村を出る青年の壮行会や、彼を駅や船着き場まで見送りにいく場面で歌われたという。2 歌目では若者たちが歌いながら村を練り歩いて人を集めたり喧嘩をしたりした様子が歌われているが、実際そのように歩きながら歌われたものである。

　このように、チャストゥーシカにおいては、歌詞中の「私」と実際の歌い手、そしてそれが歌われる「場」のあいだに密接な関係がある。歌の場

を知らずしては理解できない歌も多い。そもそもチャストゥーシカは一人でしみじみ歌うものではなく、複数人が集まり歌い交わすものだ。場の規模はさまざまで、二、三人が手仕事をしながら歌い合うこともあれば、近隣の村の住民たちが一堂に会する大きな祭もあった。こうした場の重要性は、チャストゥーシカ演奏に見られるパブリックな側面の一つを表しているといえる。いずれの場でもチャストゥーシカの歌い手と聞き手は不断に入れ替わった。聞かれた歌は、吟味され、共感され、記憶され、反復され、改変された。前項で見た再生産とグループ形成のプロセスがこれを表している。この伝達と再生産のサイクルの中で、「私」のセリフとして発せられたチャストゥーシカは、いつしか集団が共有する語りとなっていく。これもまたチャストゥーシカのパブリックな一面であり、フォークロア形成の現場にほかならない。

Ⅱ　チャストゥーシカの歴史性

1　刊行されたチャストゥーシカ集の章立てと歴史観

　19 世紀末から 20 世紀初頭、チャストゥーシカは若者のあいだで流行している新しい民謡として、ロシア各地で報告されていた。日本でもニコライ・ネフスキー（Н. А. Невский）が雑誌『アララギ』に「ろしあの百姓唄」として書いた大正 9 年（1920 年）の記事があり、ネフスキー自身が観察したチャストゥーシカ演奏の様子や集まりの賑やかさが数編の歌の訳と共に紹介されている（ねふすきい 1920）。

　一方、大量のテキストを収録したチャストゥーシカ集は 20 世紀初頭から刊行されはじめ、今日まで、愛好家向けの歌本や地方出版の小冊子から分厚い資料集まで多数出版されてきた。これらの刊行物の構成は時代ごとのロシアのチャストゥーシカ観、歴史観を示している。そこで本項では、ロシア、ソ連で出版された代表的なチャストゥーシカ集数点の章立てを時代を追って見ていきたい。

　1909 年に出版された『コストロマ県ネレフタ郡のチャストゥーシカ集』は後に哲学者として名を遺すことになるパーヴェル・フロレンスキー（П.

А. Флоренский）が自ら集めた歌を編纂・出版したものである。全968歌のうち63歌を「新兵を送る歌」、76歌を「輪舞と遊びの歌」、28歌を「踊り歌・叫び」として区別し、あとは分類していないことから、彼がチャストゥーシカの本質的な相違点を歌の場や歌の機能の違いに見ていること、歴史的な解釈を加えていないことがわかる（Флоренский 1909）。

1913年にヤロスラヴリで出版されたワシーリー・シマコフ（В. И. Симаков）編『村のチャストゥーシカ』は3341歌を収録し一部譜例もある大部の書籍で、二部からなる。第一部（全15章）は「歌と踊りの夕べ」「愛」「愛の破綻」「恋人達の不和」「噂話」「からかい」「装い」「世代差」「片思い」「結婚生活」「別離」「雇われ労働」「天涯孤独」「兵役と青年」「兵役と娘」、第二部（全7章）は「女友達」「村の気ままな娘」「不良」「酒と酔っ払い」「昨今の話題」「踊りと冗談」「占い、迷信、宗教」である。章題を見る限り歴史的な位置付けはないものの、第二部「昨今の話題」に収録された歌には第一次ロシア革命後の政治・社会への具体的な風刺が見られ、当時の庶民が近い過去の出来事をどう語っているかがうかがえる（Симаков 1913）。

革命と内戦を経て、刊行物には政治・社会を歌うチャストゥーシカが目立つようになる。1925年にドイツ語で出版されたドミートリー・ゼレーニン（Д. К. Зеленин）の論文「現代のロシアのチャストゥーシカ」にはハルキウやキーウで採録されたチャストゥーシカが掲載され、その見出し「革命の始まり」「社会の転覆」「内戦」「ウクライナ主義」「マフノとマフノ一揆」「社会・経済生活」に見るようにウクライナの事情を伝える歌が並んでいる（Зеленин 1925）。

1930年代以降はイデオロギー統制が進み、フォークロアの世界ではユーリー・ソコロフ（Ю. М. Соколов）著『ロシア・フォークロア』（1941年）に見るようにフォークロアを「革命前」と「ソヴィエト時代」の新旧に分けて記述することが定番となった（Соколов 1941）。1956年刊行のロジェストヴェンスカヤ＆ジスリナ（Рождественская и Жислина）編『ロシアのチャストゥーシカ』もこれを踏襲している。第一部「旧生活のチャストゥーシカ」の各章は「農民の仕事」「兵役の歌」「女の運命」「労働」「戦争」

「よりよい生活のための戦い」、第二部「新生活のチャストゥーシカ」の各章は「ソヴィエト政権のために」「新しい習慣」「社会主義的労働」「憲法と選挙」「祖国防衛の前線」「大祖国戦争」「確かな平和のために」である。第三部「愛のチャストゥーシカ」に収められた歌は全体の 15% ほどに過ぎない（Рождественская и Жислина 1956）。

　1990 年刊行のフョードル・セリヴァーノフ（Ф. М. Селиванов）編『チャストゥーシカ集』（ロシア・フォークロア叢書）は「表」のチャストゥーシカを代表する権威ある選集だが、その構成は第一部「ロシア 20 世紀の大きな歴史の中の小さな運命」、第二部「娘の会と遊びの会」、第三部「愛」、第四部「笑いの歌」となっている。特定の時代を反映した歌を第一部にまとめているのが特徴だ（Селиванов 1990）。

　1990 年代、特にソ連崩壊から 10 年間はロシアの出版界が最も自由を謳歌した時期だった。それまで発禁だった本の出版、俗語や卑猥語の活字化が流行し、フォークロアの世界でも「裏」資料の公刊や宗教的なテーマの研究が進んだ。特に 1999 年のアッラ・クラーギナ（А. В. Кулагина）編『ヴォルコフ氏が蒐集した秘密のチャストゥーシカ』は第一巻「エロチックなチャストゥーシカ」第二巻「政治のチャストゥーシカ」共に分厚い資料集で、いずれも蒐集者ヴォルコフ氏が野戦病院や刑務所、市場などで書き留めてきた危険な歌ばかりである。同氏によれば野戦病院では「兵士たちは暇さえあれば寄り集まって、歌うのではなくこっそりとひそひそと互いにチャストゥーシカを言い合っていた」（Кулагина 1999, Т. 2, 5）

　編者のクラーギナは、収録されたチャストゥーシカの内容がこれまでに刊行されたものといかに異なるかを強調している。たとえば、戦争にまつわる歌を見ても、既刊のチャストゥーシカは女性目線で、そのテーマは「開戦。見送り」「彼が戦地に。恋人は彼を助ける」「モスクワ郊外での勝利。敵はレニングラードを落とせない」「戦争を起こしたドイツを非難。ヒットラーを嘲笑する」といったものであったのに対し、ヴォルコフ氏が兵士たちから聞いた戦争のチャストゥーシカのテーマは「戦闘準備。独軍は巧み、ロシア軍は下手」「戦争の予感、開戦」「後方と前線」「妻の浮気」「兵士の訓練不足」「陸軍の後退、航空機の撃墜」「ファシストの戦車に素

手で。武器弾薬不足」「司令官と塹壕掘り（肥える者と飢える者）」「死者の分を食う。略奪」「監視隊」「司令官の無能」「主計官の横領」「戦地妻」「戦死」「将官と兵士の戦利品」「戦争終結（苦しむ正直者、富む卑劣漢）」「捕虜の運命」「無人化した農村」「傷痍軍人の不幸（役人の冷淡）」「戦争は母か不幸か」「将官に勲章、塹壕掘りは負傷」「町の復興—指導者は豪華な暮らし、退役兵士は地下室暮らし」「勝者が敗者から衣類をもらう」であるという。

このように、チャストゥーシカ集を刊行する際にテキストを歴史的に区分しようとする試みは、時代ごとの政治的思惑を反映した（上からの）歴史性の付与であったといえる。次項では、高名なフォークロア学者アレクサンドル・ゴレーロフ（А. А. Горелов）編纂で 2008 年に出版された『ロシアのチャストゥーシカ』に、現在の区分を見てみよう [2]。

2 21 世紀におけるチャストゥーシカの時代区分

『ロシアのチャストゥーシカ』には 1,378 歌が収録され、章立ては「革命以前」「革命と内戦の時代」「1920 年代」「1930 年代」「大祖国戦争」[3]「20 世紀後半」となっている。掲載テキストは 1984 年から 2004 年に刊行された 8 冊のチャストゥーシカ集から採られている。

「革命以前」に分類された 328 歌は、編者の説明によれば「両親と大家族の権力に抑圧された愛のドラマが展開する叙情的な作品」、「金持ちのための隷属的な労働、古い農村の厳しい道徳や蒙昧さ、保守性への反抗が表現されている」歌、「大衆の新しい政治思想を語る政治的闘争を反映した扇動的・風刺的な作品」である（Горелов 2008, 13）。

Попросила я у тятеньки	父さんにお願いした
Суконного пальта,	ラシャのコート
Посулил радушник-тятенька	お優しい父さんが
Ременного кнута!	約束したのは革の鞭！

（Горелов, No. 218）

Девушки, отстала я	ねえみんな、私とり残された
От стада лебединого…	白鳥の群れから
Девушки, отстала я	ねえみんな、私とり残された
От своего милого!	自分の彼から

(Горелов, No. 241)

　1歌目は、家父長制の強かった革命前のロシア農村を彷彿させる。一方2歌目の叙情歌には時代を語る風物は何ら歌いこまれていない。編者自身がこの歌を古いものとして知っていたか、さもなければ、前半二行の詩的な象徴表現や前後半の対句形式から伝統的な詩的形式にのっとった古い歌とみなしたものだろう。

　「革命と内戦の時代」には107歌が入っているが、その中には「やあ、りんご」という歌いだしを持つ特徴的な歌がある。

Эх, яблоко	やあ、りんごは
Покатилося!	転がった！
А кадетская власть	さあ、カデット政権は
Повалилася!	転覆した！

(Горелов, No. 334)

　「赤い」「転がる」林檎は「赤軍」や「転覆」といった革命関連の語と関連付けられ、「やあ、りんご」を1行目に持つ歌は多数記録されている。

　「1920年代」に分類されているのは、「コムソモール（共産党員）」「レーニン」「ソヴィエト」といった当時を象徴する語句を含む190歌である。反宗教キャンペーンにかかわる歌も多い。

Не ругай меня, мамаша,	母さん、あたしを叱らないで
Что я сына принесла:	息子を授かったからって
Богородица-то наша	聖母マリヤさまだって
Тоже в девках родила!	処女で出産したじゃない！

(Горелов, No. 452)

興味深いのは、「1930年代」のチャストゥーシカが445歌と、実に全体の約4分の1に迫ることである。この時代にはチャストゥーシカの目立った刊行物はないにもかかわらず、編者はなぜこの時代にかくも多くの歌を振り分けたのだろうか。

Самовары закипели,	サモワールが湧きたった
Чайники забрякали.	ポットがカチャカチャ鳴りだした
Все колхозники запели,	コルホーズ員は歌いだした
Кулаки заплакали.	富農たちは泣きだした

(Горелов, No. 641)

Начинаю припевать,	さあ、歌い始めるよ
Прошу извинения, —	さあちょっと、ごめんなさいよ
Бросить семечки щелкать,	種をポリポリ、もうやめて
Прекратить курение!	煙草プカプカ、もうやめて！

(Горелов, No. 699)

Володя, Володя,	ワロージャ、ワロージャ、
Володенька!	ねえ、ワロージャ！
Полюби меня, Володя, —	愛してワロージャ、
Я молоденька!	若いあたしを！

(Горелов, No. 715)

　1歌目は1930年代前半の富農撲滅運動を歌ったものだ。各農村では村人を生活レベル別に分類し、富農と認定された家族はシベリアや中央アジアに追放された。だが2、3歌目には時代を特定できる要素はなく、筆者もこれらに似た歌を20世紀末に聞いている。それなのに編者がこれらの歌を「1930年代」に分類したのはなぜだろう。おそらく、経験豊富なフィールドワーカーであるゴレーロフがこれらの歌を前に聞いたことがあり、戦前からある歌だと直感的に判断できたためと思われる。

チャストゥーシカは基本的に若者の歌である。1930年代に積極的にチャストゥーシカを歌っていた人びとは1900〜20年代生まれであり、彼らは20世紀後半にゴレーロフら民俗学者たちにチャストゥーシカを歌い聞かせた世代でもある。彼らは採録活動にきた学者たちに、自分たちが若い頃よく歌ったチャストゥーシカを数多く披露しただろう。そもそも1930年代はチャストゥーシカの全盛期だった。革命前からの農村の若い男女の集まりはまだ存続し、ソヴィエト政権は公民館やクラブを建設して集まりの場を提供したからである。チャストゥーシカを歌い踊る機会は毎日のようにあり、それが若者たちの娯楽の中心だった[4]。当時歌われた無数のチャストゥーシカは、共有され、再生産されて、20世紀後半や21世紀の歌い手にも引き継がれた。ということは、3歌目のような時代を問わず歌える歌に一定の時代の枠をはめること自体、難しいといえるかもしれない。

「大祖国戦争」に収録された歌は84歌と少なく、クラーギナが『秘密のチャストゥーシカ』で指摘したように、ほとんどは女性の視点から歌われたものである。

Меня, молоденьку девчоночку,	若い娘のあたしを
Пошлите воевать:	闘いにやって
Буду раны перевязывать,	傷に包帯を巻いてあげる
Патроны подавать.	銃弾を渡してあげる

(Горелов, No. 1099)

このカテゴリーには戦場の恋人や兄弟を思う歌、死者を哀悼する歌が多く、陽気な踊り歌としてのチャストゥーシカは影をひそめる。必ずしも大祖国戦争時に作られたわけではない、第一次世界大戦や内戦時から歌い継がれた歌もあるだろう。戦争に関するチャストゥーシカは、体験者の証言や手稿の発掘もあって、現在比較的研究の進んでいる分野である[5]。

「20世紀後半」は224歌あるが、期間の長さに比べて少なく、内容的にも精彩を欠く。戦後の男性不足、障碍者の増加などに続いて、コルホーズ、離婚の増加、農村の過疎化などが歌われた。

Не глядите на меня,	あたしを見ないで
Гляните на серьги!	このピアスを見てよ！
Председатель мне купил	議長が買ってくれたの
На колхозны деньги!	コルホーズのお金でよ！

(Горелов, No. 1205)

Нынче кофточки не в моде —	いま、ジャケットは人気なし
В моде распашоночки.	羽織るタイプが流行よ
Нынче девочки не в моде —	いま、若い子は人気なし
В моде разведёночки.	バツイチ女が流行よ

(Горелов, No. 1254)

　「20世紀後半」の歌が精彩を欠く理由はいくつか考えられる。ソ連のフォークロア調査では古い歌や儀礼の採録が優先されてチャストゥーシカは後回しになりがちであったこと、採録されても「裏」チャストゥーシカはどうせ活字にならなかったことなどだ。筆者は1990年代から2000年代の調査時にニキータ・フルシチョフ（Н. С. Хрущёв）からボリス・エリツィン（Б. Н. Ельцин）に至る時代のチャストゥーシカを聞いていることから、20世紀後半にチャストゥーシカがすでに採録できないほど衰退していたとは思わない（熊野谷 2007, 55-59）。今後この時代の「裏」チャストゥーシカが資料として出てくる可能性は十分あるだろう。

　以上、20世紀から21世紀にかけて刊行されたチャストゥーシカ集の構成を駆け足で見てきた。各時代の編者によるチャストゥーシカの分類は、彼らがこのジャンルにどのような歴史的時代区分を与えてきたかを物語っている。それを深く追求することはロシア・フォークロア研究史、またロシア・ソ連の歴史観を研究するうえでは興味深いが、本章ではチャストゥーシカの歌い手と聞き手の言葉に立ち返ろう。次項では筆者が採録したローカルな一群のチャストゥーシカについて、その歴史的文脈を現地の人びとのオーラル・ヒストリーに探していく。

3 「森」のチャストゥーシカとオーラル・ヒストリー

　ロシア連邦北部に位置するアルハンゲリスク州上トイマ地区（図 4-1）でフォークロア調査をしていて気付いたのが、会話の中にしばしば「当時は森で暮らしていて……」「私と夫は森で知り合った」「昔は森へ追いやられて……」というように「森」という語が出てくることであった。このキーワードはチャストゥーシカにも登場する[6]。

В лесу мы родились,	私たちは森で生まれて
В лесу и помрём,	私たちは森で死ぬでしょう
В лесу похоронят	私たちは森に葬られるでしょう
У пня с топором.	斧の刺さった切り株の脇に

2000 年 7 月 26 日　筆者採録（熊野谷 2002a, 227）

　一見、深い森の村に生まれて一生を送る運命を歌っている叙情歌のようだが、インタビューを続けるうちに、現地では 1910〜20 年代に生まれた人の多くが、1930〜40 年代に自宅を離れて森林のバラックで共同生活をし、森林伐採に携わっていた、ということがわかった。1918 年生まれのペラゲーヤさんは次のように語る（〈…〉は省略を示す）。

　　私には青春なんてなかった。13 才で森へ追い立てられたし、コルホーズでは 8 才から働いてたからね。〈…〉森では、男たちが木を伐って、私たちはそれを乾かして、枝を焼いたの。若い男だけが森へやられたんじゃないよ。私たちも木を馬で川まで運んでね、後は木がドヴィナ川を勝手に流れていく。アルハンゲリスクまで二昼夜かかる。当時はいかだを組まずに、バラで流してね……

А пятилетка-пятилетка,	5 か年計画、5 か年計画、
Пятилетка—горюшко.	5 か年計画は悲しいよ
А много лесу нарубили,	たくさん木々を伐ったのに
Отпустили в морюшко.	みすみす海に流したよ

　……（私の友達は）この歌のせいで逮捕されかけたんだよ！

2000 年 7 月 23 日筆者採録

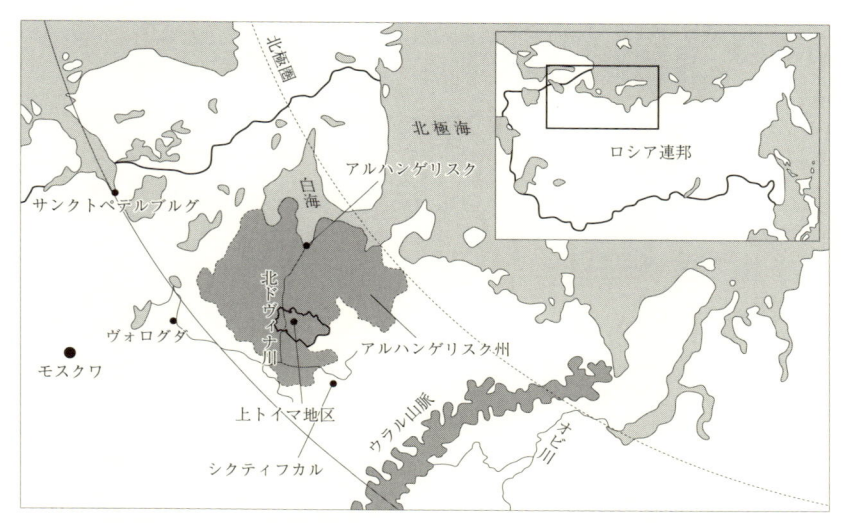

図4-1　ロシア連邦アルハンゲリスク州上トイマ地区と
北ドヴィナ川の位置（塚崎 2023）

　上トイマ地区は北ドヴィナ川中流域に位置する。その沿岸の森林でノルマ分の木材を伐採し、浮送のために川へ投げ入れたが、結局河口の都市アルハンゲリスクで引き揚げが追い付かず、木材は無駄に白海へ流れ出てしまった、という歌である。筆者はこれに類する歌を数人から聞いた。おそらく「5か年計画」に関する定番の歌だったのだろう。

　一方、コルホーズの議長を務めたことのあるアレクサンドルさんは、当時の事情を次のように説明する。

　　森には冬じゅう暮らした。何年もいる人もあったよ。シーズンは12月からだ。11月になると伐採の人間が行く。その後12月から4月まで、わしらが森で暮らすんだ。家には帰らない。食料はコルホーズから送ってくるし、飯炊きがいて、店もあった。クリスマスと新年は森で祝ったものさ。若い者が多かったからね、クラブもあって、集まって歌ったり踊ったりしていたよ。
　　各コルホーズに計画が渡されるんだ。これだけの木材を伐採しろ、何立方メートルの材木を搬出しろってね。それでコルホーズの議長が

人を振り分けて、向こうにずっと住む人を決める。〈…〉みんなコル
ホーズを離れたがったよ。とにかく森へ行かずにすむように、コルホ
ーズから抜けたがった。森林労働の給料はとても安かったからな。何
でも家から持って行ったんだ。パンも、ジャガイモも、肉も。どうし
て給料が安かったのかはわからないが、そういう評定だったんだろう。

2000 年 7 月 27 日筆者採録

通常のコルホーズでの労働が後払いの現物支給だったのに対し、森林労働
には現金が支給された。だがその額が取るに足らないものだったことを、
1923 年生まれのエリザヴェータさんのチャストゥーシカは語る。

Мы с подруженькой работали	わたしと友達は働いた
На северных путях.	北の道で
Ничего не заработали	何の稼ぎにもならなかった
И вернулись в лаптях.	ラープチ履いて帰ってきた

ラープチよ！
——ラープチですか！（笑）

Мы с подруженькой работали	わたしと友達は働いた
На Северной Двине.	北ドヴィナ川で
Ничего не присчитались,	何も計上されなかったよ
Не подруге и не мне.	友達にも、わたしにも

2000 年 7 月 29 日筆者採録

「ラープチ」というのは樹皮を細く裂いたものを編んだ靴で、革やゴムの
靴が普及する以前、つまり 19 世紀末頃の農民がこれを着用していた。と
ころが森林労働者たちは何か月も森に滞在するうちに靴を履きつぶし、自
分でラープチを編んで履いて帰ってきたのである。
　1914 年生まれのアナスタシアさんの歌は、食糧事情についてである。

Скоро скоро ли гудок	もうすぐ、もうすぐ鳴るかしら
Да скоро ли гудочек?	サイレン、もうすぐ鳴るかしら?
Где-то в тумбочке лежит	引き出しのどこかにあったはず
Сто грамм кусочек.	パンの一切れ、100 グラム

1996 年 7 月 25 日筆者採録

この歌を補完してくれるのが、一歳年上のエリザヴェータさんの証言である。

> 配給はパンで、よく働くと 800 グラム、働きが悪いと 600 グラム。朝は 6 時起床、7 時になると穴倉へ行った。お湯が運ばれてくる。
>
> テーブルの上にバケツを一つおいて、それっきり。もしパンの切れ端でもあれば、穴倉に飛んでって食事さ。何が食事なもんか、その切れ端を食べちゃえば終わり、そんな食事さ。ねえ、お嬢さんたち、ひどいもんだったよ！
>
> 〈…〉みんな陽気だったね。最初の頃は小さな石油ランプか何かがテーブルの上に置いてあった。自分の手もよく見えないんだ。暗くてね。木っ端のたいまつもあった。楽しくて、賑やかでね。男も女も、女の子も男の子も、みんな一軒のバラックにいた。それで踊ったり、歌を歌ったりしたの。

2000 年 7 月 22 日筆者採録

本項冒頭で取り上げたチャストゥーシカ「私たちは森で生まれて……」に立ち戻ろう。「斧の刺さった切り株」とは、戦前から戦中にかけて強制された森林労働の象徴だった。このチャストゥーシカは、厳冬期の数か月を森林のバラックで過ごし、共に働き、空腹で歌い踊り、服や靴の替えもないまま空手で帰ってくる「私たち」コルホーズ員が、その閉ざされた世界を共有する歌だったのである。多くの人によって歌い継がれたがゆえに一大グループを形成した「森」のチャストゥーシカは、時代が下り、歌い手やその同時代人のオーラル・ヒストリーによって補完され、解釈される。

こうした歌を思いだして歌うこと、その背景を説明すること、また聞き手がそれを理解し書き留めること……それは新聞記事にも公の文書にも残されていないかつての日々の暮らしを生々しく追体験し、過去を再構築する歴史実践であるといえるのではないだろうか。

おわりに

　本章では、ロシアの俗謡チャストゥーシカの伝承と再生産、特にそのパブリックな側面について、またその歴史性について考えてきた。最後にチャストゥーシカの現在と今後を示唆する小さな体験を紹介しておきたい。

　2020 年 4 月 8 日、ロシアの SNS に一本の動画が投稿された。高層マンションが立ち並ぶ住宅地の中庭に、全身白い防護服でマスクをつけ、ガルモニを抱えた二人の男性が出てきて、ベンチに腰かけるやガルモニを鳴らし始め、チャストゥーシカを歌い始めた。

Мы сидим на карантине —	カランチンでひきこもり
Дома некогда скучать	でも退屈してる暇はない
То играть на балалайке,	バラライカは弾いてるし
То английский изучать!	英語の勉強はしてるし

「カランチン」とは、2020 年の 3 月から 6 月にかけてロシア政府が新型コロナウイルスの感染拡大防止のためにとった非常に厳しい自宅隔離措置へのあだ名である。防護服の二人はさまざまなチャストゥーシカを 5 分ほど歌って悠々と引き揚げて行った。マンションの住人たちは窓から顔をだして拍手喝采、動画のコメントも非常に好意的で、「素晴らしい！」「私の町にもきて！」と楽しそうである。

　筆者はすぐに動画の投稿者にメッセージを送ってみた。すると投稿したのは二人組のうちの一人で、ロマン・ローモフ（Роман Ломов）氏という音楽家だった。彼によると動画は公開から 10 日で 7 万回再生を超え、モスクワ州のニュースサイトでも取り上げられたが[7]、しばらくすると落ち

着き、ネット上でカランチン・チャストゥーシカが次々に作られて盛り上がる……ということはなかったようである [8]。

　かつてチャストゥーシカが歌い交わされ、聞き手が次の歌い手になって再生産のサイクルを形成したような「場」は、もはや日常生活にはほとんどない。しかしインターネットはそういうことが起きうる空間だ。ある歌を聞いた（読んだ）人が別の歌を投稿し、それを見た誰かがまた改作して……というフォークロアのサイクルが生まれても不思議はないのである。そしてインターネットという無限に広い「場」に刻印されたローモフ氏のカランチン・チャストゥーシカが2020年4月を語る貴重な歴史資料であることを、いつか誰かが指摘して、歴史を語りだすのかもしれない。

1)　「ВТАЯРФЭЭ日露合同上トイマ地区調査」https://www.dropbox.com/scl/fi/jyzwq9179367ey48cioci/1-Garmonista-ljubit.m4a?rlkey=evnu6txm75rooxtpv5vmwof06&dl=0（最終アクセス：2024年10月15日）

2)　Горелов（2008）。なおこの本から引用したチャストゥーシカのテキストには、ページではなくテキスト番号を（Горелов, No. 1）のように記す。

3)　「大祖国戦争」とは独ソ戦を中心として第二次世界大戦を指すロシアでの呼称。

4)　1930年代の農村の娯楽や音楽文化については、柚木（2024, 第二章第四節）に詳しい。

5)　たとえばロシアのフォークロア雑誌『生きている昔』でも「歴史とフォークロア」（2003年4号、2020年1号）、「フォークロアにおける第一次世界大戦」（2014年4号）、「フォークロアにおける大祖国戦争」（2010年2号）といった特集が組まれ、戦争のチャストゥーシカが取り上げられている。

6)　この種のチャストゥーシカについては熊野谷（2002b）、Куманоя-Накагава（2020）でも紹介している。

7)　「防護服の男性デュオ、反ウィルスコンサートを開催」（日刊『モスクワ州トゥデイ』2020年4月9日）https://mosregtoday.ru/news/soc/muzhskoy-duet-v-zaschitnyh-kostyumah-ustroil-protivovirusnyy-koncert-v-zheleznodorozhnom/　このサイトで演奏の動画を見ることができる（最終アクセス：2024年10月11日現）。

8)　このことについては熊野谷（2021）でも報告している。

参考文献

熊野谷葉子（2002b）「森林労働者たちのチャストゥーシカ」『なろうど』45、30-37。

――――（2007）『チャストゥーシカ――ロシアの暮らしを映す小さな歌』東洋書店。

――――（2021）「カランチン期ロシアのフォークロアより」『口承文芸研究』44、83-89。

塚崎今日子・熊野谷葉子・中堀正洋・山田徹也（2023）『北ロシアの暮らしとフォークロア――アルハンゲリスク州上トイマ地区日露フォークロア調査より』丸善雄松堂。

ねふすきぃ・にこらい（1920）「ろしあの百姓唄」『アララギ』13（10）。全文の復刻が、伊東一郎（1992）「ろしあの百姓唄」『なろうど』24、54-60 にある。

柚木かおり（2024）『ロシアの弦楽器バラライカ――過去から未来へ』群像社。

ロシア語文献

Горелов, А. А.（2008）*Русская частушка. Изборник*, Санкт-Петербург: Авалонъ.

Зеленин, Д. К.（1925）Современная русская частушка // *Заветные частушки из собрания А. Д. Волкова. В 2 т. Т. 2. Политические частушки.*/ Сост. А. В. Кулагина. М. 1999.

Кулагина, А. В.（1999）*Заветные частушки из собрания А. Д. Волкова. В 2 т. Т. 1. Эротические частушки. Т.2. Политические частушки* / Сост. А. В. Кулагина. М.

熊野谷葉子（2002a）「北ロシア農村のチャストゥーシカ――演劇性の観点から見た特徴づけと分類」東京大学大学院博士学位論文、未公刊。原文ロシア語：Куманоя, Ёко. *Деревенская частушка на Русском Севере. Характеристика и классификация с точки зрения театральности.*

Куманоя-Накагава, Ёко（2020）*Частушки и рассказы о лесозаготовках 1930―1940―х годов в Верхнетоемском районе Архангельской области* // *IV Всероссийский конгресс фольклористов: сб. науч. ст. в 3, т. Т. 3: Комплексные исследования традиционной* / сост.: В. Е. Добровольская, А. Б. Ипполитова; отв. ред. А. Б. Ипполитова. М.

Рождественская и Жислина（1956）*Русские частушки*. М.

Селиванов, Ф. М.（1990）*Частушки* / Сост., вступ. статья, подгот. Ф. М. Селиванова. Библиотека русского фольклора; Т.9. М.

Симаков, В. И.（1913）*Сборник деревенских частушек*. Ярославль.

Соколов, Ю. М.（1941）*Русский фольклор*.

М. Флоренский, П. А.（1909）*Собрание частушек Костромской губернии Нерехтскаго уезда*. Кострома.

第5章

東日本大震災の災害伝承施設とパブリック・ヒストリー

——Google Maps レビューデータから紡がれる声

内尾太一

> 「100 回逃げて 100 回来なくても 101 回目も必ず逃げて」津波を体験した方の言葉が胸に刺さる。
>
> ——あるレビュアー

はじめに

　災害がもたらす影響は一時的なものにとどまらず、被災地域の長期的な記憶とアイデンティティに深くかかわっている。この文脈において、災害伝承施設には、過去の出来事を展示する場であるだけでなく、災害の記憶を保存し、教訓を次世代に伝えるための公共空間として機能することが期待されている。

　本章で紹介する研究では、災害伝承施設に焦点を当てたパブリック・ヒストリーの枠組みの中で、展示と訪問者の相互作用を通じて、私たちが災害の歴史にどのように関与し得るのかを明らかにすることを目的としている。ここでは展示と訪問者の相互作用を観察するために、訪問者がオンラインマップに現地の足跡として投稿するレビューに注目する。一箇所の災害伝承施設に張りついて現場を観察するという方法も考えられるが、今回のように複数の災害伝承館を対象とし、比較を行う場合には、共通のプラットフォーム上に存在するデータセットを扱うことが重要となる。そこで、本研究では Google Maps レビューを、スクレイピングツールを用いて収

集し、定量的・定性的に分析することによって、災害伝承館ごとの特徴や訪問者が受けた印象の違いを明確にすることを試みる。

　パブリック・ヒストリーにおいて、Google Maps レビューのようなデジタルナラティブが歴史形成に果たす役割は重要である。Google Maps は、災害伝承施設の利害関係のフィルターを通さずに、訪問者が直接的に体験した感想や批判、そして時にはそれらを反映する社会的、政治的意見を表明する場となっている。そうしたレビューは、公式に「継承するものとして示された歴史」から一定の距離を置いた、「生の声」となっている。また、それらを参考に現地を訪れる人びとの視点にも影響を与えることから、デジタルナラティブは公式に継承される歴史との協調関係あるいは緊張関係をはらんでいる。

　すなわち、レビューを書くということは、大規模自然災害が被災社会にとってどのように位置付けられ、解釈されるかという問いに対し、個人の感情や経験の表現を超えて、公共の歴史形成に関与する行為と捉えられる。一つひとつのレビューの影響は単体では微々たるものであるかもしれないが、本章で見ていくように、それらは累積的に万を超える声としてオンライン空間に刻まれ、未来の災害伝承のあり方にも影響を及ぼし続ける。

　本章の構成は次の通りである。続く第Ⅰ節では、パブリック・ヒストリーの動態を探求する目的を達成するために必要な概念や方法について説明する。特に、「パブリック」という言葉が示す二つのアクター、公共施設と公衆に焦点を当て、これらの相互作用を測定するためにデジタルメソッドを導入することを紹介する。

　第Ⅱ節は、東日本大震災の被災地に建設された複数の災害伝承施設に関する事例研究であり、基本と応用の二つの部分に分けて展開される。基本の部分では、Outscraper という既成のスクレイピングツールを利用し、災害伝承施設に寄せられる Google Maps 上のレビューを収集し、分析・考察を行う。応用の部分では、このスクレイピングツールと筆者が開発した PlaceExplorer という Python プログラムを組み合わせて、災害のパブリック・ヒストリーを地域社会に根ざした形で提示することを試みる。

　第Ⅲ節では、これらのデジタルメソッドを用いた分析結果に基づき、私

たちが多様な視点から災害の歴史に関与する可能性を強調する。この研究を通じて、誰もが潜在的にパブリック・ヒストリーの実践者であることが明らかとなる。

I　災害伝承のパブリック・ヒストリー研究事始め

1　二つの「パブリック」

「パブリック・ヒストリー」という学問分野では、歴史の公共の場での解釈と共有は中心的なテーマである。過去の出来事の包括的かつ多角的な理解をもたらし、公共の記憶形成における主体的な参加を促すことは、災害関連施設においても重要な社会的役割となっている。

パブリック・ヒストリーの研究において、「パブリック」には「公共」と「公衆」という二つの相互に関連する意味が見出される。これら二つのパブリックは、災害伝承施設が果たす役割を理解するうえできわめて重要だと考える。

第一に、災害伝承施設は、公共（public）に開かれた歴史を継承する場として機能している。公共の場としての災害伝承施設は、歴史的事実を社会に知らせ、災害の教訓を普及させ、地域社会の意識向上を図ることを目的としている。この点で、災害伝承施設は「パブリック・ヒストリー」の重要な拠点となっている。

第二に、災害伝承施設は、公衆（the public）と共に歴史を形成する場としても機能している。公衆とは、ジョン・デューイ（John Dewey）によれば「トランザクションの間接的な諸結果によって、それについての組織的な配慮が必要だとみなされる程度にまで影響を受ける人々の総体から成り立っている」（デューイ 2014, 23）。つまり、特定の事象や政策によって影響を受ける人びとの集団を意味する。この定義を災害伝承施設の文脈に適用すると、災害伝承施設を訪れる公衆は、災害に関連するさまざまな展示や教育プログラムを通じて重要な学びの機会を得る。これらの施設は、訪問者がその学びを他者と共有することが促進される場であり、訪問者が施設内で得た知識や経験を基に、家族や友人、地域社会とのあいだで行うコ

ミュニケーションは、災害の教訓や記憶を広め、深める役割を果たしている。ここでは、被災当事者に限定されず、訪問者すべてがパブリック・ヒストリーの主体として位置付けられる。

　このように、災害伝承施設は、公共に開かれた場としての役割と、公衆と共に歴史を形成する役割を両立させ、歴史の保存と共有において重要な役割を担っている。

2　デジタルパブリック・ヒストリー

　本章で紹介する研究では、災害伝承施設が持つ二つのパブリック、すなわち公共に開かれた歴史と公衆と共に形成される歴史の相互作用を、デジタルメソッドを用いて探求する。とはいえ、日本全国に点在する災害伝承施設を網羅的に研究することは困難である。また、一時的な訪問では、これらの施設における展示と訪問者との相互作用を十分に把握することは難しい。こうした制約を踏まえ、本研究はデジタルメソッドによるオンライン調査を通じて、これらの相互作用を探求する方法を提示する。このアプローチにより、災害伝承施設が公衆とどのように持続的に対話し、歴史を形成し続けているのかをより深く理解することを目指す。

　具体的な手法として、Google Maps 上の災害伝承施設に関するレビューの分析を行う。分析対象は、2011 年に発生した東日本大震災の被災地沿岸部にある伝承施設であり、これらの施設に寄せられたレビューを、スクレイピングツールを用いて収集する。レビューの数は、その災害伝承施設が公共からどれほど注目されているかを示し、パブリック・ヒストリーの形成に対する公衆の反応を測る指標となる。また、レビュー内容の分析を通じて、レビュアーが何を経験の中心に据えているかを明らかにする。これは、調査者によるインタビューとは異なり、レビュアーが自発的に表現した内容であるため、自然な形でのパブリック・ヒストリーの動態が見えてくる。さらに、Google Maps の星評価システムを通じて、レビュアーがその施設にどれほど満足しているかも示される。

3　東日本大震災の伝承施設に関するパブリック・ヒストリー研究

　まず、博物館とパブリック・ヒストリーの基礎文献として、トーマス・A・ウッズ（Thomas A. Woods）は、"Museums and the Public: Doing History Together" という論文で、博物館が一般の人びとと協力して歴史を伝える方法について考察している。スミソニアン博物館の展示に関連する議論を通じて、単なる権威的なナラティブを提示するのではなく、コミュニティの多様な視点を取り入れた展示の必要性を強調し、これがパブリック・ヒストリーの実践において重要な位置を占めていることを示している（Woods 1995）。

　次に、東日本大震災以降の災害伝承施設の展開についてまとめる。エリザベス・マリー（Elizabeth Maly）とマリコ・ヤマザキ（Mariko Yamazaki）（2021）は、3.11 前後の日本における災害伝承施設の変遷について論じている。3.11 以前のミュージアムは、特定の災害に焦点を当て、その科学的メカニズムや歴史的背景を伝えることが中心であったが、3.11 以降に設立されたミュージアムは、広範囲にわたる災害の影響を伝え、地域ごとの異なる経験を共有することに重点を置くようになった。西尾敦史（2021）も、日本国内に存在する「災害遺構」の現状とその多様な機能について考察しており、災害遺構が記憶継承、慰霊追悼、教訓伝承、復興象徴、観光資源としての役割を果たすことを指摘している。これらの災害遺構は地域コミュニティの「集合的記憶」を共有し、未来に向けた防災教育の重要な資源となっている。

　3.11 以降、災害伝承施設や震災遺構が地域的に多様化し、さまざまな役割を果たすようになってきたことが明らかになっているが、批判的な視点も重要である。パブリック・ヒストリーの観点から、「公共」が多様な記憶を統合し、公式なものとする過程で、忘れ去られる可能性のある記憶にも注意を払う必要がある。小田隆史（2023）は、震災遺構の保存と展示について、パブリック・ヒストリーの観点から考察している。震災遺構が持つ記憶の場所としての意味が、時間の経過と共に変容し、教訓を社会に活かすべく公共団体主導で整備される過程で、地域住民の記憶とは異なる「博物館化」が進行し、その結果、住民と外部者とのあいだで葛藤が生じ

ると指摘している。除本理史（2023）は、災害とパブリック・ヒストリーの観点から、専門家だけでなく、多様な語りを取り入れた解釈権の共有が必要であると指摘している。そして、災害の経験や記憶をどのように社会に伝えるべきかについて考察しており、阪神・淡路大震災や東日本大震災を背景に、災害の伝承においては「防災教育」や「減災教育」だけに回収されるものではないと述べている。

　より直接的にかつ個別の事例について批判的考察を展開しているのが、菅豊（2021）の論考「災禍のパブリック・ヒストリーの災禍」である。菅は、「官」が主導するパブリック・ヒストリーの困難さや問題点を指摘しており、福島県立の「東日本大震災・原子力災害伝承館」で行われる語り部の活動に対して、国や東京電力の批判を控えるような指示があったことに言及している。菅は語りの内容を事前に吟味することや、事前研修を行うことは十分にあり得ることであるとしつつも、施設にとって不都合な記憶を制限しようとする権力のあり方を批判しており、語りの複数性が担保されることの重要性と共に、歴史を語る主体が持つ権限がどのように共有されていくのかに注目している。

　なお、次節では菅が議論の対象とした「東日本大震災・原子力災害伝承館」に焦点を当て、以下に述べる研究方法で、オンライン空間におけるパブリック・ヒストリーの実践を分析していく。

4　デジタルメソッドによる分析

　本章では、Google Maps のレビューを分析するために、Outscraper というツールを使用する。Outscraper は、Google Maps 上に公開されている施設に関するレビューを自動的にデータとして抽出するスクレイピングツールである。これにより、特定の災害伝承施設に寄せられたレビューのテキストや評価、投稿日時などの情報を効率的に収集できる。

　Outscraper を用いる研究者は、世界中のさまざまな地域や施設における公衆の認識や満足度に関する調査を行っている。サンクトペテルブルグの公園や広場についての研究では、都市環境の安全性を評価する新しい方法が開発され、市民がオンラインで残した意見や評価を基に安全性と快適

性の指標が特定された（Nizomutdinov et al. 2022）。アメリカの主要ハブ空港に関する研究では、Google Maps レビューをテキストマイニングで分析し、COVID-19 政策に対する公衆の認識を評価している（Park et al. 2022）。バレンシアの公共図書館に関する研究では、他の地域と比較しても満足度が若干低いことが明らかになり、応答率の低さから改善の必要性が示された（Rodriguez-Rodriguez 2023）。バリの高級ホテルとリゾートに関する研究では、ウェルネス属性が顧客満足度にどのように影響するかが調査され、ネガティブな影響とポジティブな影響を与える要素がそれぞれ判明している（Williady and Ban 2023）。

　このように、Outscraper を用いることで、レビュアーが特定の施設に対してどのような印象を持ち、どのように表現しているのかを定量的かつ定性的に分析することが可能となる。このデータによって、災害伝承施設が訪問者とどのように相互作用しているか、またその施設がどれほど公衆の注目を集めているかを検討する。また、レビュー内容のテキスト分析を通じて、レビュアーが何を感じ、どのような点に満足しているのか、あるいは不満を持っているのかを明らかにしていく。

II　災害伝承施設のデジタルナラティブの収集と可視化

1　対象とする災害伝承施設

　東日本大震災の発生以降、各地で被害の詳細や被災者の体験を記憶にとどめ、後世に伝える試みが行われている。まずは、災害伝承施設全体の状況を把握するため、「日本災害伝承ミュージアム Map & Information 2023 ver.2」を参照する[1]。この資料は、阪神・淡路大震災記念 人と防災未来センターが事務局を務める日本災害伝承ミュージアム・ネットワークによって発行されたものであり、岩手・宮城・福島の東北三県を中心に、北は青森県、南は千葉県まで、合計 36 の施設が東日本大震災の伝承施設として地図上に示されている。各施設に対するレビューの質や量は、地域ごとの特性や災害の影響度により異なる。

2 レビュー件数のマッピング

マッピングは、それ自体が利用者の関心を高め、新たな議論を生みだす強力なツールであり、デジタル・パブリック・ヒストリーにおいて有用であると考えられている（山中 2021, 362）。前節で取り上げた先行研究でも、災害伝承施設の地図はそのロケーションを示すために頻繁に用いられてきた（Maly and Yamazaki, 2021；西尾, 2021；小田, 2023）。しかし、本研究ではそれらのレビューの多寡を可視化することで、災害伝承施設と訪問者とのインタラクションを新たな視点から捉える。

Outscraper を用いて収集されたレビューは、災害伝承施設が展示するパブリック・ヒストリーに対する公衆からの反応と見ることができる。まず、その量的側面を可視化することで、各施設がどの程度注目を集めているかを評価できる。図 5-1 は、36 の災害伝承施設のうち、Google Maps に登録されていない 1 施設を除いたレビュー件数の一覧表である。

全体として 2016 年 8 月〜2024 年 8 月の期間で 11,690 件のレビューが収

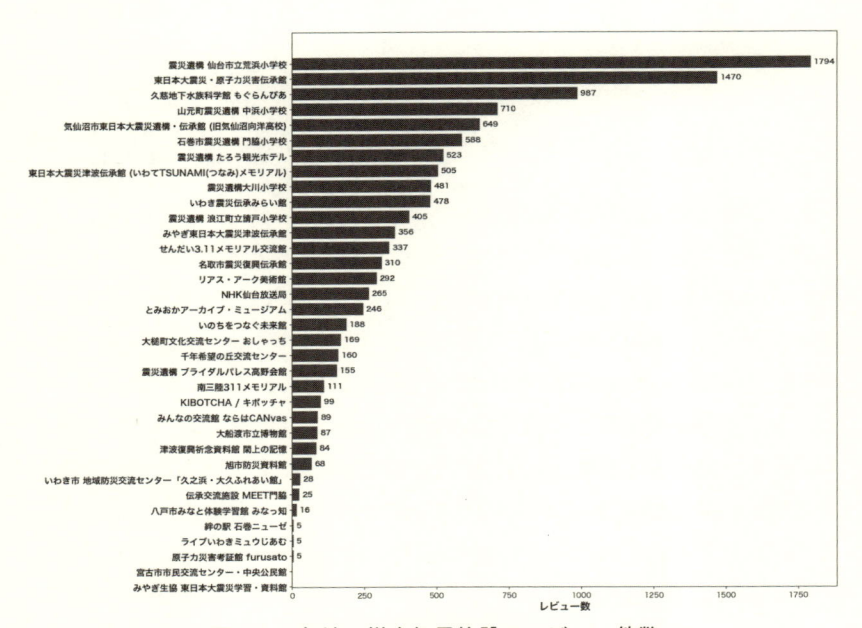

図 5-1　各地の災害伝承施設のレビュー件数

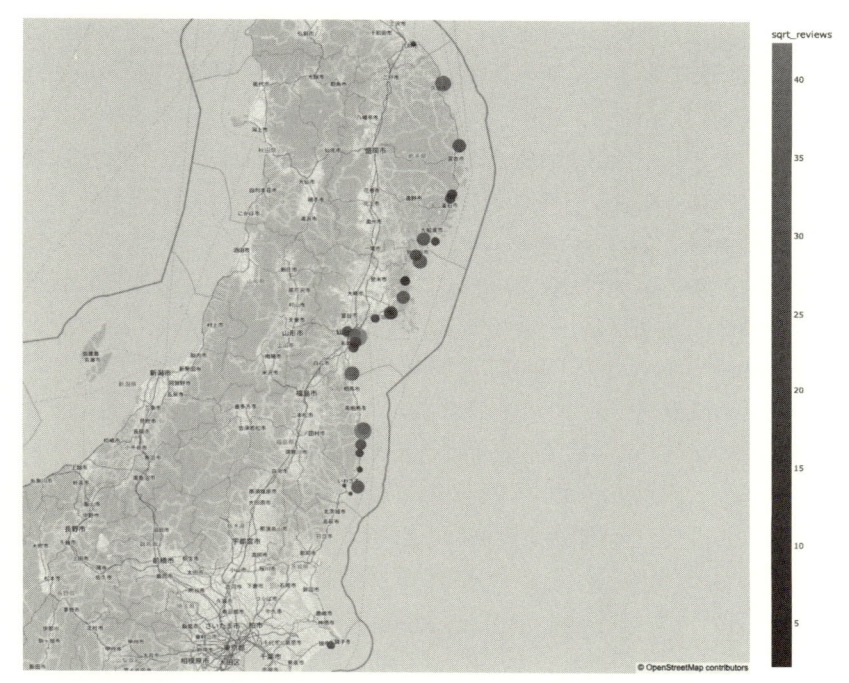

図5-2　レビュー件数を反映した災害伝承施設のマッピング

集できた。レビュー件数が 1,000 件を超える施設もあれば、0 件という施設も存在している。

　次に、図5-2 は、レビューの多寡を災害伝承施設のロケーションに反映させたものである。丸の大きさと色は、各施設のレビュー件数に対応している。右側の目盛りつきのバーはレビュー件数の平方根を示しており、最大値の 40 は約 1,600（40^2）件のレビューが寄せられていることを意味する。図5-1 で 0 件だった施設は、図5-2 の地図には表示されていない。

　図5-1 と図5-2 を通じて、災害伝承を目的とした公共施設に対する公衆の関心度が視覚的に表現されていることがわかる。もちろん、すべての訪問者が Google Maps にレビューを書き残すわけではないが、レビュー件数は訪問者全体の数に比例すると考えられる。また、本章においてより重要な点は、災害伝承施設を訪れた人びとが、何かしらの印象を受け、オンラインで自発的に語り始めるという行動様式である。この公共施設と公衆

との相互作用こそが、パブリック・ヒストリーの核心であると考える。

　レビューの数量からも明らかなように、特定の施設が特に多くの訪問者の関心を引いていることが示された。たとえば、図5-1の水平棒グラフにおいて、レビュー数が多い施設は、震災学習などの観点からの公益性が高いことを示唆しており、地図上での表示から施設の位置が震災の被害や影響が大きかった岩手県（死者5,136名、行方不明者1,121名、負傷者211名、全壊19,507棟）、宮城県（死者10,563名、行方不明者1,227名、負傷者4,148名、全壊83,002棟）、福島県（死者3,762名、行方不明者225名、負傷者182名、全壊15,224棟）に集中していることが確認できる[2]。

　また、震災遺構が災害伝承施設を兼ねている場合、レビュー件数が多くなる傾向が見られる。震災遺構とは、災害の脅威を今日まで伝える被災建造物であり、巨大展示物である。たとえば、今回のレビュー収集で最も件数が多かった仙台市立荒浜小学校は、都市部からのアクセスのしやすさも相まって、パブリック・ヒストリーを生みだす人びとの流れを作りだしている。

　このように、地図とレビューデータの組み合わせによって、単に地理的な情報を超えた、訪問者の反応を捉えることが可能となり、これが災害伝承施設の役割と社会的意義を議論するためのステップとなる。

　補足として、施設のレビューの多寡は公衆の災害に対する関心の度合いを示す指標として重要であるが、レビュー件数の少ない施設を「価値が低い」と捉えるべきではない。なぜなら、人口が少ない地域や、規模の小さなコミュニティにある施設では、訪問者数が限られているため、レビュー件数が少なくなりがちだが、その地域にとっては非常に重要な記憶を保持している場合がある。たとえば、図5-2の北端に位置する青森県（死者3名、行方不明者1名、負傷者110名、全壊308棟）の「八戸市みなと体験学習館 みなっ知」のレビューには、それが「県内唯一の災害伝承施設」と紹介され、南端にある千葉県（死者22名、行方不明者2名、負傷者261名、全壊801棟）の「旭市防災資料館」では、震源から離れたこの地域を大津波が襲った理由が学べると評価されている。また、レビュー件数の少なさを逆手に取り、自らフィールド調査のために現地を訪れ、展示や関係者の

話を直接見聞きすることで、より希少なパブリック・ヒストリーの担い手となることもできるのである。

3　レビューのテキスト分析

　前節では、レビューの量的な側面を視覚化し、その多寡を地理情報と結びつけるアプローチを示した。次に、個々のレビューを人びとのナラティブとして捉え、テキスト分析を行うことで、災害伝承施設に対する訪問者の感情や評価、使われる語句の傾向を明らかにしていく。パブリック・ヒストリー研究において、テキスト分析は、単にデータを解釈する手段としてだけでなく、社会的な記憶や意識の形成過程を理解するための重要な方法論として位置付けられる。

　テキスト分析にはさまざまなアプローチがあるが、まずは感情分析を行う。これは、レビューの中で表現されている感情を定量的に捉える手法であり、訪問者が災害伝承施設に対して抱いている感情の全体像を把握するのに役立つ。感情分析では、レビューに含まれるポジティブ、ネガティブな感情の割合を明らかにし、災害伝承施設に対する訪問者の反応を感情的な側面から理解することが可能となる。

　今回は ML-Ask という日本語の感情分析ツールを使用して、災害伝承施設に対するレビューを解析する。ML-Ask は、プログラミング言語 Python の無料ライブラリとして提供されており、入力されたテキストデータから 10 種類の感情を抽出することができる。この 10 種類の感情には、「喜」「怒」「昂」「哀」「好」「怖」「安」「厭」「驚」「恥」が含まれている。

　ここでは、災害伝承施設全体のレビューと、福島県双葉町にある東日本大震災・原子力災害伝承館のレビューについて感情分析を行い、その結果をレーダーチャートで対比させた。東日本大震災・原子力災害伝承館は、菅（2021）でその設立意義と問題点がパブリック・ヒストリーの専門家の視点から論じられた施設である。本研究では、施設に対する公衆の感情という観点からアプローチする。その解析結果が、以下の図 5-3 である。

　いずれの施設も「厭（嫌悪）」が最も多い点は共通している。また、同様にネガティブな感情として「哀（悲しみ）」が多いことも、被災地に対

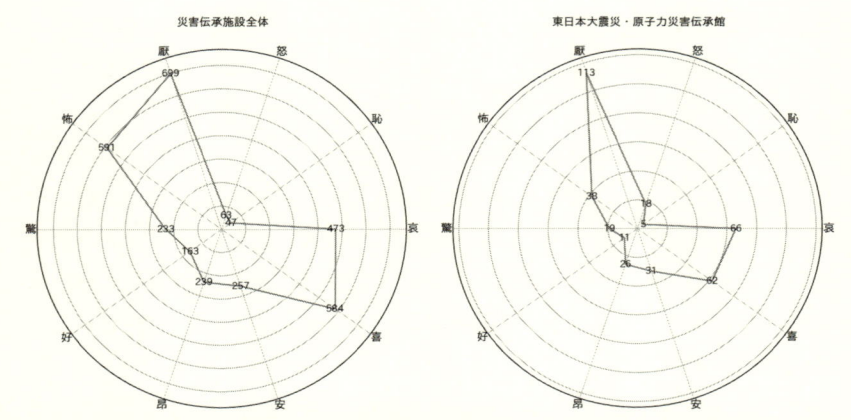

図5-3　災害伝承施設全体と東日本大震災・原子力災害伝承館の感情分析結果の比較

する共感の表れといえる。ポジティブな感情として「喜（喜び）」が比較的多く見られることは、災害発生から年月を経て、施設を訪れたことに対する満足感や、施設が再生・復興のシンボルとしての役割を果たしていることを示していると考えられる。

　一方で、災害伝承施設全体と東日本大震災・原子力災害伝承館のレーダーチャートが描く図形には大きな相違点が一つ存在する。それは「怖（恐れ）」の感情である。多くの災害伝承施設は沿岸部に位置し、津波の被害を伝えるものが多い。そのため、震災遺構や津波による破壊の痕跡を目の当たりにすることで、訪問者に恐怖感を引き起こす。一方で、東日本大震災・原子力災害伝承館は、放射能という目に見えない脅威をテーマにしており、その無形の脅威が「恐れ」に先行して「嫌悪」や「悲しみ」を強く感じさせる結果となったと考えられる。

　この違いは、各施設が取り扱う災害の性質が訪問者の心象風景に与える影響を如実に示している。津波が引き起こす「恐れ」はその圧倒的な破壊力と目に見える脅威によるものであり、放射能の「嫌悪」はその目に見えず、感じることも難しいが、非常に持続的かつ広範な影響力を持つ。図5-3から、災害伝承施設がそれぞれ異なる感情を喚起することで、訪問者の災害に対する理解や意識に多様な影響を与えていることが推察される。

　感情分析では、レビューに含まれる感情を定量的に捉え、災害伝承施設

に対する訪問者の感情的な反応を把握した。しかし、感情分析だけでは、具体的にどのようなナラティブが感情の発露と結びついているかまでは明らかにできない。そこで、次に行うのがワードクラウド分析である。

ワードクラウド分析は、レビュー内で頻繁に使われる単語を視覚的に表示する手法である。頻度の高い単語ほど大きく表示されるため、レビューの内容やテーマが一目でわかるという特徴がある。これにより、訪問者が何に注目しているのか、どのような点に関心を持っているのかを直感的に把握することができる。特に、感情分析で抽出された感情がどのような具体的要素に関連しているのかを考察するのに役立つ。

ワードクラウド分析では、Google Maps レビューというデータセットにおけるレーティング（星評価）が有効に活用される。Google Maps では、☆の数 1〜5 によってレビュアーの満足度が表現されており、Outscraper を用いたレビューの収集においても、一つひとつその情報が得られる。高評価のレビューからは、満足度の高い訪問者が特に注目した点や好意的に受け止めた要素が浮かび上がる。一方、低評価のレビューでは、不満や懸念がどのような点に集中しているのかが明らかになる。

感情分析で個別事例として扱った東日本大震災・原子力災害伝承館に引き続き焦点を当てたい。高評価レビューを☆4以上、低評価レビューを☆3以下に設定した。抽出した単語は、名詞、動詞、形容詞で、双方に登場した共通語は対比を際立たせるために除外している。以下の図 5-4 と図 5-5 がその解析結果である。

高評価レビューと低評価レビューにおけるワードクラウド分析から、訪問者の評価に影響を与える要因を考察する。

高評価を示す図 5-4 において特に注目されるワードとして、「風化」「防災」「実感」「痛感」「凄い」「苦しい」といった言葉が挙げられる。「風化」という言葉には、過去の出来事を忘れず、次世代に伝えようとする訪問者の強い意識が反映されており、公衆がパブリック・ヒストリーの担い手であることを示唆している。また、「防災」に関する言及は、過去の災害から学び、未来志向で防災意識を高めようとする姿勢が評価に影響していることを示している。

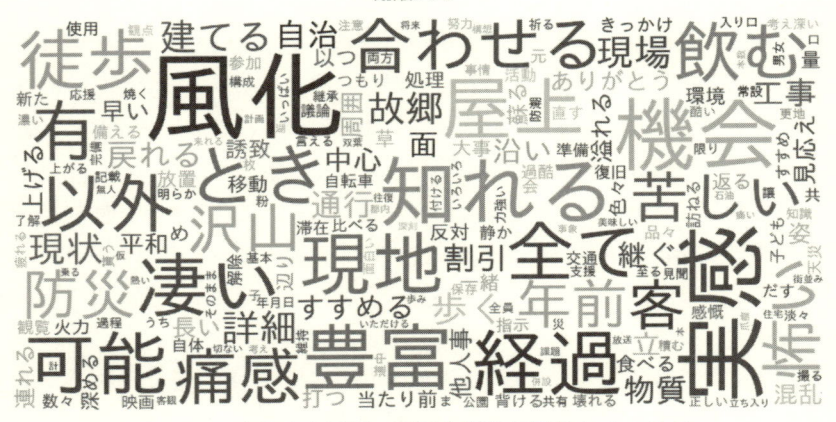

図5-4　東日本大震災・原子力災害伝承館☆4〜5の
レビューから作成したワードクラウド

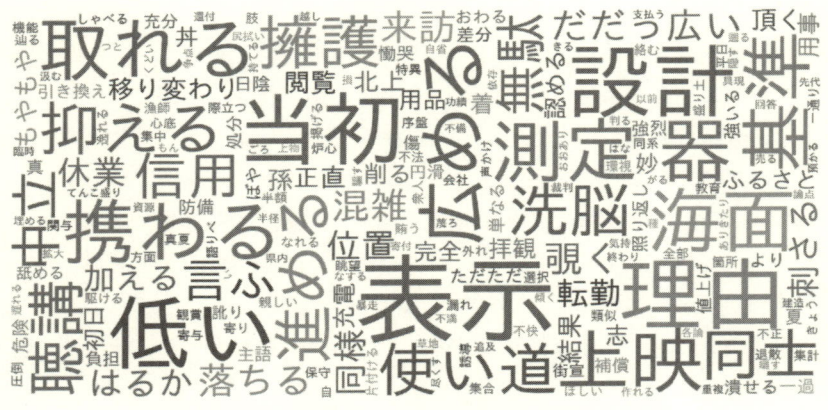

図5-5　東日本大震災・原子力災害伝承館☆1〜3の
レビューから作成したワードクラウド

　さらに、「実感」「痛感」「凄い」「苦しい」といった感情表現からは、訪
問者が災害伝承施設を通じて過去の災害の恐怖や悲しみを深く感じ取った
ことが読み取れる。これにより、施設がパブリック・ヒストリーとしての
役割を十分に果たしていると評価されている。また、「現地」「知れる」と
いった言葉からは、訪問者が実際に施設を訪れることの意義を感じている

ことがうかがえる。加えて、「機会」「豊富」「可能」といったポジティブな表現が多く見られる点も、施設が提供する学びや経験の機会が訪問者にとって満足度の高いものであることを示している。

一方、低評価を示す図5-5においては、「基準」「設定」「測定器」「表示」「設計」「海面」といった科学リテラシーに関連するような用語が頻出している。これらの用語が低評価の文脈で多く登場することから、施設の説明や科学的根拠に対して懐疑的な視点が存在していることが示唆される。科学的信頼性に対する訪問者の疑念が、評価にマイナスの影響を与えていると考えられる。

さらに、「擁護」「信用」「洗脳」「広める」といった言葉が見られる点から、施設が伝える内容に対して訪問者が作為的な意図を感じ取っていることが明らかである。このような猜疑心が、施設に対するネガティブな評価の一因となっている。また、「無駄」「だだっ広い」「使い道」といった表現は、施設の物質的側面や建設費用に対する批判や不満の感情を反映していることがうかがえる。

高評価レビューと低評価レビューのワードクラウドを対比することで、訪問者が災害伝承施設に対して抱くポジティブな感情とネガティブな感情が具体的な言葉として浮き彫りになった。高評価レビューでは、訪問者が施設を通じて過去の災害から学び、未来に生かすことができるという点が評価されている。一方、低評価レビューでは、科学的な不信感や施設のコンセプトに対する疑念が、評価に悪影響を与えている。

パブリック・ヒストリー研究の観点から見ると、感情分析とワードクラウド分析を組み合わせることによって、災害伝承施設に対する訪問者の評価や感情を多面的に捉えることは、単に訪問者の反応を理解するだけでなく、公共の場での歴史の解釈や記憶の形成過程を明らかにするうえでも重要である。各施設が取り扱う災害の種類やテーマに応じて、訪問者がどのような感情を抱き、それが施設全体の評価にどのように反映されているかを解明することは、パブリック・ヒストリーの実践における課題や成功例を浮き彫りにする。

Ⅲ　災害伝承施設と地域社会の相互作用

双葉には見どころがここしかない。こともない。
震災遺構ナントカ小学校が近くにあります。
対照的です。この伝承館は人の手がちゃんと入っている。何がしたい
のか、その意志や具体的意図がはっきりと見える。そこは評価すべき
でしょう。
あまりにもいいとこ取りし過ぎだ、有りえない絵空事、フェイクのた
めに凄い額の税金が使われているという批判もあるようです。
心配はいりません。実態がどうなのかは周りを見れば明らかです。こ
こに来る人はここ以外の風景も確実に見ることになります。そういう
意味で大丈夫なんです。

　——東日本大震災・原子力災害伝承館に寄せられたレビューより

2023/11/19　☆4

（※傍点は筆者によるもの）

1　パブリック・ヒストリーを地域に開く

　第Ⅱ節では、災害伝承施設に寄せられたレビューをテキスト分析することで、施設が訪問者に与える影響や、公衆の反応に焦点を当てて考察を行った。その分析を通じて、施設が災害の記憶を伝え、パブリック・ヒストリーの形成に果たしている役割が明らかになった。しかし、災害の歴史は伝承施設の中だけにとどまるものではなく、施設の外に広がる地域全体に刻まれた記憶もまた、重要な要素となる。

　本節冒頭で紹介したレビューは、菅（2021）が指摘する官主導の伝承施設におけるパブリック・ヒストリーへの批判と共鳴しつつも、さらにその一歩外の地域社会へと災害の歴史を導こうとしている。災害伝承施設に対する評価だけでなく、その周囲の風景との対比を通じて、地域全体の記憶が持つ重要性を浮き彫りにする。

　特に災害のパブリック・ヒストリーにおいては、小田（2023）が警鐘を鳴らす記憶の「博物館化」にも注意が必要である。同様に、国家や政府主

導の「公式」な歴史に収斂していく危険性にも目を向ける必要がある。パブリック・ヒストリー研究は、これらの問題を慎重に扱わなければならない。

　本節では、災害伝承施設のレビューをさらに掘り下げ、外部者の視点を理解することで、地域全体の災害の記憶を捉えることの意義を探求する。レビューを投稿する訪問者は、移動する個人であり、パブリック・ヒストリーもまた施設内に限定されるものではない。災害の歴史は伝承施設で学べるが、それだけがすべてではない。本節の主張は、災害伝承館を訪れるだけでなく、施設を取り囲む地域全体にも目を向け、そこに散在する災害の記憶を拾い上げることが重要であるという点にある。

2　PlaceExplorer による拡張

　ここでは、これまで一つの場所に絞っていたフォーカスをあえて広げ、災害伝承施設を含む地域全体に積み重なった災害の語りに目を向ける。パブリック・ヒストリー研究のためには、伝承施設を訪れるだけでなく、被災地全体をフィールドワークによって補完することが求められる。本項では、その実証のために、既成の Outscraper と自作の Python プログラムである PlaceExplorer を組み合わせたアプローチを紹介する。

　Outscraper は、特定の場所や施設を指定し、そこに蓄積されたレビューをすべて取得できるツールである。ただし、取得するためには各施設を個別に指定する必要がある。一方、PlaceExplorer は、指定した範囲内にどのような場所や施設が存在するかを調べ尽くすツールであるが、その探索範囲内のレビューを直接取得する機能はない。

　これら二つのツールを併用することで、探索範囲内のすべての場所をリストアップし、そのリストを基に一括してレビューを取得するという、より網羅的なデータ収集が可能となる。この方法により、地域全体のパブリック・ヒストリーに関連するデータを効率的に収集・分析できるようになる（内尾 2023; 2024）。

　双葉町は、福島県浜通り地方に位置し、かつては農業や漁業が盛んな地域であった。しかし、2011 年 3 月 11 日に発生した東日本大震災と、その

図5-6　双葉町のレビューの分布

後の福島第一原子力発電所事故により、町全域が避難指示区域に指定され、多くの住民が町を離れることを余儀なくされた。避難指示が解除されたのは2020年3月4日であり、事故から約9年後のことである。この解除により、双葉町の一部地域で住民の帰還が可能となり、町の復興と再生に向けた取り組みが本格化した。2020年9月に開館した東日本大震災・原子力災害伝承館は、震災と原子力災害の記憶を後世に伝える役割を果たす象徴的な施設として位置付けられている。また、町内には震災遺構が点在し、震災と原子力災害の影響が色濃く残る地域である。町の公式動画「数字でわかる双葉町（令和6年4月1日時点）」[3] によると、町の人口は5,385名であるのに対し、帰還者は42名、転入者は57名となっている。

　それではPlaceExplorerの探索結果を見てみたい。図5-6は、双葉町のレビューの分布図である。

　このマップを読み解くと、まず災害伝承施設である東日本大震災・原子

力災害伝承館が最も大きな丸として 1,225（35²）件以上のレビューを集めている。また周辺の区画にもさまざまな飲食店やコンビニエンスストア、企業の事業所が新たに作られており、復興の歩みを表している。右上の沿岸付近の丸が示すのは、災害伝承施設のリストにもあった震災遺構浪江町立請戸小学校である。本節冒頭で紹介したレビューにあった「震災遺構ナントカ小学校」は、ここを指していると考えられる。また、地図の中心寄りに位置する双葉駅周辺にもレビューが集中する地域が見られる。これは、東日本大震災・原子力災害伝承館の周辺と同様に、双葉駅の周りにも新たに人の流れができつつあることが考えられる。

さらにここから、Google Maps 上の双葉町内に蓄積された個々のレビューを読み込んでいくことで、災害伝承施設が提供するパブリック・ヒストリーをより広い地域社会の文脈で捉え直していく。

「双葉町産業交流センター（F-BICC）」は、東日本大震災・原子力災害伝承館に併設されている複合施設であり、図 5-6 で最も大きな丸のすぐ下に位置している。ここでは、貸会議室や貸事務所、フードコートやレストラン、土産物店などの商業施設が入っていることが紹介され、伝承館を訪れた人びとも利用していることがそのレビューから読み取れた。

また、駅周辺に目を移すと、「FUTABA Art District」と呼ばれるプロジェクトによって、複数の壁画アートが描かれ、復興を応援する声が上がっている。その一方で、力強いイラストと人びとが戻ってこない現実とのギャップを嘆くレビューも見られる。

そして、震災直後を振り返るようなレビューも探索範囲を広げたことで発見された。町の沿岸部の高台にある神社は、津波から地元の人びとが避難して一晩を過ごした場所として知られ、いくつかのレビューでそのことが記されている。さらに、町内の共同墓地に対して「原発事故後行けていない」と一言だけ、短くも重い内容の書き込みがあった。

これらのレビュー全体を見ると、復興に対して前向きな意見と、人がいない、寂しい、もう戻ってこないのではないかという厳しい現状を指摘する意見に二分されていることがわかる。新しい施設の建造を喜ぶ声がある一方で、同じ場所について諦観した意見も寄せられている。

Google Maps が形成するオンラインの公共空間では、双葉町の復興に関する情報が日々更新されている。このダイナミクスは、第II節で行った東日本大震災・原子力災害伝承館のテキスト分析を地域社会の文脈に据え直すもので、双葉町におけるパブリック・ヒストリーの形成過程を含むより包括的な時間の移り変わりを示している。

本節で明らかにされた重要な点は、災害伝承施設が単に過去の災害の歴史を伝えるだけでなく、地域の復興の中心的な役割をも担っていることである。施設の展示が訪問者に与える影響は、周囲の復興状況とも密接に関連している。また、現在も人が戻ってこない双葉町の景観は、原発事故の影響の深刻さを象徴しており、それが東日本大震災・原子力災害伝承館の展示をある人びとには一層リアルなものに見せ、別の人びとには逆にその展示を人工的に感じさせている。災害伝承施設が災害のパブリック・ヒストリーの拠点であることは明白だが、それを取り巻く地域社会がつねに被災地のリアリティを更新し続けることで、館内の展示物の見え方や語られ方もまた少しずつ変化していく。

本章のデジタルメソッドで指摘できるのはここまでである。その先は現地でのフィールド調査によって、より意義深い観察につなげていくことが期待される。

おわりに

本章では、災害伝承施設を中心に形成されるパブリック・ヒストリーにおいて、公衆や地域社会との相互作用の重要な役割を明らかにしてきた。

Google Maps のレビューデータの特性を活かし、Outscraper というスクレイピングツールを用いて訪問者の評価や感情をマッピングやテキスト分析によって可視化した。この手法により、災害伝承施設が訪問者にどのように受け止められ、どのように評価されているかを詳細に解明することを試みた。

まずマッピングでは、単に災害伝承施設のロケーションを示すだけでなく、各施設のレビュー件数と連動させることで、公衆の関心度や注目度を

視覚的に示した。これにより、災害伝承施設が訪問者に与える影響やその重要性が地理的に把握でき、パブリック・ヒストリーとしての施設の役割がより明確になったといえる。

　次にテキスト分析では、災害の種類や施設の役割に応じて、公衆が施設に対して抱く感情や評価が異なることが確認された。津波の脅威を扱う施設では「恐れ」の感情を強く伴っていた一方、放射能の無形の脅威をテーマにした施設では「嫌悪」の感情が際立つ結果となった。また、ワードクラウドでは、さまざまな訪問者が注目しているポイントや、満足感、不満の具体的な内容が浮かび上がってきた。

　そして、PlaceExplorer という自作の Python プログラムを活用することで、探索範囲内の施設をリストアップし、そのレビューを詳細に分析する手法も導入した。これにより、災害伝承施設と地域社会との複雑でダイナミックな関係性が示された。

　全体として、災害伝承施設が、公衆のデジタルナラティブによって、時には公式の歴史展示とも異なる公共の歴史を形成する、という意味でも重要な拠点であることが明らかになった。それは結果として、リアルとヴァーチャルという異なる位相で公共の対話を成立させているとも捉えられる。

　以上を通じて、筆者は本章が災害の記憶と教訓がどのように次世代に伝えられるかの理解を深める一助となれば、と考えている。ここまで読み終えたなら、手元のスマートフォンから件の地図アプリを開いてみてほしい。デジタル技術の発展により、自らの経験を自発的かつ気軽に発信できる現代において、私たち一人ひとりがこのパブリック・ヒストリーの担い手となる可能性が、そこにも確かに存在している。

1）「日本災害伝承ミュージアムマップ」https://hitobou.com/museum-network/img/SDMmap2023v2_sml.pdf（最終アクセス：2024 年 10 月 6 日）.
2）（　）内の数字は、平成 29 年版消防白書の Web ページより。本文中の青森県、千葉県の情報も同様。https://www.fdma.go.jp/publication/hakusho/h29/data/1705.html（最終アクセス：2024 年 10 月 6 日）.
3）「数字でわかる双葉町（令和 6 年 4 月 1 日時点）」https://www.youtube.com/watch?v=fqqRAo1YvcI（最終アクセス：2024 年 10 月 6 日）.

参考文献

内尾太一（2023）「災害ナラティブのオンライン収集とマッピング：西日本豪雨の被災地を事列に」『じんもんこん（人文科学とコンピュータシンポジウム）2023論文集』137-142。

─────（2024）「災害被災地における自動化されたディジタルエスノグラフィー」『人工知能』39（5）、602-607。

小田隆史（2023）「博物館化される記憶の場所──災害遺構の保存と展示をめぐる葛藤」『人文地理学会2023年大会』26、S504。

菅豊（2021）「災禍のパブリック・ヒストリーの災禍──東日本大震災・原子力災害伝承館の〝語りの制限〟事件から考える「共有された権限（shared authority）」」標葉隆馬編『災禍をめぐる「記憶」と「語り」』ナカニシヤ出版、113-152。

デューイ・ジョン（2014）『公衆とその諸問題──現代政治の基礎』阿部齊訳、筑摩書房。

西尾敦史（2021）「喚起される集合的記憶──国内の自然災害遺構の現状とその機能をめぐって」『東邦学誌』50（1）、15-37。

山中美潮（2021）「アメリカ史研究におけるデジタル・マッピングとパブリック・ヒストリー」小風尚樹・小川潤・纓田宗紀・長野壮一・山中美潮・宮川創・大向一輝・永崎研宣『欧米圏デジタル・ヒューマニティーズの基礎知識』文学通信、361-364。

除本理史（2023）「『困難な過去』の定義について」『経営研究』74（3）、89-96。

Maly, Elizabeth, and Mariko Yamazaki（2021）"Disaster Museums in Japan: Telling the Stories of Disasters Before and After 3.11," *Journal of Disaster Research*, 16（2）, 146-156.

Nizomutdinov, Boris, Anna Uglova, and Alyona Kozyreva（2022）"Development of a method for assessing the safety of the urban environment based on the analysis of the communication practices of city residents in geoinformation services," *Procedia Computer Science*, 212, 34-41.

Park, June Young, Evan Mistur, Donghwan Kim, Yunjeong Mo, and Richard Hoefer（2022）"Toward human-centric urban infrastructure: Text mining for social media data to identify the public perception of COVID-19 policy in transportation hubs," *Sustainable Cities and Society*, 76, 103524.

Rodríguez-Rodríguez, Alejandro（2023）"Beyond the stars: a quantitative analysis of ratings and reviews on Google Maps for the Municipal Public Libraries of Valencia（2012-2023)," *Métodos de Información*, 14（27）, 38-53.

Williady, Angellie and Hyun-Jeong Ban（2023）"An Approach of the Big Data Analysis on Customer Satisfaction in Bali's Luxury Hotels and Resorts Through Wellness Attributes," *Advances in Social Science, Education and Humanities*

Research, 721, 3–9.

Woods, Thomas A. (1995) "Museums and the Public: Doing History Together," *The Journal of American History*, 82 (3), 1111–1115.

語りづらさを超えて

第6章 何のためなら災禍をめぐる経験を語れるのか？
──映像制作を通して共に考える

大橋香奈

はじめに

この原稿を書いている 2024 年 8 月上旬、テレビをつけるとパリオリンピックの中継画面の横に、大きな文字で「南海トラフ・『巨大地震注意』」と表示されている。8 月 8 日に宮崎県で震度 6 弱の揺れを観測したマグニチュード 7.1 の地震の後、気象庁が南海トラフ地震の想定震源域で大規模地震が発生する可能性がふだんと比べて高まっているとして、「南海トラフ地震臨時情報」をだしたからである。これを受けてニュース番組などでは、地震への備えを改めて確認するようにと、繰り返しアナウンスしている。近所のスーパーマーケットにいくと、陳列棚から水のペットボトル、米、レトルト食品が一気になくなった。災害が起きたときに必要になるものを備蓄しておくことは大事だ。しかし、商品を買って備えるというような「対症療法」的な準備は、災害の発生直後を生き延びる助けにはなっても、甚大な被害にあった場合の、生活再建の長いプロセスを支えることまではできない。

「災害大国」と呼ばれる日本において、災害発生時の被害をできるだけ防ぐ／少なくするための防災・減災の研究が重要なのはいうまでもない。だが、それだけではなく、災害後の個々人の生活の変化やそれに対する備えについて、長期的な視点で考えることも必要である。そのためには、すでに被災した人びとが、どのようにその後の生活再建に取り組み、どのような「移行（ある状態から別の状態への変化）」を経験してきたのか、長期にわたる個人の生活史を調査し学ぶことが求められる。さまざまな状況に

置かれた人びとの人生における移行経験の理解は、ライフコース研究の分野で深められてきた。ライフコース研究においては、「個人の生活の一瞬を切り取った断片を提供する横断調査」ではなく、「人生を文脈のなかで捉える」ための長期的な視点での縦断研究が重視される（グレン・H・エルダーら 2013）。ライフコースにおける「移行」に注目することの重要性は、社会的、経済的、政治的に大きな変化があった時代には特に顕著で、それは環境の変化によって、個人であれ集団全体であれ、それまでの人生が崩壊したり、損なわれたりするからだとされる（Walther et al. 2022）。

　災害による被害にあった人びとは、生き延びた後、どのような移行を経験してきたのか。それを知ることは、すでに被害にあった人びとが現在進行形で必要としている社会的支援を検討すると共に、これから起きるかもしれない災害に向けて、個人と社会が長期的な視点で備えることにもつながるだろう。このように、被災とその後の移行経験を、現在、未来につながるものとして捉え、そのプロセスから学んだことを人びとの生活に活かしていこうとする考えは、本書第1章で示されたパブリック・ヒストリーの視点と重なる。パブリック・ヒストリーの視点で災禍をめぐる人びとの経験を捉える研究は、すでに世界中でさまざまなかたちで行われており、菅豊により以下のように紹介されている（菅 2021, 114）。

　　　たとえば、災禍にまつわる文書や写真、日記、思い出の品、被災遺物などの収集、保存、展示活動のほか、被災者へのインタビューによって「語り（narrative）」を集めるオーラル・ヒストリー、またその一環として「語り」を被災者自らが物語り、伝達するストーリー・テリング（storytelling、日本では「語り部」活動などと呼ばれている）などの活動も行われている。また災禍の傷跡を残した災害遺構は、負の記憶を留めるオブジェクトとして保存され、メモリアルの場とされることもある——反対に積極的に消去される場合もある。さらに、災禍にまつわるドキュメンタリー・フィルムや記録映画が多く製作されている。そのような活動は災禍の歴史を記録し、その教訓を未来へと繋げる社会的価値の高い活動として評価できる。

災禍をめぐる人びとの経験の理解を試みるとき問題となるのが、「災禍の当事者自身が『語ることができない』ような状況に至る構造」（標葉 2021, 15）である。標葉隆馬は、八木絵香による 2005 年の JR 西日本福知山線における事故をめぐる被害者を対象とした研究で指摘された「語りにくさの構造」（八木 2013）について、「もっとつらい目にあっている人がいる」という内面的なものや、「（比較的軽度な負傷ですんだといったときに）運が良くてよかった」というような善意や励ましの意図からも発せられる外からの声によって、当事者が声を上げにくくなる側面もある、と要約したうえで以下のように問いかける（標葉 2021, 16–17）。

　　　はたして『語りにくさの構造』を超え、時間をかけてさらににじみ出てくるかもしれない『語られるかもしれないこと』を引き出し『語られたこと』とするためには、いかなる方途が可能なのだろうか。

　本章ではこの問いについて考えてみたい。この問いに取り組むことは、本書第 1 章で示されたパブリック・ヒストリー概念を構成する要素の一つである【発話可能性】の問題を探究することにつながる。そのための事例として、私と共同研究者の Jaz Hee-jeong Choi（以降、Jaz と表記）が、東日本大震災の津波の被害を経験した一人の女性と共に取り組んできた、ある映像制作のプロジェクトを取り上げる。第 I 節では、研究の背景と目的を述べる。本章で事例として取り上げるプロジェクトがどのように始まったのか、その際になぜ「語りにくさの構造」と向き合うことになったのか、研究の背景を整理したうえで目的を設定する。第 II 節では、本プロジェクトで採用した「映像エスノグラフィー」の方法論を概説する。第 III 節では、プロジェクトの過程で見えてきた、東日本大震災から 13 年間で経験された「語りにくさの構造」がどのようなものだったかを詳細に描くと共に、その特徴と乗り越え方を考える。

I　「語りにくさの構造」と向き合う

　私と共同研究者の Jaz は、2017 年頃にあるワークショップで協働してから、折に触れて東日本大震災について話をしてきた。韓国出身の Jaz は、長年オーストラリアを拠点にデザイン、工学、人文科学、地図学などの分野にまたがる学際的な研究活動に取り組み、「ケア」の概念を中心においた、実験的かつ多感覚的で遊び心にあふれた参加型の研究プロジェクトを数多く手がけてきた。それらのプロジェクトにおいては、研究者（および／または実践者）と他の参加者が、相互のケアと幸福を中心に置きながら対話することが目指されている（たとえば Choi et al. 2023）。2011 年 3 月 11 日の東日本大震災発生当時、Jaz は偶然にも、北海道札幌市でのインスタレーション作品の発表準備のため来日していた。ホテルで体験した激しい地震の揺れに対する恐怖、前日に遊びにいった沿岸地域が津波の被害にあったこと、自分が生き残ったことへの罪悪感を、何年経っても忘れられないという。Jaz と私は、東日本大震災から年月が経過したいまだからこそ、当事者の人びとに被災とその後の移行経験について語ってもらえることがあるのではないかと議論を重ねた。具体的なかたちにはならないまま続けてきた議論が、あるとき大きく動きだした。きっかけは、私が 2022 年 2 月に友人（といっても歳がだいぶ離れているが）のゆみこさん（仮名）に、久しぶりに連絡をとったことだった。ゆみこさんは 20 代で、この数年は東京で働いているが、出身は三陸地方で実家の家族は鮮魚店を営んでいる。ゆみこさんがときどき SNS に投稿する実家の鮮魚店の特別販売の案内を見て、あるとき私は魚を注文した。その際に、店の歴史が書かれた文章を読んで、これまであまり聞いたことがなかった彼女の震災とその後の経験について聞いてみたいと思い、連絡をして再会することになった。

　再会したときに、ゆみこさんは私に詩を見せてくれた。ゆみこさんは、三陸地方のリアス海岸に面する小さな港町（以降、X 町と表記する）で生まれ育った。X 町は、震度 6 弱の地震の後に津波と大規模火災に見舞われ、人口の約 8% にあたる人びとが「死者・行方不明者」になるという壊滅的な被害を受けた。震災発生当時、ゆみこさんは中学 1 年生だった。ゆ

みこさんの詩には、震災前の X 町の日常の風景、その風景を津波が破壊しながら飲み込んでいく様子、甚大な被害と向き合いながら生きる父の言葉や態度、それらを踏まえて紡ぎだされたゆみこさん自身の思いが表現されていた。この詩は、ゆみこさんが大学時代に防災に関する研究の一環で書き、その後、少しずつ更新してきたものである。私はこの詩を読ませてもらったとき、この詩を基にしてゆみこさんと Jaz と一緒に映像作品を制作するというプロジェクトに取り組みたい、と直感的に思った。ここでいう映像作品とは、次節で説明する「映像エスノグラフィー」のアプローチによる研究成果としての作品である。私がこのアプローチで過去に制作した映像作品について知っていたゆみこさんは、この提案に対してすぐに前向きに応答してくれた。

　　映像作品になるという発想、すごく興味があります。自分でも、そのときの経験を後世にかたちとして残せることにもつながるので、ありがたいお話だなと思いました。詳しいことについては、今後ご相談させていただけたらと思っていますが、プライバシーを守りたいという一点だけ、念頭に置いていただけたらと思っていまして、そこだけ何度かやりとりさせていただけたら嬉しいです。

「プライバシーを守る」という点を含めた調査対象者をめぐる研究倫理に関して、私が取り組んできた映像エスノグラフィーの研究分野では、実践上の重要な課題としてさまざまな議論が展開されてきた。また、「ケア」の概念を中心において活動してきた Jaz も、倫理的な実践を大切にしてきた。だから、当然ながら、ゆみこさんとプロジェクトに取り組む際にも、丁寧に配慮しながら進めていきたいと考えていた。先ほどのゆみこさんの詩には、表現に対する力強い欲求や信念がにじみ出ていた。その一方で、このやりとりをしたときのゆみこさんの言葉や表情からは、一般論的な意味でのプライバシーの侵害への懸念ということだけではない、何か特定の経験から生まれた表現に対する不安や抵抗感があるのではないかと感じられた。この不安や抵抗感は、どのようなもので、どこからきているのだろ

うか。時間をかけて、理解していきたいと考えた。

　それ以降、私たちは 2 年半のあいだに、10 回のインタビューと X 町での 4 回のフィールドワークを実施し、映像制作に協働的に取り組んできた。その過程で、ようやく共通の理解へとたどりつくことができた。第Ⅲ節で詳述するが、ゆみこさんの表現に対する不安や抵抗感は、まさに先に述べた「語りにくさの構造」からきているものであり、それは東日本大震災が発生してから 13 年以上が経過した現在に至るまで、ゆみこさんのさまざまな経験と関係性の中でかたち作られ、変化を重ねてきたものであることがわかった。本研究では、ゆみこさんにとっての「語りにくさの構造」がどのようなものであったかを詳細に描き、どのようにしたら「語りにくさの構造」を乗り越えられると考えるに至ったかを明らかにする。

　考察において、坂田邦子による「東日本大震災におけるサバルタニティ」（坂田 2022）の議論を援用する。ここでいう「サバルタニティ」とは、東日本大震災以降の世界における「サバルタン的な状態」とされる。坂田は、既存のサバルタン研究を踏まえながら、社会的属性や社会的階層などが理由で語ることができない、実体を持つ「サバルタン」という存在ではなく、東日本大震災では言説体系によって「サバルタニティ（従属性）」という「語れない状況」が多層的、複数的に生みだされたと指摘し、その原因や背景を明らかにしている（坂田 2022）。この坂田の議論を参考にしながら、本研究で見えてきた「語りにくさの構造」とその乗り越え方を考えてみたい。

Ⅱ　映像制作を通して共に考える

1　映像エスノグラフィーの方法論

　本節では、プロジェクトで採用した映像エスノグラフィーの方法論を概説する。そもそもエスノグラフィー（民族誌）は、「他者の生活世界がどのようなものか、他者がどのような意味世界に生きているかを描く」（箕浦 1999, 2）方法論とその成果のことを意味する。エスノグラフィーの伝統的かつ主要な調査技法は、観察、インタビュー、文書研究である（アン

グロシーノら 2016)。エスノグラフィー研究の歴史においては、1980 年代頃から、調査者が特権的な立場から「文化」を「一方的」に「客観的事実」として書くことへの批判や反省が生まれた（藤田・北村 2013）。その中で、調査者と調査対象者が同じ目的に向かって「協働」することの重要性が議論され、実践されるようになってきた。この「協働」を重視したエスノグラフィーの方法論を論じている教科書の一つに、サラ・ピンク（Sarah Pink）の "Doing Visual Ethnography" がある（Pink 2013）。デジタル・メディアや技術が、多くの人びとの日常生活の一部になっていることを前提に、ピンクは新たな方法論を実践的に検討してきた。ピンクが 'Visual Ethnography' と呼んでいる方法論では、映像（写真や動画）が中心になっていることを踏まえて、本章では「映像エスノグラフィー」と訳している。

　エスノグラフィーをはじめとする質的研究において、映像などのビジュアルデータが使われるようになったのは最近のことではない。マーカス・バンクス（Marcus Banks）のまとめによると、質的研究におけるビジュアルデータの使われ方の歴史的変遷には、大きく分けて以下の二つの立場がある（バンクス 2016）。一つは「実証主義」である。これは「客観主義」と言い換えることもできる。ビジュアルデータは「外の世界」に独立して存在すると考えて、調査者や調査対象者の認識を排除して、客観的なデータとして分析する（ことが可能）という立場だ。もう一つは「解釈主義」である。調査者も調査に参加する人も共に、より広い文脈や意味に照らしてビジュアルデータを解釈する存在であると考える立場だ。ピンクによる「映像エスノグラフィー」は、「解釈主義」の系譜に位置付けることができる。それは、調査者と調査に参加する人の協働的な関係の中で、ビジュアルデータを用いて現実について解釈し、知を創造することを目指すアプローチである。

2　対話や協働の可能性を広げる映像というメディア

　映像人類学者ジャン・ルーシュ（Jean Rouch）の功績は、50 年以上経過したいまでも、映像を用いた研究の魅力を教えてくれる。村尾ら（2014）

が紹介しているように、彼はニジェールの村で伝統的な「カバ狩り」をテーマに研究をしたが、その際に調査のプロセスで撮影した映像を地域の人びとと共有し対話することで、彼／彼女らを理解し、協働的に研究を進めた。また、成果としての映像作品も地域の人びとと共有し、そこで再び対話し、新たな研究につなげた。文字による記録や表現だけでは、言語や文化的背景の異なる人びとと対話し、協働的に研究を進め、成果を共有することは難しかっただろう。ルーシュの研究での映像の役割は、「現場で起きたこと（過去）」を単に記録することではない。言語や文化的背景の異なる人びとと対話するきっかけとして、その成果を表現して共有するメディアとして、さらには新たな研究を生みだす土台として、映像が使われている。村尾ら（2014）は、このようなルーシュの事例を取り上げ、エスノグラフィックな研究の成果が調査に参加した人びとを裏切らず、彼／彼女らの「生」にとって意味を持ち続けるようにすることの重要性と、それを実現するうえで映像が有用であることを示している。

　また、キャロライン・ノウルズ（Caroline Knowles）とポール・スウィートマン（Paul Sweetman）が議論しているように、映像は、調査者と調査に参加した人の双方によって作ることができるという点において包括的であるし、双方をつなぐコミュニケーションの装置として機能し得る（ノウルズ・スウィートマン 2012）。フィリップ・ヴァンニーニ（Phillip Vannini）は、大学や学問の世界とかかわりのない一般の人びとを広く巻き込むエスノグラフィーを、「パブリック・エスノグラフィー（Public Ethnography）」と呼び、その実践における映像の可能性を論じている。その中で、現代を生きる人びとにとって映像は親しみやすくアクセスしやすいメディアであり、人びとを調査の参加者やオーディエンスとして研究に巻き込むうえで、映像は有用であると主張しており、特に若い人にエスノグラフィックな知識の作り手として参加してもらう場合に活用できるとしている（Vannini 2019）。

3　ビジュアルデータの生成と探索

　上述の通り、映像が対話と協働の可能性を広げることのできるメディア

であるという点を踏まえ、本プロジェクトでは映像エスノグラフィーのアプローチを採用した。2022年4月から実施したインタビューとフィールドワークの過程で、私たちとゆみこさんは、詩を映像化するという共通の目的を持って対話し協働した。ゆみこさんの詩に描かれていた震災前のX町の日常の風景や、震災後にX町に現れた新たな風景、甚大な被害と向き合いながらX町で暮らす父の生き様、ゆみこさん自身の思いを、映像で表現するためにはどのようなビジュアルデータが必要か、ゆみこさんと相談しながら調査を進めた。

　具体的には、X町で2泊3日のフィールドワークを4回実施し、現地で「ビデオ・ツアー（video tour）」や「オーディオ・ツアー（audio tour）」と呼ばれる方法を試みた。「ビデオ・ツアー」はもともと、調査参加者の家庭内での日常生活がどのように展開されているのかを協働的に探るために、家の中でツアーをしてもらい、その様子をビデオカメラで撮影する方法として提案されている（Pink 2013）。「オーディオ・ツアー」は、同じことを音声と写真の記録で実施する方法である（Pink et al. 2017）。私たちのプロジェクトでは、家庭内ではなくX町の中で、ゆみこさんにとって重要な場所の「ビデオ・ツアー／オーディオ・ツアー」を実施した。また、震災前と後のX町の風景の変化を探るために、ゆみこさんや家族が持っている過去の写真を見せてもらいながらインタビューを行った。収集したビジュアルデータを編集して、ゆみこさんの詩を映像化する際には、事前にどのような方針で映像化したいか、ゆみこさんにインタビューした。さらに、その方針で映像制作を進めるにあたって、まず私がプロトタイプを制作し、それをゆみこさんに一緒に見てもらったうえでインタビューをして、その結果を基にプロトタイプを修正する、というプロセスを繰り返すことにした。

　本章では、以上のようなプロセスで制作した映像作品の内容については扱わない。協働的に映像制作を進める中で見えてきた、災禍をめぐる経験を表現することに対してゆみこさんがこれまでに感じてきた不安や抵抗感、その背景にある「語りにくさの構造」がどのようなものであったかを理解することに焦点を当てる。

Ⅲ　東日本大震災から13年間で経験された「語りにくさの構造」

　協働的な映像制作の過程で、災禍をめぐる経験を表現することに対して、ゆみこさんが東日本大震災から13年間でどのような不安や抵抗感を感じてきたのか、その背景にある「語りにくさの構造」はどのようなものだったのかが明らかになった。ここではインタビューでの語りとX町でのフィールドワークから得られたデータを再構成して、ゆみこさんが経験してきた「語りにくさの構造」がどのようにかたち作られてきたのか、映像制作を通してそのことを共に考えたことにどのような意味があったのかを描く。

1　震災後に初めて感じた「語りにくさ」の経験

　2011年3月11日の地震発生時、ゆみこさん一家は、「これはただごとではない。津波がくるから、空振りになってもいいから、とにかく高いところに逃げろ」という父の判断で、わずかな物だけを持ってすぐに皆で家を出て、高台に避難した。X町には過去に何度も津波に襲われた歴史があり、その教訓が刻まれた石碑もある。父はその歴史をよく知っていたので、「やばいから逃げろ」と家族に指示をだした。父の予想通り、地震の後、X町を大きな津波が襲った。地震がおさまった直後に、貴重品を取りに家に帰ったり、店のシャッターを閉めるために戻ったりした近所の人の多くは、津波に飲み込まれてしまった。ゆみこさん一家は、住んでいた家と営んでいた店を津波で失ったが、家族は高台に避難したので無事だった。一家はすぐに避難所から移動して、別の地域で暮らす親戚の家に身を寄せて2か月ぐらい過ごし、その後しばらく隣町の民宿で生活して、震災発生から約半年後にX町に戻り仮設住宅に入居した。

　東日本大震災発生時に中学1年生だったゆみこさんは、学校の友人の多くが長期にわたり避難所生活を強いられていたのに対し、親戚の家や民宿で生活していた自分は「すごく贅沢な暮らしをさせてもらっていた」と感じていた。

学校が再開して、友達からこういう暮らしをしてたんだ、という話を聞いたし、それを聞いて意識してテレビとか見るようになって。結構、避難所の映像ってテレビにも出てたので。ああいうのを見ると、自分とは違ってたんだなと。自分たちはその間、しばらく民宿で暮らしていたので。そのときも、若干あったかもしれないですね。自分は民宿にいる、友達は避難所にいる、という違いが。その違いを、ちょっと気にしてたかもしれないですね。

　学校が再開し久しぶりに会った友人の中には、津波で家族を失った人もいた。ゆみこさんの近況を聞いた友人が「いいな」といったとき、ゆみこさんは「自分のことをいわなきゃよかった」と後悔し、「もう友達に近況を話すのはやめよう」と思ったという。友人が家族を失ったのに対し、「自分は家族を失っていない。家をなくしただけ」という「違い＝差異や格差」が明確になったことが、ゆみこさんが震災後に初めて経験した「語りにくさ」を生みだした。

　これは「コミュニティにおけるサバルタニティ」（坂田 2022）の一例として見ることができる。坂田は、震災発生直後は誰もが同じように不安の只中にあり、「ある種の興奮状態」にあったが、状況が落ち着いてくるにつれ「被災格差、支援格差、環境格差、経済格差など、さまざまな格差が顕在化」して、サバルタニティが蔓延したことを指摘している（坂田 2022, 114-115）。また、こうした差異や格差は、「日常的にあったものが震災をきっかけとして、その境界線が明確になったり、非日常に陥ったがゆえに新たに引かれた境界線がそこここに見え隠れするようになったりした」と合わせて述べている。

　ゆみこさんは、震災直後の混乱した状況がある程度おさまり学校が再開したタイミングで、友人とのあいだに新たに生まれた「違い＝差異や格差」によって引かれた境界線を目の当たりにし、語ることへの不安や抵抗感を感じる状態になった。また、避難生活の最中に中学2年生になり、一般的に「反抗期」と呼ばれる時期に入っていたものの、「皆、大変な思いしているから」と自分の感情を表出することに抑制的になり、「大人」に

ならなければという窮屈さを感じながら中学生活を過ごすことになった。

2 「語り部」としての経験

　震災後のX町では、復興支援の一環で、中学生や高校生を対象とした学習支援を行う複数の団体が活動していた。ゆみこさんは中学高校時代、そうした団体が提供する学習支援プログラムに積極的に参加した。ゆみこさんにとっては「無料の塾のような感じで、学校の勉強を補助してくれて。学校よりもわかりやすくて」、居場所のようになっていた。高校生になったときには、地域活性化のための活動にも取り組み始めた。さらに、被災地の高校生向けに企業が主催した、アメリカでの短期研修プログラムにも参加した。

　　アメリカに行けた自分というのが自信になって。一方で、地域おこ
　　しにかかわりたいという気持ちも強くて。団体のスタッフが、関東の
　　大学への進学を薦めてくれて、受験対策もサポートしてくれました。

　充実した高校生活を送ったゆみこさんは、学習支援団体のサポートを受け、推薦入試で関東の有名大学への進学を決めた。こうした活躍は、地域の新聞やテレビの記者の目にも留まり、取材を受ける機会が増えていった。メディアからの取材に対して、最初は「自分の役割だ」と認識して応じてきたものの、ゆみこさんは徐々に「違和感」を感じるようになっていく。

　　その頃「語り部」みたいなことをよくやってたんですよね。なんか
　　自分はしゃべっても大丈夫なんだとか、思い出しても大丈夫なんだと
　　か。実際に震災で家族が亡くなっていないので、家を失っただけだっ
　　ていうことがあるから。自分は伝えていかなければいけないって。皆
　　より苦しんでいないから、伝えていかなければならないみたいな気持
　　ちで、結構「話してください」っていわれたら、話してきたところは
　　あって。研究で調べたいから過去の話教えてもらえますか、っていう
　　依頼で話したりもしたし。メディアにも出たりとか。そういうのが度

重なってくると、こう、本当に自分はそう思っているのかとか。高校生3年ぐらいから大学1年にかけて、こう、ばーって取材がきたんですよね。前に出る機会があって。テレビにも新聞にも出たし。そういうのが本当はやっぱり、自分も辛いんだなっていうのがわかったのかもしれないですね。都内にいる人に、偶然、震災のときどうだったのという話をふられても、自分は伝えなきゃみたいな気が先行して話すんですけど、話した後とか話しているうちに、やっぱり自分も苦しいんだなというのがわかってくるようになって。それがわかるようになったのかもしれないですね。本当は話したくないんだなっていう。

　震災から数か月後は、友人との「違い＝差異や格差」を感じたことが原因で、友人関係の中で「コミュニティにおけるサバルタニティ」という語れない状態を経験したゆみこさんだが、震災から数年が経ち高校生になると、今度は「皆より苦しんでいないから」という理由で、震災のことを社会に「伝えていかなければならない」と、逆の思いを感じることになった。坂田は、このようにメディアによって舞台に立たされ「被災者役割」を押しつけられた人は、語っていたとしても自身の言葉を奪われているという意味で「サバルタン」であるとして、このような状況を「メディアにおけるサバルタニティ」と呼んでいる（坂田 2022）。

3　学習支援団体からの依頼で「サクセスストーリー」を語る経験

　高校卒業後、関東の大学に進学したゆみこさんは、進学をサポートしてくれた学習支援団体が実施するファンドレイジングのイベントで、自らの体験を語ることになった。団体に「恩」を感じていたゆみこさんは、期待に応えたいという気持ちで、「被災者」として自身の「サクセスストーリー」を語った。それは、ゆみこさんにとってとても辛い経験になった。

　　大学進学で関東のほうに引っ越して。そしたら、お世話になった団体が支援を募るイベントをやることになって。東京のほうが支援者って多いじゃないですか。寄付者を募るイベントを団体がやっていて。

そこに被災地の当事者として出てほしいという依頼がくるようになったんです。特に、私個人にフォーカスされるようになって。学習支援団体のプログラムに通ったことで、被災地から関東の有名大学に進学したっていうストーリー。団体に対しては感謝しているし、実際に、たくさんサポートしてもらった分、恩返しをしなければという気持ちもありました。それで、お世話になった人から、寄付金を募るという役を頼まれて。そしたら、期待に応えようと思ってしまう。そしたら、自分も演じ始めてしまうんですよ。自分の経験とか、震災の話をすると、最終的に自分が泣いているみたいなこともあって。「え、これ、本当に自分の気持ちかな？」と、なんかわからないんですけど、嘘が始まった気がして。

——自分の中で、嘘だと思うの？

　はい。なんか、しゃべっているときもなんか気持ちが悪いし、泣いている自分を振り返ると、もっと気持ちが悪い。多分、よく見せたいというか、話を感情的に伝えなきゃという気持ちがあって。伝わることによって相手が寄付してくれるから、泣くまでのことを自分が無理にやっているような気がして。

——それ、事前に今日は泣くぞ、と思って泣いているわけではないんでしょ？　話しているうちに、現場の雰囲気から、だんだんとそういうふうになっていく感じ？

　そうです。それで、結局「御涙頂戴」みたいな話を本心じゃないのにしてしまってて。かといって、淡々と話すわけにもいかなくて。それが1回か2回あって、無理だという気持ちになって。団体の人に「これはきついです。もうこういうイベントには出たくないです」っていったら、相手の人が親身に受け止めてくれて、そこからはそういう依頼はなくなりました。

この状況は、舞台に立たされ何かを提供することを期待され、自身の「本心＝本当の言葉」を語れないという点で「メディアにおけるサバルタニティ」と同じだが、「支援する─支援される」という長い関係性の中でそれが起きている点が、「メディアにおけるサバルタニティ」とは異なっている。被災地での「復興支援」の現場では、さまざまな規模や期間での「支援─被支援」関係が存在しており、そのような関係性において「語らされる＝本心を語れない」というサバルタニティが発生していたことがわかる。このような状況は、被災地での「支援─被支援関係におけるサバルタニティ」と呼ぶことができるだろう。

4　研究・教育活動での経験

　震災発生から7年が経ち関東の大学に進学したゆみこさんは、X町を離れたことで、支援してくれた人や地域の人びとの期待を背負うのではなく、「大学では自分が学びたいことを学びたい」と思うようになっていく。

　　誰かが話したいことのための「材料」になるのはやめようと思って。メディアの露出になるものは断って。断ったことによって、自分は本当は何をしたいのかなと。それまでは、「しなきゃいけない」が強すぎたので。高校時代は、町をよくしていこうという取り組みに参加してたんですよ。それは自分の成長にとっていいことだと思ってやってたんですけど。それがなんか呪いみたいになっちゃって。震災で亡くなってしまった人がいる中で、自分は生き残ったから、どう生きるかとか。そういうことをすごい意識するようになっちゃって。本当は何がしたいのかなって考えて、大学3年生のときには吹っ切れてましたね。

　そして、大学3年時に入った研究室で、地震や津波を科学的に捉えて防災教育につなげる活動を実践するようになった。その実践の中で、ゆみこさんは、震災をめぐる自身の経験を語ることに対して、それまでとは異なる意味を見出した。

自分の経験を、防災教育のプロジェクトの一環で話したことがあるんです。教育的な意図を持って、自分の経験を語るということをしたんです。あのときは、話した後に変な罪悪感はなかったんです。あの詩も、防災教育のプロジェクトの一環で作りました。指導教員の先生から、リアルな情景を入れたほうが防災教育として意味があるといわれて、そういう意図を持って自分の経験を語ることは嫌ではなかったんです。

——教材としての目的があるのであれば、嫌ではないということ？
　　そういう語り方は可能だということ？

　そうです。人の心を動かすとか、泣かせたいとか、そういうエモーショナルな目的で自分の経験を使いたくない。自分が「被害者」だと思うのってよくないじゃないですか。人に「被害者」だと思われたくないというのもあるし、自分も自分を「被害者」だと思ってはいけないというのがある。やっぱり、思っちゃうんですよ。でも、自分が「被害者」だと思ってしまったら、普通に生きていけない。なんだろう、対等でいたいんですかね。私だけじゃないし。自分の親や子供を亡くした人もいる。どこまでもいっていくとキリがなくて。語り部も、話したい人がやるならいいけど、無理やり、大事だからといって、語らせる必要はない。心に傷つくものがあるのだったら、やらないほうがいいなと思って。そうじゃない方法が教育とか研究だなと思っていて。研究とか学問の世界って、つねに積み上げじゃないですか。わかることがどんどんあったりとか、教育のかたちも変わっていくし、震災でこういうことがあったから次につないでいくということが防災教育で。違うかたちでつないでいく。生々しいものを、心を痛めてまで残す必要はないなって思うので、そうじゃないもので、終わることなく続いていくものとして学問があるかなと。

大学の研究室の活動において、自身の災禍をめぐる経験を、防災教育と

研究のための一つの「事例」として捉え直すことで、ゆみこさんは「語りにくさ」を乗り越える方法を見出した。そこで重要だったのは、自分自身を「被害者（被災者）」と位置付けるのではなく、震災での経験を研究や教育を通して未来につなげていく「一人の主体」として位置付けることであった。私たちが協働して映像化を試みようとしていた詩は、その方法と態度を実践した結果生まれた最初の作品だったということがわかった。

5 映像制作を通して自分にとっての「語りにくさの構造」を考える経験

本研究において自身の詩を映像化する試みの過程で、ゆみこさんは1から4で詳述した、東日本大震災から13年間で経験してきた「語りにくさの構造」がどのようなものだったのかを、振り返ることになった。その意味について、次のように話した。

　　はじめは、あの詩は、大学時代のゼミの活動で作った一つの文章で、誰かに防災を促すものの一つ、という認識でした。映像化させたい、というお話をいただいたときに、自分の文が、一つの作品になるのだと、価値が生まれたようで、提案をとても嬉しく感じました。一方で、映像化することで自分の苦手なこと、自分のことをオープンにすることに抵抗があるので、その悩みがありました。徐々に、映像化を試みる中で自分の心と向き合う時間が始まって、映像を通じてお話し合いを重ねていく、その過程に自分も価値を感じるようになりました。気持ちが整理される感覚が毎回ありました。さらに時を重ねて、作品を作ることよりも、それを通じて言葉にして、自分の気持ちを確かめていく作業に面白みを感じました。

　　自分でいままで何度か心が痛んだっていう経験が積み重なって、こういう状態になると自分が話したくないんだっていうのができてきたところがあって。これを自分で言語化できるようになることは、自分を知ることにもなるし、絶対わかったほうがいい。風邪の症状だったら、こういう方法で風邪引くから、こうしたほうがいいっていうみた

いに。今回作品を一緒に作る中でわかりました。

　本研究では、映像エスノグラフィーの方法論に基づいて、協働的な関係の中で映像制作を試みた。ここでの協働とは、何度も対話を重ね、一緒に過去の経験の現場を訪れてビジュアルデータの生成と探索を行い、プロトタイプを作り、具体的に表現の可能性を探る作業であった。調査者である私たちと調査対象者であるゆみこさんは、詩を映像化するという同じ目的に向かって協働する中で、ゆみこさんがこれまで経験してきた「語りにくさの構造」がどのようなものだったかを共に考えることができた。ここでは、ノウルズとスウィートマンが指摘したように、調査者と調査対象者の双方によって共に作ることができ、双方をつなぐコミュニケーションの装置としても機能し得る「映像」というメディアが、【発話可能性】を探究するうえで有用であったといえるだろう（ノウルズ・スウィートマン 2012）。

おわりに

　本章では、災禍をめぐる人びとの経験の理解を試みて記録するパブリック・ヒストリーの実践において問題になる「語りにくさの構造」について、東日本大震災の津波の被害を経験した一人の女性と共に取り組んできたある映像制作のプロジェクトを事例に考えた。本プロジェクトでは、調査者と調査に参加する人の協働的な関係の中で、ビジュアルデータを用いて現実について解釈し、知を創造することを目指す「映像エスノグラフィー」のアプローチでフィールドワークを進めた。2 年半のあいだに、10 回のインタビューと X 町での 4 回のフィールドワークを実施し、映像制作に協働的に取り組んだ結果、調査参加者のゆみこさんが東日本大震災から 13 年間で、災禍をめぐる自身の経験を表現することにどのような不安や抵抗感を感じてきたのか、その背景にある「語りにくさの構造」はどのようなものだったのかが明らかになった。「語りにくさの構造」は、ゆみこさんのさまざまな経験と関係性の中でかたち作られ、変化を重ねてきたもので、それらの中には、先行研究において坂田が指摘していた「コミュニティに

おけるサバルタニティ」や「メディアにおけるサバルタニティ」に加え、「支援─被支援関係におけるサバルタニティ」と呼べるものもあった。そして、ゆみこさんは自分自身を「被害者（被災者）」と位置付けるのではなく、災禍をめぐる経験を研究や教育を通して未来につなげていく「一人の主体」と位置付けることで、「語りにくさの構造」を乗り越える方向性を見出したことがわかった。私たちが災禍をめぐる経験を聞こうとするとき、対象となる人びとは何のためなら語ることができるのかを、共に考えることが重要である。本研究では、映像作品を制作するという一つの目的に向かって時間をかけて協働する中で、共通の理解へたどりつくことができた。

参考文献

アングロシーノ，マイケル、ウヴェ・フリック監修（2016）『質的研究のためのエスノグラフィーと観察』柴山真琴訳、新曜社。

グレン・H・エルダー，Jr.、ジャネット・Z・ジール編著（2013）『ライフコース研究の技法──多様でダイナミックな人生を捉えるために』本田時雄・岡林秀樹監訳、明石書店。

坂田邦子（2022）『メディアとサバルタニティ──東日本大震災における言説的弱者と〈あわい〉』明石書店。

標葉隆馬（2021）「「語られること」と「語られないこと」の間」標葉隆馬編『災禍をめぐる「記憶」と「語り」』ナカニシヤ出版、1-42。

菅豊（2021）「災禍のパブリック・ヒストリーの災禍──東日本大震災・原子力災害伝承館の「語りの制限」事件から考える「共有された権限（shared authority)」」標葉隆馬編『災禍をめぐる「記憶」と「語り」』ナカニシヤ出版、113-152。

バンクス，マーカス（2016）『質的研究におけるビジュアルデータの使用』石黒広昭監訳、新曜社。

藤田結子・北村文編（2013）『ワードマップ　現代エスノグラフィー──新しいフィールドワークの理論と実践』新曜社。

箕浦康子編（1999）『フィールドワークの技法と実際──マイクロ・エスノグラフィー入門』ミネルヴァ書房。

村尾静二・箭内匡・久保正敏（2014）『映像人類学（シネ・アンスロポロジー）──人類学の新たな実践へ』せりか書房。

八木絵香（2013）「科学的根拠をめぐる苦悩──被害当事者の語りから」中村征樹編『ポスト3.11の科学と政治』ナカニシヤ出版、87-119。

ノウルズ，キャロライン、ポール・スウィートマン（2012）「序論」ノウルズ，キ

ャロライン、ポール・スウィートマン編『ビジュアル調査法と社会学的想像力
──社会風景をありありと描写する』後藤範章監訳、ミネルヴァ書房、1-26。

Choi, Jaz Hee-jeong, Kit Braybrooke and Laura Forlano（2023）"Care-full co-cura-
tion: critical urban placemaking for more-than-human futures," *City*, 27（1-2），
15-38.

Pink, Sarah, Kerstin Leder Mackley, Roxana Morosanu, Val Mitchell and Tracy
Bhamra（2017）*Making Homes: Ethnography and Design*, London: Bloomsbury
Academic.

Pink, Sarah（2013）*Doing Visual Ethnography*, NY: SAGE Publications.

Vannini, Phillip（2019）*Doing Public Ethnography: How to Create and Dissemi-
nate Ethnographic and Qualitative Research to Wide Audiences*, NY: Routledge.

Walther, Andreas, Barbara Stauber and Richard A. Settersten Jr.（2022）"Doing
Transitions: A New Research Perspective," Stauber, Barbara, Andreas Walther,
and Richard A. Settersten Jr eds. *Doing Transitions in the Life Course. Life
Course Research and Social Policies*, 16, Springer, Cham, 3-18.

第7章

「語らない」から「語りだす」へ
──満洲引揚者・土屋洸子の戦後経験に
着目して

湯川真樹江

はじめに

　近年、パブリック・ヒストリー研究では歴史の協同作業という側面に着目し、権威（authority）に基づく歴史の編纂ではなく、当事者の世界を反映させた叙述が注目されてきた。そこで本章では、満洲（現在の中国東北地方）引揚者である土屋洸子氏の戦後生活に着目して、彼女がいかに自身の半生を語るに至ったのか、インタビューを用いながら、その経緯および語りの特徴について明らかにしていく。

　戦後、日本に帰ってきた満洲（関東州含む）引揚者は127万人と推定されている。定着後、彼らは各種引揚団体を作り、就職斡旋や連絡先の通知、交流会などを開き、会報等に当時の記憶をしたためていった。満洲引揚者の代表的な集まりとしては、満鉄会、長春会や大連会、安東会等が挙げられる。彼らは中国を実際に見聞きしたという経験から、戦後のアジア情勢にも敏感で、一部では積極的な政治活動や草の根交流をしてきたことが特徴である。そのため、戦後の日中関係史を考察するうえでも重要な人びとであるといえよう。

　現在、満洲引揚者の記憶に関しては、おもに満洲の都市の「開発」にかかわったというストーリー、郷愁のストーリー、そして侵略の歴史を踏まえて日中友好・反戦を主張するストーリー等がある。これらの記憶に通底しているのが「満洲忘却への抵抗」（佐藤量他 2020, 350）という大きな流れである [1]。

　しかし筆者は引揚者の特徴をみていく中で「満洲忘却への抵抗」の中に、

ある重要な要素が隠されていることに着目した。それは彼らが引揚げに際し、家族の安否を気遣いながら各々が強烈な経験をしてきたことである。引揚団体である「公主嶺農事試験場会」に参加する篠原寛氏は「外地で負けた経験のない内地の連中には家族同伴で集まる理由がよくわからないようだ」と述べ、引揚者たちの独自の感情が存在することを示唆した。そこからは自身の家族のみならず、共に育った、あるいは共に引揚げた家族も気遣っていた点が確認できる（篠原 1993, 26)[2]。そのため、なぜ彼らが「満洲忘却」に抵抗しているのかを家族の関係性から解明することは、一つの重要な研究課題であろう。

　筆者は公主嶺小学校同窓会に参加する中で、満洲国立農事試験場の技術者の令嬢である土屋洸子氏に興味を持つようになった。土屋氏は現在、満洲の語り部や執筆活動をしている。土屋氏に関する先行研究としては、本人への聞き取り調査（菅野・甲賀 2020）と、土屋氏の両親の日記を分析した研究（佐藤仁史他 2022）が挙げられる。そこではおもに日本人と現地人との関係や、敗戦時の実態などが詳細に明らかにされているものの、土屋氏の戦後経験と語りの経緯に着目した研究はいまだほとんど行われていない。

　なお、引揚団体における記憶は男性がおもな語り手であり、女性の記憶はまだまだ埋もれているのが現状である。満洲引揚を経験した女性の記憶を分析したものとしては、佐藤量（2020）や湯川真樹江（2023）などが挙げられる。佐藤氏は、都会で活躍する卒業生とは異なり、田舎の家父長的な大家族制度の中で自由のない生活を余儀なくされた女性の存在を浮き彫りにした。また拙著では、小田原十字町教会で長老であった篠原操子氏（渡部守成・元奉天教会牧師の子女、篠原寛氏の妻）が日本基督教団の「戦争責任告白」にまつわる論争に対し、父の弁護者として当時を説明することを余儀なくされていたことを明らかにした。

　本章で取り上げる土屋洸子氏は、数年前まで公主嶺小学校同窓会および公主嶺会の世話人を務めており、現在は平和祈念展示資料館［総務省委託］にて語り部として活動している。同窓会や教会など特定の空間——その多くは顔見知りであった——で、自らの状況を説明した女性たちとは異

なり、自主的に大衆に向けて満洲記憶を発信していることが特徴的である。土屋氏がなぜ語りだしたのか、その経緯を検討することで、一女性としての満洲とのかかわりを見るのみならず、彼女の歴史実践についても明らかにすることができよう。

I　池田實・雪江夫妻と土屋洸子氏の経験——戦前・戦後

1　池田實・雪江夫妻と土屋洸子氏の概要

まずは、土屋洸子氏の父・池田實氏と母・雪江氏の経歴について紹介する。

池田實氏は 1902 年に生まれ、北海道帝国大学農学部を卒業し、満鉄農事試験場 3) に勤務した。「満洲国」（以下、括弧を省略）崩壊後は中華民国に留用され、1948 年に引揚げた。その後は酪農学園大学、広島大学などの教授を務め、1996 年に逝去した。同年、従 4 位ならびに勲 4 等旭日綬章を受けた。

池田雪江氏は 1904 年に生まれ、青山女学院を卒業後、北星女学校音楽専科で学んだ。北海道の教会関係者の紹介で 1929 年に池田實氏と結婚し、満洲では 4 人の子どもを育てた。2008 年に逝去した。

土屋氏は 1933 年に鳥取県で生まれ、3 歳で渡満した。公主嶺にある農事試験場の官舎で幼少期を過ごし、敗戦を女学校時代に経験した。当時 13 歳であった。1946 年 7 月に父母と別れて札幌に引揚げ、祖母らと共に生活を始めた。高校を卒業後、北海道大学農学部に入学した。大学卒業後は、女子栄養短期大学に勤務した。土屋氏は働きながら東京大学大学院で研究を行ったものの、結婚後、妊娠と夫の九州転勤を契機に研究活動から離れており、以後は子どもの文化活動に従事した。1976 年からは公主嶺小学校同窓会の世話人を務め、記念集の出版や年会の開催等をした。現在は平和祈念展示資料館の語り部として、満洲の経験を直接聴衆に伝えている。

なお、雪江氏の父親は小谷武治氏である。彼は 1872 年に北海道に生まれ、1897 年に札幌農学校の第 15 期生として卒業し、新渡戸稲造の「農業本論」の執筆を助けた。その後、大阪等での教職を経て、1918〜1920 年

に東京女子大学幹事として英語を担当した（鳥山 2010, 31）。小谷氏は新渡戸から呼び戻され、北海道帝国大学予科の英語の教授を務めた[4]。小谷武治氏、池田實氏、土屋洸子氏はみな、北海道帝国大学（北海道大学）にかかわっていることが特徴である[5]。

2　池田一家ならびに土屋洸子氏の満洲経験

　1936年の渡満後、土屋氏は「平穏」な生活を営んでいたが、1945年8月11日に満洲国の首都である新京の敷島高等女学校が自宅待機を決定したことにより、彼女は友人と共に帰宅のために汽車に乗り込んだ。自宅がある公主嶺に止まるはずの汽車が停止しないので、意を決して走行する汽車から飛び降りたという。彼女たちは無事、自宅に帰ることができたものの、8月23日にソ連軍が公主嶺に入城し、彼等による収奪と破壊が始まった。このとき、池田一家も避難生活を始めることとなった。土屋氏によると、一般の人びとも略奪に加わる様子を何度も目撃したという。後日、自宅に戻ると家財はすべて奪われていた（土屋 2020, 18-19）。当時、女性たちは性暴力から逃れるために、頭を丸坊主にしたり、男装をしたりした。日本人会会長であった小松光治氏の資料によると、敗戦前は約5,000人の日本人が公主嶺にて生活していたが、避難民の流入で一時は7,000人まで増加した（小松 執筆年月日不詳, 13）。その後、10月の調査では約4,000人までに減っていたという（池田實・池田雪江 1945年11月1日）。

　戦後、ソ連と中華民国の取り決めにより、満洲国の重要機関の接収が始まった。満洲国立農事試験場は1946年6月に接収され、農芸化学部長であった池田實氏は敗戦後に技術協力者等として残る「留用」を命ぜられたことにより、家族と共に残留した。實氏は当時、東北土壌についての論文を執筆しており、中国人技術者への知識の伝達が求められていた。池田一家は、父親が留用されたことにより経済面はある程度安定したが、当時、国民党軍と共産党軍は内戦中であったため、安全の保証は得られなかった（佐藤仁史他 2022, 364, 367）。公主嶺にいる日本人の集団引揚が可能となったのは1946年7月であった。しかし池田實氏は留用中で引揚許可を得られなかったために、一家は洸子氏と妹の崇子氏の二人のみ引揚げることを

決定した。

3　引揚後の土屋洸子氏の生活

　札幌には雪江氏の両親がおり、孫たちの顔を知っていたこと、戦災を受けずに町が焼けていなかったことから、この地への引揚げとなった。引揚げに際し、島内満男氏家族に同行を依頼した。彼は公主嶺農事試験場の農業経営部部長で、實氏の北海道帝国大学の同窓生であった。土屋氏は島内氏家族に連れられて無事、札幌に到着した。島内氏は、土屋氏が祖母家族へ電報を打っていたことを知っていたため「誰か迎えに来るでしょう」、「じゃあさよなら」といって札幌駅で別れた（土屋 2020, 19–20）。そのため土屋氏はメモを頼りに、自分たちで祖父母宅を探すことになった。彼女は札幌駅でのやりとりに多少の不満は抱くものの、島内氏が 40 日間も公主嶺から札幌まで同行してくれたことに対し、いまでも感謝の意を示す。

　その後土屋氏は親切な女性のサポートにより、無事に祖父母の家に到着し、これまでの経緯を説明した。しかしながら空襲を経験していない札幌の人びとは、引揚者に冷たかった。土屋氏によると、祖母からは「私明日からこの子銭湯に連れていかない」と嫌がられたという。その理由は、土屋氏たちが骨と皮でやせ細ってしまっていたからであった。また同年代の子どもからは、両親がいないことをからかわれた。このように、土屋氏は引揚者差別を受けていたのである。

　こうした中で土屋氏は、北海道で進学校であった札幌南高等学校（1950年に共学化）に通った。男子生徒からは、女子の「学力の低さ」を揶揄されたが、彼女は勉学に励み、卒業生総代を務めた。卒業後、北海道大学農学部農芸化学科に進学したものの、学内では女子の少なさに居心地の悪さを感じたという [6]。また就職活動の際には、履歴書を送っても返されてしまい、面接をしてもらえなかった。1955 年当時は男性中心の社会で、四年制大学を卒業した女子に対して入社試験をしてもらえなかったのである（土屋 2020, 33）。しかしながら、女子栄養短期大学の香川綾学長の子息が土屋氏の同級生で、学長は池田雪江氏の親類にあたる人物であった。この縁により、1956 年に同大の助手として就職することができた。

土屋氏は女子栄養短期大学で勤務しながら、教授になるために東京大学大学院へ入学した。けれども妊娠のために「『命』を優先」し、博士課程は満期退学した（土屋 2020, 34）。妊娠中にシンナーなどの危険な化学薬品を扱うこともあり、子どもへの影響が懸念されたからであった。その後は「夫の九州転勤で、身辺から食品化学関係の本をすべて整理し、かわりに子どもの本、子どもの文化についての研究普及および実践にかかわることにした」（土屋 1982, 30）。そこで土屋氏はこれまでの経験を次のように咀嚼し、新たな活動の源として考えるようになった。彼女によると「『仮説をたて、参考文献を収集、追試実験を行い、仮説を証明する資料の蓄積と発表を行い、批判・助言・指導を得ながら、仮説を真理とする』自然科学的方法を、地域の市民運動に応用し、個人と社会のかかわりをより深く考えられたことは、大きな収穫であった」という（土屋 1982, 30）。さらに土屋氏は「新しい女性の生き方」について、つぎのように述べている。

　　新しい女性の生き方を考えるとき、それは女性だけの問題ではなく、男性にも共通の課題である。男性の平均寿命も七四歳を越え、「人生わずか五〇年」ではない。社会構造、社会内容が大きく変化している中で、職業と家庭と他の社会的活動を両立させ得るためのあらゆる努力が必要であり、男女両者のライフ・サイクルを謙虚に受けとめ、新しい人間の生き方への考えを構築しなければならないだろう。男性の意識が変わり、社会通念や社会の条件が変わることが、新しい人間の生き方につながるはずだ。女性もまた自分の能力を自らのばす自立性を確立し、自己中心性から脱却して他との連帯性を持てるよう努力し、見通しを持った主体性をもつことが重要である。女性が変わることによって男性が変わり、それによって社会もまた変わるのである。

（土屋 1982, 31）

　こうした記述は、彼女の社会とのかかわり方を知るうえで参考になる。当時、土屋氏のような考え方をする女性はきわめてまれであったであろう。男女雇用機会均等法は 1985 年に制定されたが、この文章はその 3 年前の

ものであったことからも、土屋氏がいかに先進的な考え方をしていたのか
を知ることができる。それには満洲というヨーロッパへの玄関口で、新進
気鋭の研究者家族の素養を受けていたことも無関係ではなかろう。ただし
現在、彼女はそれを直接の原因とするのではなく、引揚げ時のすべてを失
う経験と、戦後の社会の大きな変化が関係したと説明している。

II　満洲の「語り」とその経緯

1　きっかけの誕生——公主嶺小学校同窓会の集い

　土屋氏が夫の転勤に伴い九州に引っ越してからは、子どもの文化活動に
携わるようになった。その活動内容は『親子読書』『月刊社会教育』『子ど
もの本棚』[7] 等に掲載されている。

　1972 年の日中共同声明による日中国交正常化を契機に、日本では日中
友好ブームが巻き起きた。それに伴い、引揚者団体の再訪中旅行や記念誌
編纂、記念碑建立ブームが起きた。この時期に土屋氏の所属する公主嶺小
学校同窓会では、第 1 回同窓会が開催された（1976 年 5 月、当日の参加者
は 221 名）。

　公主嶺小学校同窓会では 1983 年より 1 年おきに数回、公主嶺を訪問し
た。1987 年に記念誌が、1988 年に写真集が刊行された。2007 年には『満
洲公主嶺——100 年の変貌』の DVD 化と「創立 100 周年記念大会」が行
われており、同窓会は本節目をもって解散した [8]。

2　記念誌の編纂活動と『池田日記』との出会い

　1980 年代に、土屋氏は公主嶺小学校同窓会の記念誌の編纂に携った。
土屋氏は『記念誌』の編纂をしている中で、父親に農事試験場や残留につ
いてのことを相談すると「こんなものがある」と古いノートをだされた。
このノートは實氏と雪江氏が記した記録であった（以下、『池田日記』）。池
田夫妻はこれまで『時の流れ』（池田實・池田雪江 1974）を刊行しており、
土屋氏は両親の話や『時の流れ』から、彼らの戦後についてある程度把握
していたが、日記の存在についてはこのときに初めて知ったという。

母の雪江氏は『池田日記』において、次のように記録していた。以下、土屋氏が妹と引揚げる日の内容である。

　1946 年 7 月 21 日（日）
　　午前 8 時頃出発の用意せよとの知らせありたるも、中々命令無く夕方に至る。朝市や、マンホワ屋に行つたり、お握りを作つたり忙し。六時過、中隊長より発令をき、支度して 6 時半駅に向つて行進。夜に至りて発車らしく父母は 2 人を頼んで帰る。昨日より町へ引越にて疲れた。

土屋氏が引揚げて 1 年たった日には、次のように記されている。

　1947 年　7 月 21 日（月）
　　洸子達帰国して 1 週年。あゝ如何してゐるやら。無事で勉強してゐる様に祈る。小豆をたく。時計屋に修理たのみにゆく。

　このように、日記には母としての心配が記されていることが特徴である。土屋氏は日記を通して、初めて当時の母の心情を知るに至ったという。

3　記念誌の編纂活動から

　土屋氏は、雪江氏の当時の心情を知るのみならず、『池田日記』から歴史的事件の日づけを確認するなどして、『満洲公主嶺──過ぎし 40 年の記録』（公主嶺小学校同窓会編 1987、以下『記念誌』）の編纂に役立てた（公主嶺農業試験場会 1992, 54）。また土屋氏は調査において、敗戦後の日本人学校での授業内容や、教師不足の中で試験場技術者が授業を担当していたことを知った。表 7-1 は、記憶や関連資料を頼りに再構成された小学校の教師陣一覧である。当時、危険から身を守るために学校職員が避難していたため、公主嶺では残った人びとの中から教師を補充することとなった。公主嶺では満洲国立農事試験場の技術者が多く、彼らは高学歴であったためにさまざまな授業を担当していた。池田實氏は中学英語を担当し、他にも

表 7-1　教師陣一覧

学校名	担当者	担当分野
公主嶺日本人小学校〔初等部〕（昭和 20・11―昭和 21・7）	山本規一（公主嶺在満国民学校校長）	
	三森正行（教頭）	
	片岡誠一（訓導）	
	倉垣利男（訓導）	
	石富芳（訓導）	
	加賀谷宮（訓導）	1・2 年
	阿部節子（訓導）	1・2 年
	叶多嘉子（公主嶺幼稚園保母）	1・2 年
	矢作貞次郎（山路郷開拓団国民学校校長）	1・2 年
	千代高康（訓導）	1・2 年
	池原仙次郎（公主嶺在満霞国民学校教頭）	
	阿武スズエ（公主嶺在満霞国民学校訓導・新京女子師範在学）	1 年
	高沢つね子（福島県原町国民学校訓導）	1 年
公主嶺日本人小学校〔中等部〕（昭和 20・11―昭和 21・7）	村越信夫（満洲国興農部参事官）主任	
	池田實（公主嶺農事試験場）	英語担当
	岡田重治（公主嶺農事試験場）	理科担当
	杉村春三（満洲国立癩療養所同康院庶務課長）	英語担当
	佐藤衛（新京敷島高女教諭）	社会担当
	小原かつ（尚絅女学院専門部）	家庭担当
	永滝彦三郎	ロシア語担当
	伊藤	
	山本	
	金澤	
	村上ミヤ	用務
日籍留用技術者子弟学校（昭和 21・9―昭和 22・8）	荒川佐千代（公主嶺農事試験場）	校長
	松本伊都子（福岡女専）	1・2・3 年
	高沢つね子（福島県原町国民学校訓導）	4・5・6 年
	池田實（公主嶺農事試験場）	中学・英語担当
	薗村光雄 (公主嶺農事試験場)	中学・数学担当
	孫	中国語担当

（出典：公主嶺小学校同窓会編（1987）『満洲公主嶺――過ぎし 40 年の記録』私家版、528 頁より作成）

6名の技術者が教育に携わった。土屋氏によるとロシア語を学んだのは、ソ連兵がきたときに童謡などを歌って「身を守るため」であった。中国語も、現地の人から学んだ。こうした経緯は、池田實氏などの大人が子どもを精一杯守っていたことを知る機会にもなった。またこの事実は、当時テレビや新聞などで報道されていた残留孤児の悲惨な別離とは大きく異なり、自分たちが親の保護下にあったことを実感させるものであった。

　この『記念誌』は500頁以上にものぼり、「公主嶺という町」、明治期、大正期、昭和期、敗戦・引揚までの10章で構成された。同窓生からの史料提供と図書館での資料収集によって、当時の公主嶺を再現していったことが特徴的である。本書には、同窓生の回顧録としてさまざまな思い出が記載されている。土屋氏は次のように回顧する。

　　　昭和二十一年七月二十一日、公主嶺を多くの人が引き揚げる日、私は農事試験場の技術者留用となった父、母と下の妹二人と別れ、七歳の妹と公主嶺を出発した。楠町でお隣にいらした島内満男さん一家が札幌に帰るので、母方の祖父母がいる札幌まで連れていっていただくことになったのであった。農芸化学部の父のところにいた若い中国人邵吉生（ソウキッセイ）さんが、お母さん手製の黄色い靴二足と蒸しパンを持ってきてくれた。……日本人とつき合うことを公にできなかったであろうあの時代に、女の子二人が親と別れて帰国することを、心にかけてくれたのだった。……この黄色い二足の靴は、妹と私の親のいない札幌での生活では本当にありがたかった。

（土屋　1987, 516）

　このように土屋氏は、邵吉生氏とその母親への感謝について述べている。引揚以降も、彼らがくれた靴によって、彼女の生活が支えられたことを記録していたのである。このように土屋氏の語る「感謝」は日本人家族のみならず、直接かかわりのあった現地の人びとも、その対象となっていたことが特徴的である。

　そして『記念誌』のあとがきには、編者たちの歴史観が示された。

「偽満」（ウェイマン）（引用者注：偽の満洲）——重い響きをもつ言葉である。現在の中国の人々は、かつて存在した「満洲国」をこう呼んでいる。そこには日本の侵略行為によって深い傷をうけた民族の憤りが、痛いほどに感じられる。その心情への理解なしに、今後の日中友好はありえないだろう。

　このことを十分にわきまえたうえで「しかし」とためらいながらの言葉をつづけるのは不遜であろうか。たしかに沈黙をまもることも反省の一つの表明かもしれない。

　しかし、あえていいたい。私たちにとっての「満洲」は決して「にせの幻の満洲国」ではなかった。そこで生をうけ、そこで生きてきた現実の土地であった。

　現代史から「満洲国」を抹殺することができないように、私たちの心から「満洲」を消し去ることはできない。

（公主嶺小学校同窓会編　1987, 546）

　土屋氏によると、このあとがきは伊藤聖氏（朝日新聞記者）による執筆で、編集委員の同意をもって、掲載されたとのことである。また『記念誌』の1年後には、『満洲公主嶺写真集——その過去と現在』（公主嶺小学校同窓会編 1988）が刊行された。写真集のあとがきでは「往時を偲ばせる多くの写真が撮影され、そこに積み重ねられた歳月に、激しく心を動かされるものがあった。これらが五百枚余りの『回想の公主嶺』『現在の公主嶺』として、いまここに結実した」、「公主嶺を知らない若い世代にも、詩情あふれた大陸の雰囲気を伝えることができるであろう」と記された。彼らが訪中を経て、戦前と戦後の公主嶺の変化に対する郷愁の思いを示していたことがわかる[9]。これらが刊行されたのは日中友好ブームを経た1980年代後半であった[10]。このように豊富な資料を用いて書籍を刊行することができたのは、同窓会のネットワークと編者の力量によるところが大きい。

4　独自の調査活動

　土屋氏の満洲に関する活動は、『記念誌』で終わることがなかった。土屋氏は『池田日記』の記録を基に、当時の状況についての調査を続けていたのである。『池田日記』には次の記載がある。

> 1947 年 4 月 10 日
> 　夕方宅の玄関に畠中姉よりの手紙が入つてゐたのに驚く。
> 1947 年 8 月 14 日
> 　一時頃洸子より 2 通手紙　渋江姉上のハガキと来る。金田一さんも娘さんからきたとて大喜び。

　戦後、土屋氏はこの記録を基に、満洲の郵便物について独自調査を行った。土屋氏の調査によると、次のような流れで手紙が運ばれたという。

> 留用者→日僑総処→葫蘆島→遣送船→引揚援護局→日本本土家族
> 留用者→総処→技管→郵政局→日本本土（1947 年 2 月 17 日以降）

　土屋氏は次のように振り返る。

> 　とにかく、あの大混乱の中を郵便物が往復した事実があり、一枚のハガキのお陰で、公主嶺にいた父母は私と妹が無事日本に到着したことを知って安堵し、札幌の親戚宅に引き取られた私は両親と妹 2 人が無事であることを確認して、叔父叔母ともども喜んだのであった。
>
> 　　　　　　　　　　　　　　　　　　　　　　　（土屋　1993, 38-40）

　彼女は当時の情況を分析し、父母としての思いに触れていたのである。土屋氏は満洲からの引揚げという大きな困難の中で、お互いが離れていても家族の安全を願っていたことを知った。この文章は公主嶺農事試験場会の会報『わが追想の公農試』に掲載されたことから、彼女は両親のみならず、公主嶺関係者にも情報を共有していたことが確認できる。

III　満洲記憶の発信

1　語り部活動

　これまで記憶を語る機会が引揚者に対しての場のみに限定されていた土屋氏にとって、平和祈念展示資料館での語り部への就任は、日本社会に向けて公に語る「場」が与えられるものであった。平和祈念展示資料館は「戦争が終わってからも労苦（苦しくつらい）体験をされた、兵士、戦後強制抑留者、海外からの引揚者の三つの労苦を扱う施設」であり、恩給を受給できなかった人びと（恩給欠格者）も対象とされている[11]。2000年に開館しており、政府の政策と密接に関連した経緯を有していることが特徴的である。

　土屋氏が語り部になったきっかけは、彼女が2014年に平和祈念展示資料館へ『記念誌』の寄贈を打診した際に、学芸員の加藤つむぎ氏が「スカウト」したからであった。加藤氏によると、土屋氏の「小柄ながら、力強いお声と理路整然とお話しされるご様子」に、「語り部にピッタリではないか」と予感したからという。そして土屋氏の記憶が鮮明で「引き込まれるエピソードばかり」であったために、語り部への就任を依頼した（加藤つむぎ 2023, 1）。その後、聞き取りを2回行い、講習会を経て正式に就任した。土屋氏によると語り部を引き受けたのは、子どもの文化活動で「お話を語る」ことを学んだこと、歴史を知らない学生に対し、自身の経験を何度か語ったことがあったからという[12]。

　以下は、初めて語り部をした際の原稿の一部である。土屋氏は自己紹介にて「わずか3歳だったため、鳥取の、さらには日本の記憶が全くありません。幼少期の記憶は、全て公主嶺だけで、まさに満州育ちと言えると思います」と述べた。さらには「いろいろな仕事をしましたし、7歳の妹と日本に引き揚げて、札幌の叔母の家で世話になるまで、本当に必死に生きてきました。でも、こうしたさまざまな苦労も、後の人生にプラスになっています」とし、おわりにでは「昭和20年8月から21年8月までの1年間は、今でも忘れられない事柄が次々に起こりました。多くの方々に助けていただき、感謝しています。支えてくださった方々へ直接のご恩返しが

できませんが、私は、私のできることは何かと思いまして現在は、公主嶺小学校同窓会の事務局を引き受けています」とまとめた（土屋 2014, 1, 5）。これらの発言から、彼女は「ご恩返し」の一環として満洲に関わっていたことが確認できる。

さらに土屋氏は 2016 年に、引揚時の経験を次のように語っている。

7月17日、父が突然、わたしと7歳の妹の2人で札幌の祖父母の家に帰るように言いました。（行ったこともない札幌に女の子2人だけで行かせるなんて…）と思いましたが、父には逆らえません。7月21日、祖父母の住所を書いたメモを持って、わたしと妹は両親と下の2人の妹と別れて公主嶺を出発しました。……自分が親となってから、あの時の父の判断が理解できるようになりました。中国政府から帰国を許されなかった父は、仕方なくわたしたちだけを安全な日本に帰したのでしょう。子どもと別れるのは親の方がつらかったのではないでしょうか 13)。

土屋氏は「自分の子どもがちょうど引揚げた時の年齢になったとき、「あのころの自分って、こんなに小さかったのか」と思いだしたという（土屋 2017, 8）。親になって初めて、あのときの両親の気持ちを考えるようになったと振り返る。このように彼女が親としての視点を獲得し、過去を振り返っていることが注目できる。

これらの出来事を踏まえ、土屋氏は次のように満洲経験を咀嚼するようになった。

いろんな同窓会だとかね、私にとってはね自分が生きてる上で必要なんだって思うことにしたのね。しばらくは思い出したくなかった。引揚げてきてからね、札幌にいるあいだはね。引揚者は今こう語っても聞いてくださる方が増えたけど、昭和20年代、30年代なんて、引揚げのことを語る人はいなかったのね。たくさんいたはずなんだけどね、私も女学校で満洲から引揚げた、奉天から引揚げた、新京から引

揚げたっていう人はいるんですけどね。札幌にいる時は、その人とそういう話してないのね、今頃話してる、って。

（土屋 2020, 35）

　土屋氏は引揚後、満洲について語る場が制限されてきた。だが、その後日中友好ブームを経て、公主嶺小学校同窓会や農事試験場関係者のあいだで思い出の発信と共有が活発になった。彼女は『池田日記』の記録を基に手紙の郵送経路などを調べ、当時を取り巻く家族の環境を把握していった。当初は引揚団体という閉じられた空間であったが、語り部としての立場が与えられたことにより、大衆に向けての発信が始まったのである。

　現在土屋氏は、若い人が「歴史を知らない」ために、「語ることの大切さ」を実感していると述べる[14]。また彼女は、当時の引揚者差別について「言葉が無かった」とも表現する[15]。話せなかった過去を、言葉を取り戻すかのように、いま、語りだしている。

2　歴史観の叙述

　土屋氏がなぜ歴史を伝えるのか。ここでは、彼女の歴史観が示されている文を確認したい。以下は、2021年の『文藝春秋』に寄稿した文章である。

　『満洲公主嶺——過ぎし40年の記録』の編集にかかわった50代の頃から公主嶺は私の人生に蘇り、80代になってからは戦争を知らない世代に語り伝えている。戦後、農事試験場は吉林省農業科学院となった。「初期の機関誌に掲載された論文は、戦前の満鉄や農事試験場時代の試験研究の成果が数多く引用されて」いたという。日本人だけでなく、さまざまな民族の足跡も残る植民都市の歴史は、とかくその善悪が議論されがちだが、大切な記憶として世代を超えて語り継がれて行って欲しいと考えている。

（土屋 2021, 84）

戦後、満洲は侵略の歴史として批判的に語られ、また一方では開発の貢献が語られてきた。文章内の引用書籍では、開発の貢献をクローズアップする形で満洲の歴史が示されている（山本 2013）。土屋氏は続けて、満洲の「善悪」に関する議論に触れ、語り継ぐことの重要性を強調している。

　土屋氏には父親が満洲農業研究に従事し、父母が家族を気遣うという「記憶」（それには『池田日記』から知る事実も含まれる）があり、幼少期から、家族のあたたかみの中で生きてきたという実体験があった。また満洲国崩壊後には、日本人同士が協力して、子どもを守ったという「事実」があった。それらの「大切な記憶」は、土屋氏が満洲の記憶を発信する際の拠りどころとなっていたとみられる。土屋氏にとって『池田日記』は、父母の心情や当時の様子を伝える大切な存在であった。その記述内容は「真実」を伝えるための重要な証拠となり、ファミリーヒストリーの再構成と歴史観の醸成がなされていったと考えられる。

　前述の通り池田實氏は戦後、国民政府により留用され、専門知識の伝達を行っていた。そのため中国の農業「貢献」にかかわる評価は、池田實氏に直接影響するものであった。一方で戦後間もない日本や中国においては、満洲侵略の一環として研究活動が批判され、彼らは「侵略の尖兵」とみなされてきた。当時の研究と技術者を批判することは、彼女の父親を批判することでもあり、満洲の実際をみてきた彼女にとっては、受け入れがたいものであったとみられる。ここに家族の経験と「貢献」評価に、親和性があったことが指摘できる。

3　土屋氏にとっての満洲

　最近のインタビューで、土屋氏は、父母との関係について次のように答えている。

　　父からは、これと言って具体的に指針を示された記憶はないのですが、昭和 21 年 7 月に妹と引き揚げる時に「学校があるから帰りなさい」と言われた言葉は、今でも忘れられません。私は、「動産、不動産全てを失った時、自分の頭の中にあるものだけが財産だよ、と言う

ことか」と勝手に解釈して、50歳過ぎまで過ごしたようです。両親とも、勉強しなさい、と一度も言ったことはありません。私が勝手に勉強した、ということになりますね [16)]。

　このように強烈な引揚体験とその後の生活は、土屋氏が進路を選択するうえで、重要な要素となっていたことが確認できる。現在、土屋氏は父親の研究活動を評価するものの、自身の進路については「父母に相談しないで決め」たと述べる。それは「戦争に敗けた、引揚を経験した、男女別学から男女共学になった、女子も大学に行けるなどなど、世の中が急変する時代でした。親に相談しても無意味と思い込んだ」のだと回想する [17)]。
　土屋氏は札幌での被差別経験などから、戦後しばらくは満洲から目を背け、その経験を話してこなかったが、同窓会の記念誌編纂を契機に満洲の歴史を知り、自身に必要なものであったと捉えるようになった。土屋氏にとっての満洲は次のように語られる。

　　私にとって晩年に「満洲がある」んですよね。小さい時に公主嶺に行って、そこで大きくなって。引揚げてからは、自分の生活で忙しくて思い出す暇もなかった。でも、仕事が落ち着いてから、同窓会に顔を出すようになって、今ではこうして話をしたり、語り部をやったりしているんですよね。晩年になって、満洲にかかわるとは思っていませんでしたね。満洲というのは特別ですし、公主嶺はもっと特別です。やっぱり「公主嶺」という文字は光って見えるものなんですよね。

（土屋　2020, 36）

　土屋氏は自身を「満洲育ち」と表現し、「公主嶺」は特別であったと明言する。これらの言葉はこれまでの彼女の半生を経たうえで、ようやく出てきたものであることが確認できる。そこに、現在の日本社会の引揚者に対する寛容な空気が関係していることはいうまでもない。

おわりに

　土屋氏は渡満から戦後という経験を経て、「しばらくは思い出したくなかった」と当時の苦しみを述べていた。1980 年代に入り『記念誌』の編集をきっかけに、彼女の満洲を知る活動が始まった。日記の再発見により両親と自身がどのような環境の中にいたかが、土屋氏の歴史認識に大きな影響を与えることとなった。また土屋氏は育児を経験する中で、両親の思いを『池田日記』から把握していった。その中で引揚げ時の父親の苦渋の選択や、母親の気遣いに触れていた。歴史を編纂することは、土屋氏にとって当時の両親との対話でもあり、両親の思いを知ることでもあったのである。ここに、満洲経験の再咀嚼の様子が確認できる。

　さらに土屋氏の語りの中には、もう一つの特徴がみられる。それは父親の研究成果と、満洲の農業「貢献」についての主張であった。戦後の農業発展に対する評価は、父親の評価と密接に関連するものであった。土屋氏は日本人の研究成果の活用実態を引用し、父親が満洲で行った農業研究の意義を模索していたのである。それは戦後に、満洲の日本人の活動が「侵略の尖兵」として否定されていたことと関係がある。現在でも中国では「偽満」として当時を否定しているが、土屋氏は公主嶺関係者とともに、自身の経験や見聞きしたものを語っていたのである。それは両親と土屋氏の生きた証やその意義、「貢献」を探る過程でもあり、満洲で日本人が生きていたという事実を主張するものであった——それを語る動機は何であったのか。当時を生きた土屋氏にとっては、家族の温かな記憶があり「偽満」とすることで、家族の思いさえも否定されてしまうものであった。土屋氏は満洲の歴史を語る際に、家族との思い出など人間味あふれるエピソードを折りこみ、「大切な記憶」として表出・発信していた。この「大切な記憶」をつなげているものは、自身を守ってくれた両親や、引揚げ家族・現地の人びとなどへの「感謝」の思いであったのである [18]。

　それは、2024 年に『読売新聞』でクローズアップされた「つらい記憶」とはややズレがみられるものであった（図 7-1）。新聞記者が作成したタイトル・小見出しを含めた記事の構成としては「つらい記憶」であった——

図 7-1　語り部活動をする土屋洸子氏

（出典：土屋洸子氏撮影。「妹と 2 人だけ　不安の帰国」『読売新聞』2024 年 1 月 20 日。本記事は、のちに
読売新聞生活部編『引き揚げを語る——子どもたちの戦争体験』（岩波書店、2024 年）に収録された）

だから戦争はダメだ——というわかりやすいメッセージではあったが（総
じて引揚者の語りはこの単純化されたメッセージの中に埋め込まれる）、その
根幹を維持するものは「大切な記憶」から表出される「感謝」の思いであ
ったのである。この「感謝」の思いは意外にも、残留婦人や残留孤児の言
葉にならないつらさの語りとは大きく異なり、悲壮の記憶そのものではな
かった。こうした思いや考えの表出は、引揚者同士の宴会の場やインタビ
ューでの余談などにも現れており、そのことは引揚者の戦後と語りを理解
するうえで、無視できない重要なポイントである。

　以上、土屋氏がなぜいま、発信するのか。「語らない」から「語りだす」
へ、その心境の変化に着目し、彼女が満洲経験をいかに捉えてきたのかを
明らかにした。そこにはつらい経験から目を背ける時代を経て、家族の史
料等を通した満洲経験の再咀嚼があり、さらには自身を守ってくれた人び
とへの感謝と、恩返しへの思いが起きていたことが確認できる。

　現在、彼女は語りの中で、当時を生きた人びとの思いに寄り添う必要を
訴えている。土屋氏がなぜ同窓会や技術者家族の会など特定の空間のみな
らず、大衆に向けて語りだしたのか。その語りの意味を理解し、背景にあ
る経験を真摯に受け止める必要が、いま求められている。

※ 本章は、2023 年 6 月 1 日に東京女子大学女性学研究所にて開催の Woman's Cafe および、2024 年 3 月 8 日開催の「満洲の記憶」研究会春季大会で報告したものを基にしている。研究報告としての文章は、湯川真樹江（2024）「母と娘の記憶の共有と継承——満洲引揚者池田雪江と土屋洸子の関係から」『女性学研究所年報 2023-2024』東京女子大学女性学研究所、（34）に掲載している。

1) 加藤聖文（2013）は、戦後日本は植民地体験等を忘却することから始まったと指摘している。
2) 佐藤量（2020）は、引揚者が日本の家父長的な家族制度に戸惑い、「生活環境や価値観のギャップ」に苦労したことを指摘している。そうした点を踏まえると篠原の指す「家族同伴」は、あくまでも核家族というまとまりにおいての「独自の感情」であったことがわかる。
3) 1913 年に南満洲鉄道株式会社産業試験場公主嶺本場が設立され、1918 年に南満洲鉄道株式会社農事試験場公主嶺本場と改称、1938 年に満洲国に移管され、満洲国立公主嶺農事試験場となった。敗戦後の 1946 年には中華民国農林部公主嶺農事試験場となり、池田實はここで留用された。現在は吉林省農業科学院として中国東北地域の農業開発を行っている。
4) 土屋洸子氏聞き取り、2024 年 2 月 29 日。
5) 土屋氏の令孫も北海道大学農学部および大学院を卒業している。土屋洸子氏の家族史の語りの中で、北海道大学は重要な位置を占めている（土屋洸子氏聞き取り、2024 年 8 月 23 日）。
6) 1952 年入学当時、農学部には女子が 2 人しかおらず、農芸化学科には土屋氏のみであったという（土屋洸子氏聞き取り、2024 年 8 月 23 日）。
7) 親子読書・地域文庫全国連絡会（1976）『親子読書』岩崎書店、62 号、「月刊社会教育」編集委員会編（1977）『月刊社会教育』旬報社、244 号、日本子どもの本研究会編（1994. 11）『子どもの本棚』子どもの本棚社。
8) 1950 年に結成した公主嶺会は公主嶺小学校同窓会と並行して開催されてきたが、コロナの流行と公主嶺会世話人（土屋氏含む）の高齢化のため、2022 年で解散した。
9) 佐藤仁史（2020）は引揚者 2 世を対象にその「ふるさと像」の特徴について述べ、ノスタルジアにとどまらない、故郷への再訪に対する喜びと失望という相反する記憶の複雑性を示した。佐藤氏は子ども時代に満洲を過ごした二世について「目線の低い」記憶であると、的を得た表現している。
10) 土屋氏は、中華人民共和国が成立する頃までは「共産党軍に対して容認する感情を持っていた」ものの、その後については疑問を呈す（土屋洸子聞き取り、

2024 年 8 月 25 日）。

11) 　平和祈念展示資料館［総務省委託］「当資料館について」https://www.heiwakinen.go.jp/about/（最終アクセス：2024 年 8 月 10 日）。

12) 　土屋洸子氏聞き取り、2024 年 8 月 2 日。語り部になった際の「私の気持ち」を土屋氏は次のように記している。「栄養士、調理師を養成する専門学校で食品学をそれぞれ 25 年ずつ教えていたが、高校を卒業した学生が、日本が多くの国と戦争した過去を『忘れた、知らない』というので、毎年ではないが、1 年に 1 回ぐらい、私の子ども時代に経験した思い出を 10 分ほど話すことがあった。専門学校を卒業して 10 年以上経つ卒業生が、意外にも私の余談を記憶していることに驚いた。専門的な内容だけではなく、個人の小さな思い出も、大切な人間の営みの一つだと痛感することがあった」（土屋洸子「平和祈念展示資料館の語り部になったいきさつ」2024 年 7 月 29 日）。

13) 　2016 年 11 月 20 日に平和祈念展示資料館での「お話し会」にて語られた内容を収録した。

14) 　土屋洸子氏聞き取り、2024 年 8 月 2 日。

15) 　湯川真樹江「満洲引揚者の記憶：母と娘の関係性に着目して」東京女子大学女性学研究所 Woman's Cafe、2023 年 6 月 1 日での土屋氏の発言。

16) 　土屋洸子氏聞き取り、2024 年 3 月 19 日。

17) 　同上。興味深いことに、敗戦と引揚げを経験して土屋氏は「頭の中にあるものだけが財産」と捉えているのに対し、前述の篠原操子氏は、戦後に残されたものは「天の宝（信仰）」と捉えていた。満洲時代を同じ農事試験場で過ごし引揚げてきた人びとであっても、記憶のあり方に異なる点がみられた。

18) 　今後、土屋氏により満洲国に対する歴史学的考証（日中双方）を踏まえた考察が、さらに語られることが期待される。

参考文献

池田實・池田雪江『池田日記』（1945 年 8 月 9 日～1947 年 10 月 26 日）。

池田實・池田雪江（1974）『時の流れ』私家版。

「妹と 2 人だけ　不安の帰国」『読売新聞』2024 年 1 月 20 日。

加藤聖文（2013）「引揚者をめぐる境界——忘却された『大日本帝国』」安田常雄編『社会の境界を生きる人びと——戦後日本の縁』岩波書店。

加藤つむぎ「私が土屋さんを語り部に押した理由」2023 年 11 月 30 日。

菅野智博・甲賀真広（2020）「夢回公主嶺——土屋洸子女士訪問記録」『口述歴史』15 期。

公主嶺会世話人一同「公主嶺会、公主嶺小学校同窓会関係者の皆様」2022 年 10 月 22 日。

公主嶺小学校同窓会編（1987）『満洲公主嶺——過ぎし 40 年の記録』私家版。

————（1988）『満洲公主嶺写真集——その過去と現在』私家版。

公主嶺農業試験場会（1992）『わが追想の公農試』第1集、私家版。

佐藤仁史（2020）「ふるさとの語り方——大連引揚者二世の編纂物にみる満洲の記憶」佐藤量・菅野智博・湯川真樹江編『戦後日本の満洲記憶』東方書店。

佐藤仁史・菅野智博・大石茜・湯川真樹江・森巧・甲賀真広編著（2022）『崩壊と復興の時代——戦後満洲日本人日記集』東方書店。

佐藤量（2013）「戦後中国における日本人の引揚げと遣送」『立命館言語文化研究』第25巻1号。

————（2020）「女学生の満洲記憶——大連弥生高等女学校同窓会誌『弥生会々報』の分析から」佐藤量・菅野智博・湯川真樹江編『戦後日本の満洲記憶』東方書店。

篠原寛（1993）「公農試会をかえり見て」公主嶺農事試験場会『わが追想の公農試』第2集、私家版。

菅豊（2019）「パブリック・ヒストリーとはなにか？」菅豊・北條勝貴編『パブリック・ヒストリー入門——開かれた歴史学への挑戦』勉誠出版。

土屋洸子（1982）「新しい女性の生き方」北海道大学農学部農芸化学科『舎密』第16号、私家版。

————（1987）「邵さんにもらった靴」公主嶺小学校同窓会編『満洲公主嶺　過ぎし40年の記録』私家版。

————（1993）「郵便物は届き続けたの続き」公主嶺農事試験場会『わが追想の公農試』第2集、私家版。

————（2014）「引揚体験——原稿」。

————（2017）「姉妹2人——満州からの引き揚げ」学研プラス編『100人が語る戦争とくらし（第2巻　家族のくらし）』Gakken。

————（2020）「少女の満洲公主嶺記憶——土屋洸子氏口述記録」未定稿。

————（2021）「旧満洲・公主嶺の記憶」『文藝春秋』10月号、文藝春秋。

鳥山英雄（2010）「北海道大学と東京女子大学の縁」『FRONTIER』。

平和祈念展示資料館［総務省委託］"当資料館について"，https://www.heiwakinen.go.jp/about/（最終アクセス：2024年8月10日）。

小松光治（執筆年月日不詳）『公主嶺日本人会設立ヨリ遣送終了迄ノ概況』（補遺の前に1946年8月22日とあり、執筆最終日がこの日である可能性がある）。

山本晴彦（2013）『満洲の農業試験研究史』農林統計出版。

湯川真樹江（2023）「満洲引揚者による戦前の記憶と語り——日本基督教団小田原十字町教会に着目して」『東洋文化研究』第25号。

誰が歴史を紡ぐのか

第8章 ひきこもりのパブリック・ヒストリーの可能性と不可能性

藤谷悠

はじめに――問題意識の所在

1　パブリック・ヒストリーの観点

　菅豊によると、パブリック・ヒストリーとは、「過去の世界を知り、過去を再構築する専門家の『机上』の研究ではない。それは過去との対話を通じて、現在、あるいは未来の現実世界を構築するために、専門家以外の多様な人びとを含んだ『現場』で行われる研究・実践」であり、「大学や研究機関など、従来のオーソドックスなアカデミック・ヒストリーが展開されてきた場を越えた場へと歴史学を開放することを目指す運動」である（菅 2019, 26–27）。

　そうして「歴史学という場の開放」を志向するパブリック・ヒストリーは、また同時に「歴史学の『担い手』の開放」を目指すことにもなり、したがってパブリック・ヒストリーという言葉を用いる際には、「歴史学を行う『担い手』や『ポジショニング（立場性）』などの問題を強く意識することが要求」されるのだという（菅 2019, 30）。このようにして、広く多様に展開されるパブリック・ヒストリーの場においては、それを担う人びとも非常に多様になり、「従来の伝統的なアカデミズムが相手にしなかったような職業や立場、そしてそれらの社会実践を行う人びとをも含んで理解しなければならない動き」であるということも付言している（菅 2019, 30）。

　こうしたパブリック・ヒストリーの特徴について、本書第1章では、「学問が歴史を占有することなく、人びとと共に人びとの歴史を作り上げていく」ものであると同時に、「人びとが自分たちの歴史を取り戻したり

手に入れたりする歴史実践である」と述べられている。

　また、北條勝貴は、パブリック・ヒストリーを「分断を乗り越えてゆく合意形成の歴史学」（北條 2019, 74）と述べている。北條は、その実践のための方法として、アメリカの歴史家であるヘイドン・ホワイト（Hayden White）が「近代の実証主義的歴史学が構築する過去」としての「ヒストリカル・パスト」、「学問に拠らず人々が日常を生きるツールとすべく生み出した過去」としての「プラクティカル・パスト」を区別したうえで、「近代の〈事実〉崇拝を通じて前者が称揚され、後者が排斥されたことを批判、後者の社会的機能を評価してその復権を主張」したことを参照しながら、「あらゆる人々の歴史実践をフラットな状態で交差させ、公共のものとしてゆくためには、専門的歴史家の独占物であるヒストリカル・パストの特権的位置を、相対化する作業がまず必要となる」と論じている（北條 2019, 74）。

　本章では、こうしたパブリック・ヒストリーの観点を踏まえながら、ひきこもりの歴史構築の現場における担い手たち、特に専門家と当事者という両極のそれぞれの立場性に着目する。そのうえで、これまでのひきこもりの言説・歴史構築における問題点を明らかにしつつ、それらを批判的に検討しながら、ひきこもりのパブリック・ヒストリーにおける可能性と不可能性について考えを進めていく。

　なお、本章では紙幅の都合により取り上げられないが、当事者家族や支援者のような周辺的な存在の立場性についても別途考察を進めていくことが重要であると考えている。

2　見えなさと不確かさ

　ひきこもりというものの本質的な要素は、「表に出てこない」という性質であろう。漠然と一般化されたひきこもりのイメージはいまでは広く共有されているだろうが、しかし個々のひきこもりの肖像は、いまだその実情が見えにくい。なぜなら、彼らは基本的に「表」（＝公の場）に出てくることなく、ひきこもっているからである。そして、こうした「表に出てこない」というひきこもりの本質的な特徴について改めて意識化し、それ

を捉え直すことで、パブリック・ヒストリーにおける「パブリック」というものについて考えるうえで重要な観点を得ることができると、筆者は考えるのである。

　筆者はひきこもり経験者である。15歳から24歳までの10年間をひきこもりとして過ごした。その間はほぼ外界と接触していないので、その10年間の筆者の実情を語れるのは筆者自身と筆者の家族だけである。ただ、そのいずれも各々の感情が強く入り混じる私的な語りになるだろうし、当時の藤谷悠という人間の実態を客観的に描きだすには心もとないデータとなるだろう。量的にも少なすぎるし、質的にも偏りが大きすぎる。

　そもそも、筆者がひきこもっていたことを証明することも難しい。実は、筆者は嘘をついており、過去を詐称しているのかもしれない。だが、実際のところ、確かに筆者はひきこもっていた。しかし、それは筆者自身と筆者の家族だけが「真実だ」と主張できるのみで、それ以外に証明の術がない。筆者と家族が口裏を合わせているだけではないか、などと疑われても、それに反論可能なわかりやすい物的証拠のようなものもない。

　つまり、筆者が過去にひきこもっていたという「史実」は、ひたすら筆者と筆者の家族の記憶の中に埋もれている。たとえこうして本人が言葉を紡いでみせたところで、その輪郭は不確かなままなのである。それでも、筆者の場合はこうして自らの言葉を公に表現する機会を得ているわけで、他の当事者に比べれば「見える存在」、あるいは「見てもらえる存在」であるといえる。

3　専門家の功績と当事者の「声」

　ひきこもりを調査する研究者は、個人の中に埋もれている過去の歴史を、当事者や家族らの語り・証言を頼りに掘り起こしていく。そうして、量的にも質的にもデータと考察を積み重ね、「ひきこもりの実態のようなもの」を明るみにだしてきた。ただ、その調査対象者となった個々の具体的個人の姿は、やはり見えてこない。調査対象者の本人たちはその後もひきこもったままかもしれないし、調査結果を示す際には、倫理的配慮などから匿名性が確保される場合が多く、いずれにしろ個人の姿は隠されることにな

る。

　それでも、調査結果の積み重ねによって「ひきこもりの実態のようなもの」が公にされていくことで、ひきこもりが社会課題として発見された当初の 90 年代の頃に比べれば、現代においては「実態のわからない不気味な存在」といったイメージが薄れつつあるのは確かだろう。ひきこもりに対する社会の理解も、ある程度は進んでいるはずである。そうした進歩は、調査・研究をしてその成果を発表してきた人びと、すなわち各分野の専門家の功績といえる。そうした功績の積み重ねが今日に至るまでのひきこもりの歴史を大まかに作ってきた。

　他方、個人としての当事者たちも、自分たちの「声」を自らで発信することを試みてきた。2000 年代には、すでに何人かの当事者個人が独自の発信を行い始めていた。それぞれが著書をだしたり、自身のブログで継続的に記事を書いたりしていた。また、2010 年代後期には、『ひきこもり新聞』や『ひきポス』といった「当事者メディア」も誕生した。当事者たち自らの手で発行され、当事者たちの「声」を発信する媒体である。現代では、それらのメディアを通じて、より多様な当事者たちが自らの言葉で発信する機会を得られるようになっている。ただ、少なくとも現時点においては、当事者メディアの存在はいまだ広く世に知られるものとはなっておらず、したがって当事者たちの直接的な「声」も広く世に届いているとは言いがたいのが現状である。

　こうした現状を踏まえたうえで、次の節では、専門家と当事者のそれぞれの研究・発信について概観し、双方の立場と関係を整理する。

I　ひきこもりの専門家と当事者

1　精神医学の専門家

　上述した通り、ひきこもりに関する言説を発信してきたおもな担い手は、長らく各分野の専門家たちであった。とりわけ、精神医学と社会学の分野での成果が際立つ。

　まず、精神医学の分野におけるひきこもり研究の第一人者といえば、斎

藤環であろう。斎藤は自身の著書を通じて、社会全体における「ひきこもりとは何か」ということに対する認識の端緒をつけたことに始まり、その後もひきこもりについての多くの研究成果を残してきた。特に、「二十代後半までに問題化し、六ヶ月以上、自宅にひきこもって社会参加をしない状態が持続しており、ほかの精神障害がその第一の原因とは考えにくいもの」（斎藤 1998, 25）という、いわば「ひきこもりの定義」を明示したことは、ひきこもり問題における当事者像や基準を明確化するための重要な指針を打ち立てた成果だといえる。その他にも、現在に至るまで、斎藤はひきこもり関連の著書を相次いで発表している。また、ひきこもりがかかわる犯罪や事件などの時事問題が起きるたびに新聞や各媒体に登場する存在でもあり、まさにひきこもり問題の「顔」のような人物だといえるだろう。

　他にも、たとえば古橋忠晃（2023）は、臨床医として当事者やその家族と向き合ってきた自身の見地を踏まえながら、ひきこもりというものを「病とライフスタイル」の両側面から捉えるような考察を展開している。また、古橋の研究の大きな特徴として、日本のみならずフランスでの臨床・調査を行っている点が挙げられる。ひきこもりという現象は近年になって海外でも確認され始めているが、海外のひきこもりについて研究した事例はいまだ少なく、これからの進展が期待されるところである。

　斎藤や古橋のように、確たる専門性を持つ人びとが紡いできた言説は、専門知に基づいた「確かな言葉」である。あるいは、権威的な言葉とも言い換えられるだろう。そうした権威的な専門知が、ひきこもりに関する歴史構築における主たる言説として重用されてきた。

2　社会学の専門家

　次に、社会学の分野での研究の事例を参照する。社会学者の石川良子は、当事者たちにひきこもり経験についての聞き取り調査を行いながら、ひきこもりから「回復」するとはどういうことなのかという問いへの考察を展開している（石川 2007）。石川は、ひきこもりを経験したことによってその後の人生でも「実存的な問いに直面」させられる点において、ひきこもりには字義通りの「回復」など存在せず、「ひきこもる以前にありえたは

ずの生き方に戻ることは、決してできない」と述べている（石川 2007, 233）。

　また、同じく社会学者である関水徹平は、ひきこもり経験をした当人たちへのインタビューや当事者の言説などを調査した結論として、まず「多数派のあり方を基準とする同化主義にとらわれた視点からは、多数派とそれ以外の生き方のあいだにくっきりと分断線が引かれ、多数派のあり方から逸脱した少数派の具体的な生き方は不可視化される」と指摘する（関水 2016, 358）。さらに、「いったんメインストリームから外れれば、自分だけが社会と切り離された『地下の世界』」に生きているように思わされたり、「多数派のつくる世界としての社会は、多数派のあり方に同化できない『ひきこもり』経験者に絶望や葛藤をもたらす」としている（関水 2016, 358-359）。

　関水は、こうした同化主義を批判しながら、ひきこもり経験をした当人たちが「同化主義から解放された」ときの社会とのかかわりを展望していく（関水 2016, 363）。そうした社会の様相とは、「多数派があるべき基準になって多数派／少数派のあいだに越えがたい分断線が引かれているような社会ではなく、ひとりひとりの生のあり方が——理念上は——対等であるような社会だろう」（関水 2016, 364-365）と論じている。別の言葉では、「多様な人びとが、ぶつかり合い、折り合う関係性としての社会」（関水 2016, 365）とも述べられている。

　石川や関水のこうした指摘は、筆者自身の経験を振り返ってみても、得心する点ではある。また、関水が論じているような同化主義的な社会への批判と提言にも首肯するところがある。ただ同時に、こうした論旨を展開する研究者という主体のあり方に対する批判的なまなざしも向けたくなる。

　メインストリームとは異なる生き方を論じる彼ら自身の生き方に目を向けてみると、両者とも大学の専任教員というメインストリームの一角を担うような存在になっているわけであり、その「ねじれ」に関する素朴な問いを投げることができる。つまり、自分たちは多数派の社会におけるエリートに位置付けられるような大学の専任教員という職に就きながら、当事者に向ける言説としては多数派の社会批判を展開する、というある種の自

己欺瞞のような態度を形成することになっているのではないかという問いである。

　石川や関水のような非当事者の専門家は、ひきこもりの当事者・経験者という調査対象者から「ダイヤモンドの原石」ともいえるような語りのリソースを得て、それを学術的技能によって「加工」を施すことで輝かしい研究業績を積み上げている。これまでのひきこもり研究を主導してきた社会学や精神医学の分野では、その構造は特に際立つだろう。それは、当事者・経験者たちが自分の言葉の持つ価値をメインストリーム的な価値に「加工」する知恵や力を持たない、あるいは構造的に「知恵や力のフィールド」から遠ざけられていることによって生じている搾取関係の現実を露わにしているのではないかと筆者は考える。そうした立場の不均衡が生まれているにもかかわらず、専門家たちと同じようなメインストリーム的な生き方に「同化」しようとすることを志向させないようにするのならば、それはある種の「遠回しな抑圧」ではないだろうか。こうした点については、後のパートで無知学という観点を交えて論じることとする。

　もちろん、専門家が自らのたゆまぬ努力の結果習得した学術的技能という能力がなければ「加工」もできないわけであるし、またそうして生みだされた成果によってひきこもりに対する社会の理解が促進されたであろうことを考慮すれば、その功績は意義深いと考えられるため、上述したような批判は専門家をやや悪様に位置付けた見方かもしれない。だが、「専門家自身の立場性」というものに対してどれほど自己批判的な検討が行われているのかという視座は、取りも直さず重要な観点であると考える。

3　当事者たち

　次に、当事者たちの発信、あるいは当事者研究的な事例を参照する。まずは、ひきこもりの当事者として積極的に発信を行ってきた上山和樹の研究を整理する。

　上山は 2001 年に自叙伝を出版した。同書は、上山がひきこもりとして生きた自分の記憶や体験を自己分析的に叙述した点において、オートエスノグラフィとしての性質を帯びているといえる。Norman K. Denzin は

「歴史の中に自分を書き込みそしてその歴史を変える」（Denzin 2006, 426)[1] ことにオートエスノグラフィの意義を見出しており、上山の実践もひきこもりの歴史構築にそうした影響を与えるものの一つと考えられる。

　上山は同書の中で当事者の言説というものの価値づけに関する論考を行っている。上山は、「文武両道」という言葉を引き合いにだして、専門家たちが「『文』の道で習得した『知識』を、自分の切実な覚悟や行動との交わりなしに『それ自体として』提示して、何か意味のあることをしているかのような顔をされること」に対する苛立ちを示しながら、「『客観情報』に、『自分自身を交わらせる』という危険な作業をやっている人が、どれほど少ないか」と嘆いている（上山 2001, 225–226）。さらに、「専門家は『客観的』高みに立って空疎な知識を開陳することは許されず、一個人として自分の人生や大事なものを賭けつつしか発言してはならない」と強調している（上山 2001, 226）。

　続いて、自らを「ひきこもり名人」と称する勝山実の例を取り上げる。勝山も上山と同時期に当事者発信的な活動を始め、その後も継続的に著書を発表してきた。勝山の著書の特徴は、ひきこもりというものについて、病的な側面よりも生活的な側面にフォーカスした記述を行っている点が挙げられる。それは、2011 年に刊行された『安心ひきこもりライフ』（勝山 2011）において、より顕著である。勝山は同書を、「ひきこもり初心者」に向けた「ガイドブック」や「参考書」のようなものとして位置付けている。

　その他にも、たとえばぼそっと池井多（2020）は、おもにインターネット上での交流を通じて海外のひきこもり当事者に対してインタビュー調査を行い、その調査に基づいた論考を行っている。先述した通り、現状において海外のひきこもりについて調査した例は少なく、さらにそれを当事者研究的な観点から検討した例はより希少であるため、池井多の著書はその先駆けとして意義のあるものだといえる。

　これらの事例に加え、先述した通り、現在では各当事者メディアを通じて、さまざまな当事者が自らの言葉で独自の発信を行えるようになっている。個々の発信はごく個人的な観点からつづられるものであったとしても、

あるいはむしろ個人的だからこそ、専門家たちの客観的な視点からは目が行き届かないようなことを明るみにできる可能性がある。

　ただし別の言い方をすれば、そうした当事者の立場は、当事者としてひきこもりという現象の核心部にまで深く入り込みすぎているがために、そこで起きていることに対して冷静な観察と表象を行うことが難しいものでもある。そうした点からいえば、ごく主観的な見方や感情が強く現れそうになる側面を、自らでいかにコントロールできるかが試される立場ということにもなる。

4　専門家と当事者の不協和

　ここまでで整理した通り、専門家と当事者はそれぞれに立場性が異なっているが、ここではその双方が不協和を起こした事例について紹介する。

　2006年から2008年にかけて、『ビッグイシュー』誌上において、専門家の斎藤と当事者の上山とのあいだで、往復書簡による議論が行われた。当初こそ両者は話題を展開させながら議論を積み重ねていたが、最終的にこの企画は打ち切られる形で終わることとなった。意見・見解の相違により、議論が続けられなくなったのである。打ち切りは斎藤側からの申し出であった。

　そのことに関して上山は、自身のブログ上で、「私たちは、お互いがお互いの『環境』であり『手続き』でもあるのですから、この社会に順応するかぎり、いつの間にかある程度は"当事者"にさせられているはずです。ところが斎藤環さんは、まずお互いの存在を純粋無垢な空間に固定し、そのうえでメタレベルの解離的言説をえんえん展開しようとする。この雲上の会話に私が付き合わなかったことで、彼は議論を降りてしまった」と批判している（Freezing Point 2008）。

　さらに上山は、議論の中で斎藤がカフカ『道理の前で』の「門番」を参照したことに関して、「斎藤環氏は、ご自分をこの門番のようなものだと思っているようです。——世の中の道理がいかに恐ろしいものであるかを言って患者を脅し、言動をチェックする。この門番に嫌われれば、門の中（≒社会）には入れてもらえない。斎藤氏は、門番であるご自分に反論を

試みた私を、『社会に入れてやらない』と言ったわけです。——彼は本当に私を仕事の場から排除した」と批判した（Freezing Point 2017）。こうした事例からも、専門家と当事者とのあいだに「言論発信の機会と価値化」をめぐる問題が存在していることがわかる。

斎藤はその後、編者として複数の当事者たちの自伝的記述を集めた本をだしている（林・斎藤 2020）。一見すれば、当事者自身の声を広く世に届ける活動として純粋に評価すべきことかもしれない。だが、上山の斎藤に対する批判を鑑みれば、同書に寄稿することができた人びとは、（編者・専門家の立場にある）斎藤という「門番」によるフィルタリングを通過した当事者でしかない、という見方もできるだろう[2]。もしそうした「当事者の選別」が行われてしまえば、専門家のお墨付きによって広く自分の声を発信する権利を得た当事者とそれが叶わない当事者とのあいだに分断を生みだすことにもなる。さらにそれは、当事者の「代表性の問題」ともかかわる。

次の節では、上述してきた専門家と当事者のそれぞれの立場性の異なりを踏まえつつ、両者の協働によるひきこもりのパブリック・ヒストリー構築の可能性を探っていく。

II 可能性を探る

1 無知学の観点

ひきこもりに関して「何をどのように知っているか」ということについて、当事者の側は「専門家には実際のひきこもり経験を基にした身体知が欠けている＝自分たちには身体知がある」という立場になり、逆に専門家の側は「当事者にはひきこもりに関する学術的な専門知が欠けている＝自分たちには専門知がある」という立場になるだろう。双方の立場は異なるようでいて、しかしお互いに相手を「無知な者」とみなす点では共通している。

こうした点について、無知学の観点を頼りに考えていく。鶴田想人によると、無知学とは「歴史のなかで『無知』—私たちの知らないこと—がい

かにして作られてきたかを探求する学問」（鶴田 2023, 25）だという。鶴田は、具体的なエピソードとして、いずれも新大陸でヨーロッパ人に発見されたタバコとオウコチョウという二つの植物に関する事例を取り上げている。

　まずタバコは、国家や企業に利益をもたらすことから、世界に広く普及されることとなった。また、20世紀半ばに発がん性が指摘されて以降は、その有毒性から目を逸らさせるために、業界団体による「独自の研究」で健康リスクの究明をしているかのように「アリバイ作り」をしたり、あるいは発がん性を示す証拠に疑念を投げかけたりして論争を長引かせるような「PR戦略」を行うなど、今日まで世界中で大量にタバコが消費される状態が保たれてきた。

　他方、オウコチョウという植物は、中絶薬として用いることができる効果を持ちながらも優先的な研究対象とはならず、「その重要な薬効は忘れられた」という。そうなった背景として、発見された当時のヨーロッパ諸国の「人口増加に熱心であった」社会状況や「（女性は中絶するべきではないという）社会通念」が影響した可能性が考えられるという（鶴田 2023, 25–26）。

　鶴田はこれらの事例を基に、「私たちに知識をもたらすとされる科学が、決して社会（企業や国家などの利害関係）から独立したものではなく、そのさまざまなアクターの思惑によって時に意図的に、時に意図せずして無知をも作り出す」ものであることを指摘する（鶴田 2023, 26）。

　これをひきこもりのケースに置き換えて考えてみよう。たとえば、上山と斎藤の対話が斎藤の側から打ち切られた先述の事例を鑑みれば、当事者が専門家の手によって無知の側に位置付けられてきた具体的な可能性も考えられる。同事例においては、斎藤が「門番」の役割、すなわち社会に当事者の声を伝達する際のフィルターの役割を担うことで、何を知識として世に届け、何を無知として隠すかを選ぶ特権を手にしているともいえる。この上山と斎藤の例は、上山が自らのブログという発信手段を持っていたため露見することとなったが、それ以外にも同様の事例が当事者と専門家のあいだで起きていないとは言い切れないだろう。

ひきこもりを対象とした社会調査や研究の成果が、もしそうして何らか
の無知を生みだしながら達成されたのであれば、その「罪」が問われうる。
しかし、その知識化、あるいはそれに伴う無知化の過程は、専門家個人の
内や専門家たちのみで構成されたコミュニティの中でブラックボックス化
しており、その過程それ自体が無知の中に留められているともいえる。そ
して、そのブラックボックスの内側にアクセスするには、そもそも高度に
専門化された知識が必要になる。一般大衆の人びとにとって、そうした知
識を学ぶのは容易ではない。そうして、何重にも入り組んだ無知の構造が
作られている。

　無知を作りだすという行いは、そのような「人知れず暗に無知が作り出
されているかもしれない可能性」を示唆する点において、（世に広められて
皆が知り得ることになった）あらゆる知識に対するある種の疑念を生むこと
にもなる。たとえ一つの事例であったとしても、「恣意的・構造的に何か
が隠されたという事実」が明らかにされるだけで、客観的で確かなもので
あるとされている知識全体への信頼が根底から揺らぐことにもなる。もし
そうした知識に対する疑念と不信が広まってしまえば、反知性主義や陰謀
論のようなものの台頭を導きかねない。

　ところで、このような無知を生みだす専門知の側の構造の問題は、まさ
に「ひきこもっているもの」についての問いといえるのである。何が無知
の領域にひきこもっていて何が知識として表に出ているのか、という問い
である。そうした問いにおける「ひきこもっている知」、すなわち専門知
とは異なる場で異なる様式を持って息づいている知のあり方として、日々
の生活実践や経験則に基づいて構築された民間知のようなものがある。た
とえば、ヒストリカル・パストに対してのプラクティカル・パストは、そ
の一つといえるだろう。

　二つの植物に関する例を鑑みれば、複数のプラクティカル・パストの中
から専門家が自らの意向に沿った取捨選択をしてしまえば、たとえそれを
ヒストリカル・パストと組み合わせたところで、それは「パブリック・ヒ
ストリーを構築したという体裁」を整えるための「アリバイ作り」に利用
しただけだと批判されても仕方がない。

2　ホモ・アカデミクスという観点

　上述した無知学の観点に加え、もう一つ、ホモ・アカデミクスという観点も導入したい。ホモ・アカデミクスとは、ピエール・ブルデュー（Pierre Bourdieu）が著書の中で用いた造語で、いわゆる「大学人」のような存在を指す言葉である。ブルデューは自らも所属する学界について論じるにあたり、次のように述べている。

> 自分自身の世界を、それももっとも近しい馴れ親しんだ部分を研究対象とする社会学者は、民族学者のように、見知らぬ異国のものを身近に飼い慣らすのではなく、こういう言い方をしてもよいのなら、馴れ親しんだものを見知らぬ異国のものにするのでなくてはならない。あまりに馴れ親しんでいるがゆえに見知らぬ異国のものに留まっている生活と思考の様式、これとの原初の親密性の関係を断ち切るのである。自分が元来所属している日常普段の世界に取り組もうとするこの動きは、見知らぬ異国の通常ならざる世界に取り組む動きの総仕上げであるべきであろう。
>
> （Bourdieu 1984＝1997, 10）

　ブルデューは大学という頑強な制度の中で知の権威性が保守的に受け継がれながら同質的な人びとのあいだで再生産されることに関して問題を提起し、大学人がその問題に取り組むには、自らが「馴れ親しんだもの」を「見知らぬ異国のもの」にせねばならないと論じている。

　ここでいう「馴れ親しんだもの」の一つとして、専門知とその様式・規範を挙げることができるだろう。他方、それに対応する「見知らぬ異国のもの」としては、当事者の知を位置付けることができるだろう。そうした構図を見立てつつブルデューの指摘を踏まえると、まずは専門家が当事者に対して開けた態度を示すことが、ひきこもりのパブリック・ヒストリーを構築するための第一歩となると考えられる。そのうえで、当事者の側も自らの経験の知を絶対化せず専門知の理解にも努めることで、双方が相手側の「見知らぬ異国のもの」的な知から学び合う相互的関係を構築するこ

とが可能になるだろう。そうした関係を前提としてこそ、「自陣にひきこもらない者たち」の協働によるパブリック・ヒストリー構築の可能性が見出されうる。

　ここまでは専門知と当事者の知が交差するようなひきこもりのパブリック・ヒストリーの可能性について論じてきたが、最後に、それでも残される不可能性についても考えておきたい。

おわりに——不可能性を見つめる

1　究極のひきこもり

　上述してきたような点を踏まえながら、仮に専門家と当事者、あるいはさらにその周辺の人びととの協働が可能になったとしても、それで十分にパブリックな体制が整ったとはいえない。もちろん、どのようなテーマのパブリック・ヒストリーを作るにせよ、全人類が一人残らず参与する形の完全な公共性を構築するのは不可能だろう。だが、特にひきこもりというテーマを据えた場合には、「取りこぼす声」の持ち主に着目する必要があると考える。それは、外界とのつながりがまったくない当事者、いわば「究極のひきこもり」のような存在である。

　先に述べた通り、そもそもひきこもりというものは「表に出てこない」という点に本質がある。そうした点を考慮すれば、何らかの形で外界とのつながりがあるひきこもりは、当事者性が薄れた非本質的な存在であるといえなくもない。だが、ひきこもりの当事者性は可変的なものであり、それゆえに「あるかないか」では切り分けられず、揺らぎのあるものだと考えられる。だからこそ、仮に自宅の外に出ることができるようになったり、他者との関係を構築できるようになったりしても、そうなった時点から非当事者になるというわけでもないだろう。その後もなお、たとえばひきこもりだった過去を履歴として背負いながら生きていく点などにおいて当事者性は残っていくことになる。したがって、パブリック・ヒストリーのプロジェクトに参加できる状態の人びとも当事者の一人だと考えることはできる。

ただそれでも、程度問題だとしても、自らの「声」を外に届けることがどうしてもできないような「究極のひきこもり」の人びとの「声なき声」をつねに想定しておかなければ、ひきこもりのパブリック・ヒストリーというものはその本質的な意義を欠くことになるだろう。彼らの存在をどうしても欠いたまま構築することになるのがひきこもりのパブリック・ヒストリーの宿命だが、だからこそ、その絶対的な不可能性をこそ最も強調せねばならないと考える。そうでなければ、当事者間の差異には目をつむりながら、その他方ではやたらと多声的な協働の構図を誇張するという「PR戦略」的な態度が際立つことになるだろう。

　こうした問題について、石原真衣は「当事者を書くことによって、それぞれのアカデミアで専門家となった人びとや、当事者として書く一部の当事者たちが、もし言説を独占してしまうならば、異議を唱える他の当事者たちは周辺化されてしまう。専門家と一部の当事者の共謀が、他の当事者の顔と声を殺してしまうことについては、何度強調されてもよい。専門家は専門性への自負や過信がゆえに、そして当事者たちは自分の当事者性を書いて——発言して——いるがゆえに、その共謀は正当化されてしまう」と指摘している（石原 2023, 141）。

　筆者は、2022年12月に「『ひきこもり』の20年を振り返る——当事者・治療者・研究者の対話を通して」と題されたシンポジウムに参加した。登壇者は、林恭子と斎藤環と石川良子だった。登壇者たちは、後にこの日の発表内容を書籍化している。タイトルからもわかる通り、シンポジウムおよび同書の主旨は、林と斎藤と石川の三人によって、現在に至るまでのひきこもりの歴史が整理・総括されるようなものとなっている。石川は、同書の「最大の特徴」として、「当事者と臨床家と研究者が横並びになっている」点を挙げている（石川 2023, 2）。そのうえで、その意義について以下のように述べている。

　　　まず、当事者からすれば自分たちの声を奪ってきた張本人は、専門家である精神科医や研究者にほかなりません。ただし、今でこそ私も「専門家」というカテゴリーに括られているものの、とくに若手だっ

た頃は胡散臭い人間として当事者から敬遠され、発言もほとんど取り上げられることはありませんでした。そして、精神科医の実感は私には分かりませんが、「偉い先生」の言うことは何でも聞き入れられてしまう、それは何も受け止められていないのとほとんど同じではないかと、側で見ていて感じます。このように三者三様の〈語れなさ〉があり、この〈語れなさ〉を超えて対話する場を設けられたこと自体に、重大な意義があると考えています。

（石川 2023, 2–3）

　以上のように、石川は、当事者の語れなさと専門家である自分や斎藤の語れなさとを並列させているが、これは（たとえば「究極のひきこもり」のような）「語れない当事者」の語れなさの深刻さを軽んじている発言ではなかろうか。そもそも、本来は外野の存在であり脇役でしかないはずの専門家の語れなさなど、ひきこもり問題を考えるにあたっては「どうでもいいこと」であるはずだ。少なくとも、問題の核心部で懊悩する当事者の語れなさと比肩するほどのものではないし、本質的なテーマとして取り扱うべきものではないだろう。さらに、この石川の発言とかかわることとして、「主語の大きさの問題」も考える必要がある。

2　代表と疎外、不安と不在

　石川は、林との関係について「林さんとはもう25年近くの付き合いで、今では『仲間』あるいは『同志』と言えるような間柄です」と語り、「林さんは当事者として自らの経験や思いを語り、私はそれを調査者・研究者として聴こうとしてきました」と述懐している（石川 2023, 2）。
　こうした専門家と当事者の関係の仕方について、先述した石原は「当事者が、専門家に書く権利を正当化するお墨付きを与えてはいけない。専門家と仲良くする当事者のお墨付きによって、専門家の仕事は『I have a 当事者 friend』の論理で正当化されている可能性を、われわれは注視しなければいけない。個人的に親しくするのはそれぞれの自由だが、それを『専門家と当事者』の関係性に還元してはいけない——つまり主語の大きさを

間違えてはいけない」と論じている（石原 2023, 141）。

　顔や名前をだし、まるで「当事者の代表」のように公の面前に現れる林は、斎藤や石川とは長年にわたり頻繁に発表の場を共にしており、そうした関係が結果として彼らの「書く権利の正当化」に加担することになっているのであれば、たとえ林が当事者の一人であっても、その構造については批判せざるを得ない。

　石原はさらに、ある種の当事者が持つ特権性についても批判的な検討を促している。石原は、アイヌの出自を持つ当事者でありながら「きわめて特権的な立場」も併せ持つ自らについて、その恵まれた生育環境を振り返りつつ、また現在は大学教員であることも鑑みながら、「アイヌの出自をもつことによって自己を当事者化するときに、そこに潜む階層的あるいは文化資本による特権性を考慮しなければ、そこから疎外されている人びとをさらに疎外してしまう」と述べている（石原 2023, 141）。

　こうした指摘は、石原と同様に「当事者かつ専門家」という立場を持つ現在の筆者にも当てはまるだろう。だからこそ、本章で論じていることはすべて自分自身も対象となりうることを、筆者は強く自覚しなければならない。石原や筆者のような「両側面」を持つ存在がそうした自己批判意識を持ち続けなければ、次はそのような存在が自らを優越的な立場に位置付け、新たな権威として君臨する事態ともなるだろう。

　以上のような点を考慮したうえで、それでもひきこもりのパブリック・ヒストリーを作ろうというのならば、その成果を誇るような態度は抑制し、所詮は問題の核心にいる人びとの重要な「声」を欠いた不完全なものしか作ることができないということへの謙虚さと共にあるべきだろう。専門家だろうが当事者だろうが、どうしてもわからないものはどうしてもわからないまま残り続ける。ひきこもりのパブリック・ヒストリーを作っていくということは、同時にその「わからなさの不安」を強く意識させられることともなる。そうした不安と共にあり続けることが、ひきこもりのパブリック・ヒストリーを構築できるような特権を得た「表に出てきた者」の使命・役割ではないだろうか。

　個々の当事者たちは、ひきこもった理由も背景もそれぞれ異なり、だか

らこそ「表に出てきた者」が「表に出てこない者」を代表できるわけでは必ずしもない。そのことを軽視して、大きな主語の多様性を確保しただけのことをパブリック・ヒストリーと名付けて喧伝することは、むしろ問題の核心部をより奥まったところへと押しやることになりかねない。だからこそ、ひきこもりのパブリック・ヒストリーに取り組む際には、その不可能性とその場における「不在」に思いを馳せることこそが何より必要なのだと、筆者は結論づける。

※　本章は、筆者の博士学位論文（藤谷 2024）および査読論文（藤谷 2020）のそれぞれの内容の一部を引用しつつ、大幅な加筆・修正を行ったものである。

1)　訳文は井本（2013, 110）を引用。
2)　同書はひきこもり経験を持つ林恭子を共同の編者としているため、斎藤のみが人選をしたわけではないだろうが、いずれにしろ斎藤は著者を選ぶ側として一定の力を持つと考えられる。また林にしても、同書の出版以前から斎藤と共に講演会に登壇するなど、発信力を持った「選ばれた当事者」としての活動を重ねている人物であることも考慮すべきだろう。

参考文献

石川良子（2007）『ひきこもりの〈ゴール〉——「就労」でもなく「対人関係」でもなく』青弓社。
———（2023）「はじめに」石川良子・林恭子・斎藤環『「ひきこもり」の30年を振り返る』岩波書店、2-5。
石原真衣（2023）「当事者を書く——専門家の死角とオートエスノグラフィ：言説の独占を解体し「語る主体」の権利を回復する」『現代思想』51（11）、134-145、青土社。
井本由紀（2013）「オートエスノグラフィ——調査者が自己を調査する」藤田結子・北村文編『現代エスノグラフィー——新しいフィールドワークの理論と実践』新曜社、104-111。
上山和樹（2001）『「ひきこもり」だった僕から』講談社。
勝山実（2011）『安心ひきこもりライフ』太田出版。
斎藤環（1998）『社会的ひきこもり——終わらない思春期』PHP研究所。
菅豊（2019）「パブリック・ヒストリーとはなにか？」菅豊・北條勝貴編『パブリ

ック・ヒストリー入門——開かれた歴史学への挑戦』勉誠出版、3-68。

関水徹平（2016）『「ひきこもり」経験の社会学』左右社。

鶴田想人（2023）「無知学（アグノトロジー）の現在——〈作られた無知〉をめぐる知と抵抗」『現代思想』51（7）、24-35、青土社。

林恭子・斎藤環編（2020）『いまこそ語ろう、それぞれのひきこもり』日本評論社。

藤谷悠（2020）「「ひきこもり学」を構想する二人のひきこもり経験者の対話——当事者研究から共事者研究へ」『日本オーラル・ヒストリー研究』16、187-206、日本オーラル・ヒストリー学会。

————（2024）「退隠と表象——ひきこもり経験者間対話の分析・考察、そして「ひきこもり学」の創造へ」慶應義塾大学大学院政策・メディア研究科博士学位論文（未公刊）。

古橋忠晃（2023）『「ひきこもり」と「ごみ屋敷」——国境と世代をこえて』名古屋大学出版会。

北條勝貴（2019）「〈ありのままの事実〉を支えるもの——近代日本における歴史実践の多様性」菅豊・北條勝貴編『パブリック・ヒストリー入門——開かれた歴史学への挑戦』勉誠出版、69-134。

ぼそっと池井多（2020）『世界のひきこもり——地下茎コスモポリタニズムの出現』寿郎社。

Freezing Point（2008）「メタ言説への、解離的な居直り」, https://technique.hateblo.jp/entry/20081017（最終アクセス：2024 年 10 月 6 日）。

————（2017）「カフカの門番の口にする「オープンダイアローグ」」, https://technique.hateblo.jp/entry/20170615（最終アクセス：2024 年 10 月 6 日）。

Bourdieu, Pierre（1984）*Homo Academicus*, Paris: Minuit（＝1997, 石崎晴己・東松秀雄訳『ホモ・アカデミクス』藤原書店）.

Denzin, Norman K.（2006）"Analytic Autoethnography, or Déjà vu all Over Again." *Journal of Contemporary Ethnography*, 35（4）, 419-428.

第9章 宗教的経験と「歴史」実践のあいだ
——セネガルのスーフィー教団を事例として

阿毛香絵

はじめに——ダカール、メディナ地区のダイラから

　ダカールのダウンタウンであるメディナ地区の空き地にムリッド教団[1]の中でもひときわ目立つ存在であるバイファル[2]の信者たちが集まっている。2000年代初頭の学生時代、参与観察と称してこのコミュニティに数年間にわたって入り浸っていた筆者は、見様見まねで唄い手の輪に入り、神の名を繰り返し唱え唄うシカル（*sikar*、ウォロフ語、アラビア語ではズィクル *zhikr*)[3] と呼ばれる儀礼に参加していた（図9-1）。筆者が参加していたその「ダイラ（*dahira*)」（信者たちの集まり）は比較的小規模で、毎回10名から20名ほどの若い男女が集まる。輪の中心では、男性信者たちがドレッドロックスの髪を振りながら、バチを使ってヒンと飛ばれる太鼓を叩き、その周辺で筆者を含む数人の女性たちがマイクを囲み、「ラー・イラーハ・イッラー・ラーフ（アッラーの他に神はなし）」に節をつけ唄う。そのさらに外側を男女の信者たちが盆踊りのように円陣「輪（*kurél*)」を組んで「ドゥカット（*dukkat*)」と呼ばれる足取り（信者はこれを世俗的な「踊り（*fecc*)」と区別する）で、反時計回りで回りながら神の名を唄う。集会が行われるメディナ地区の団地にある空地の砂地を、男女共に裸足で踏みしめる[4]。

　この「セネガル的」な色が加わった賑やかなイスラーム神秘主義の儀礼は、週2回、日没後の数時間行われ、その間比較的低所得者の居住区であるメディナ地区の一角にある団地前の空き地は「シカル」の音で満たされる。円陣から少し離れたところでは、鉄の鍋で湯を沸かし、大きなバケツに布を張って濾し淹れたカフェ・トゥーバと呼ばれるスパイスのきいたコ

図9-1 ズィクルの儀礼でドゥカットの足取りを踏む信者たちと筆者

（写真は、マッガルと呼ばれる大きな教団の祭事の際に撮影されたもの。白と黒は、筆者が観察していたシェーク・ンディゲル・ファルの信者たちのユニフォームカラーとなっていた。一番右が筆者（筆者撮影、トゥーバ、2010年））

ーヒーを作る。ジャルと呼ばれる香辛料が加わったコーヒーに驚くほどの量の砂糖を入れ混ぜ、再び煮立てた後プラスチックのコップに入れて振る舞う。

　信者たちの多くは、ダカール中心街のサンダガ市場で零細商業を営む20代中心の若者たちで、年に一度聖地トゥーバで行われる宗教的な祭りであるマッガル[5]や、セネガル各地で開催される行事への「遠征」に備え、なけなしのお金を献金しあって運賃（バス）とする。ダイラはダカール市内や国内に数多にあり、ダイラ同士が合同で宗教行事を開催することもある。同じムリッド教団、あるいはバイファル同士であっても、導師（マラブー）が違うダイラ間では必ずしも交流があるわけではなく、逆に共通の導師（マラブー）に所属する弟子たちのダイラ間では地域を超えて強い連帯がある。

　筆者は、2003年に初めてセネガルの地を踏んでから計15年ほど現地で生活し、スーフィー教団を中心に、イスラームと教育、政治とのかかわりについて調べてきた。その中で、信者や導師たちの実践における関心事、そして特に経験レベルでの語りと、彼らに関する主に欧米の研究者たちによる民族学や政治人類学的研究[6]における記述の視点とのあいだに大きな隔たりがあるのを感じていた。

この違和感は年々積り積っていたものの、筆者自身も 2008 年のパリへの留学を機にフランスの研究機関において研究成果を発信する立場に置かれたこともあり、そこで理解される「ものがたり」をエスノグラフィの形で紡ぎだし、記述することに専念してきたのが現実である。残念なのは「学術的記述」を通して説明し得る内容よりも、信者たちが宗教実践や「修行」[7]（タルビヤ）を通して体感し経験する内容のほうが、何百倍、何千倍も濃く生き生きとしており、はるかに面白くダイナミックである、ということだった。宗教性というテーマを扱う際、社会科学的な記述や当事者の証言の羅列だけでは、現場の「テクスチャー」を可視化するのに大きな限界がある。筆者がこれまで人類学で副産物として扱われてきた[8]「小説的ルポルタージュ」[9] を用い、信者の経験についてできる限り現場に寄り添った描写を試みてきた理由である（Amo 2019; 2022 他）。

I　セネガルのイスラーム研究、スーフィズム研究における語り手

1　語りの主体と歴史実践

　そもそも、ある事象がある主体によって記述され記録されるとき、それはなぜ記述されるに足るのか。これは歴史というものを考えるうえで非常に重要な問いである。単なる事象や経験、語りが記述化され共有される歴史となるためには、それがあるコミュニティや組織にとっていま現在、そして将来的に意味を持つものでなくてはならないからである。個人の証言であっても、彼／彼女の語りが共同体の過去と未来を結びつけたり、あるいはいま現在、政治的権威や任意団体、あるいは個人などの「誰か」（コレクティブ）にとって「役に立つ」、すなわち思考や行動を左右し得る要素となって初めて、そこに単なる事象が「歴史」となる需要が生まれる。

　戦争の記憶と「自分史」という、本章とはまったく異なるテーマを扱っているが、以下の小谷汪之の歴史学についての記述がこれをうまく表現している。

『同時代者としての変革意思』という主体的立場のうえに立って、過去を理念的に再構成しようとするとき、『存在としての歴史』総体のなかから『未来を拓く変革の契機』にかかわるものが選択的に取り出され、それがつなぎあわされることによって、一つつながりの意味的脈絡をもった歴史像が描き出されるのである。

（小谷 1985, 44-45）

　これは歴史というものそのものについても有効な記述だろう。本書の第1章で笠井が「歴史する」ことについて定義しているように、歴史を紡ぐ実践をするのは、「いま」「ここにいる」人（びと）である。そして、「歴史する」根拠には、語り手の立ち位置に加え、未来へ向けた志向性が不可分に入り込む。こうした観点から本章で「歴史実践」という表現を使う際は「ある一定の位置に立って過去、そして現在に至るまでの事象の中から『未来を拓くための要素』を導きだし作用させる形態に紡いでいくための語り、記述あるいは（学術的／宗教的／文化的／芸術的）実践」を、広く意図したい。

　アフリカ地域、特にセネガルのような旧フランス領の文脈では、「我々の未来を拓く」歴史実践は、記述される社会にとって、思いのほか複雑な意味合いを持っていることを指摘したい。フランスの植民地政策において、「良き統治」を実践し、人びとを「文明化」するための意図、つまりフランス共和国という「我々」の一部として、限定的であれ同地域を統治し収納していくために、多くの人類学者や行政官が奮闘し、参与観察し、記述し、分類した。こうした主体の中には、初めの黒人行政官であり、第二次世界大戦で現地の人びとから歩兵を募ったブレス・ジャーニュ（Blaise Diagne, 1872-1934）のようにフランス市民権を持つ現地人行政官もいる（小川 2014）。民族や宗教、人びとに関する学術的な蓄積は、西洋の研究者や行政者という「主体」にとって、まさに意味のある「未来への志向性をもった歴史実践」を根拠としており、同時にその成果でもあった。しかし、こうした「語り」の主体である研究者や政治主導者は必ずしも現地社会における大多数の人としての「当事者」ではなく、しかし完全なる「他者」

だったわけでもない。そこで生成されたコロニアルな歴史観の根底にも、限定的ではあったがつねに「我々」への志向が入り込んでいた。入植者─現地住民という単純な二項対立に隠れて見えない、よりアンビバレントかつ入り組んだ関係性が、旧フランス領の歴史実践にはつねに潜んでいたのである。

こうした観点から、歴史実践を紐解く際には「いつ」に加え、「誰が」と「何のために」を問うことが重要であり、これは植民地支配の過去を持ち、近代的歴史記述の主体が長期に渡って複雑な状況を抱えつつつねに変化してきたアフリカ地域においては、なおさら不可欠なことだといえる。

本書が取り上げるパブリック・ヒストリーが「当事者」によるものがたりを汲み上げる試みであるなら、筆者のフィールドにおける「語り手」そして「未来を描く」主体は、時代を追って変容しつつも長期に渡って欧米の研究者や新たな国家の担い手という「外から」、あるいは「上から」の政策決定者だった。しかし一概に「外部から」のものと捉えられがちな歴史もまた、描かれる対象である人びとの一部にとっては、あるいはある一定の時点においては「我々の」歴史実践を形成すべく存在したことは事実であり、何よりこうした統治者の都合で蓄積されてきた歴史実践の重みと厚み、そのしばしば矛盾をはらんだ語りの可能性を理解して初めて、近年のイスラーム運動や現地社会が生みだすオルタナティブな歴史実践の本来的意味合いが理解できるのである。

また、「外部者」の記述に対するアンチテーゼとして、幾度となく波のように寄せては引く脱コロニアルな運動、現地出身の研究者による語りの再所有化の実践を経て（Sarr 2016）、歴史はしばしば当事者という「我々」の手に戻され、新たな形で再構築されてきた。また旧宗主国側の研究者によっても、植民地関係を批判的に振り返ることが息の長い学術的トレンドとしてしつこく議論されてきが、そのことが逆に、コロニアルなヘゲモニーを一部で再生産し続けた（Bayart 2010）。

本章はこうした問題意識に立ち、筆者が人類学者としての自身の語りを問うというメタ的視点を含んだ歴史実践に関する問題意識を含めつつ、以下のテーマを扱う。一つ目は西アフリカのイスラームやスーフィズム研究

に関する記述——歴史実践——を行ってきた学術的「主体」の政治性とその変容、二つ目は、必ずしも歴史実践と呼べるのかが微妙なラインの、文字化も言語化もされていない信者たち自身の経験に埋没した「宗教的経験」の扱いについてである。

これらのテーマについて再考することで宗教性を扱う際に、政治的、学術的視点が見落としてきた「当事者の認知レベル」の問題とその語りについてどう捉えるか、という問いを提起したい。

2　フランス植民地における「ムスリム政策」と植民地図書館

セネガルを含む西アフリカの旧フランス領におけるムスリム社会に関する歴史研究や民族学的研究は、政治的な関心のもとに積み上げられてきたものである。それはおもに「植民地状況（situation coloniale）」（Balandier 1951）という文脈において、外部者である欧米の人類学者や研究者、政治的主体によって有用な情報として観察、記述されていった。セネガルを含む西アフリカのイスラームやスーフィー教団に関する歴史記述は、むしろ、こうした蓄積をしてきた当時の政治主体や学術的主体の関心事が何だったかを理解するためにこそ、活用できるといえる（中尾 2020, 42-44）。

「他者」であるアフリカ地域やアジア地域の人びとを理解し「統治する」ための学問として発足した欧米の民族学的研究やアフリカ地域研究の成果の蓄積は、よく植民地図書館（bibliothèque coloniale）（Mudimbé 1994, VII; Mangeon 2010, 14）と呼ばれる。イスラーム世界やアフリカ地域におけるこうした民族学的蓄積は、東洋学や思想研究の持つ哲学的神学的関心や、「未開の地」への憧れや好奇心という一部のベクトルを除けば、欧米（ここではフランス）による統治政策の一環として進められた。

スーフィー教団を含むサハラ以南のアフリカにおけるムスリムのさまざまな類別（カテゴリー）と、それぞれをめぐる歴史・民族学的研究の背景には、仏領植民地における同化と協力（*Assimilation -Association*）という原則を核とした理論と統治方法がその根底にある（Dozon 2003, 85; 小川 2015）。これは一部の現地の人びとを教育によって西洋文化や価値に同化させることで「文明化」し、同胞（frères）——「我々」の一員——として統治者側からの

参加を促す一方で、文化的同化の難しい現地における「植民地的被治者」（sujets coloniaux）——特にムスリムたち——には「協力」を要請する、という二重統治の仕組みである。

　こうした政策はすでにフランスの統治下で成功例とされていたアルジェリアをモデルとしていたため、アルジェリアで訓練を受けたフランス軍将校兼研究者たち（Dozon 2003）が西アフリカに派遣され、初めの民族学的イスラーム研究に携わった（Geisser 2012）。こうした研究者によってなる「アラブ局（bureau arabe）」を中心とした西アフリカのイスラームに関する研究成果は、統治という観点からアフリカの伝統的な宗教性や呪術信仰などと融和し「土着化」しているとされた温和な「黒イスラーム」（Islam noir）と、武力的ジハードを起こす可能性のある危険分子とみなされた「イスラーム主義」（Islamisme）や「改革主義」（réformisme）の動き（Otayek 1993）という大きく二つのカテゴリーを基礎に分類化し、分析した（Samson 2012）。当時の進化論的な考えに基づく人種概念に結びついたこうした分類が、政治的に構想されたものだったことは明白だが、その根底にある人種観やイスラームに対する認識は1世紀足らずで拭い去れるものではなく、2001年のアメリカの同時多発テロ以降、「良いムスリム・悪いムスリム」議論の浮上によって再びさまざまな言説を呼び覚ますこととなる（Mamdani 2005）。

3　「教団共和国」、共産主義的生産体系としての教団、イスラームポピュリズム

　フランスによって導入された統治の仕組みは、セネガルが近代国家として独立した後も社会主義政権によって温存され、「同化政策」の申し子である初代大統領をはじめとした政治エリートとイスラーム教団とのあいだの「社会契約（contrat social）」[10]によって成り立ってきた。これは、端的にいえば、まだ「国家」を非常に遠くよそよそしいものとしか認知していない新たな有権者であるウォロフ農民——ムリッド教団の信者に対して、彼らの信頼する導師が「命令」を通して与党支持を呼び掛ける間接統治の仕組みである。経済的には、政府の公社が統率し、ムリッド教団を中心

とした人びとによって運営される落花生経済が独立直後の国家経営の基盤となっていった（小川 2015）。

しかし、1980 年以降、社会主義経済は干ばつや国際機関によって進められた構造調整によって弱体化し、国家は経済・社会危機に陥る。こうした背景の中、ムリッド教団が「国家の中の国家」「共産主義的」などと呼ばれるほどの堅固な組織と生産体系で農村、都市双方の経済を支える力を発揮し、研究者たちの関心を集めた。

同時期以降、それまでのアジア的生産様式論と従属理論がそれを拡張した世界システム論に引き継がれ、西アフリカの経済、社会に関する新たな学術的トレンドが生まれていた。伝統社会と資本主義経済とのかかわりにおいて、近代化によって敗退すると一時は考えられた伝統社会の呪術性や宗教性が、資本主義経済によって逆に強化され、都市において顕在化するといったことも着目され、研究対象となったのである。

セネガルにおいては社会主義政権が倒れた後の 2000 年代、アブドゥライ・ワッド（Abdoulaye Wade）大統領の自由主義政権により、政府の「還俗的」イスラーム権威利用が一気に可視化した。大統領によるあからさまな「教団政治」が一般化する中、野党としても新たな宗教的政治リーダーが活躍し、都市の若い信者たちを集めていく。（Samson 2005; Diop 2013）。同時期は、アフリカ市民社会論や「下からの政治」（Bayart 1992）を受けたアフリカ研究のトレンドが生まれ、大衆によるイスラーム運動についても「政治的ポピュリズム」として分析する傾向が加わった（Holder, Dozon 2018）。

少々言葉足らずだが、ここで概観したかったのは西アフリカのイスラーム、スーフィズムに関する記述や研究において、当事者である信者や導師側の都合はさておき、それを記録する側である政治的主体の需要や、研究者側の所属する学術分野、欧米社会の関心に基づいて、その研究そのものの中心的テーマや観点が定められてきた、ということである。

4　もう一つの歴史実践の場としてのスーフィー教団（タリーカ）

こうしたおもに「外部から」の教団研究が大きな流れを作ってきた一方

で、現地のムスリム知識人による歴史的記述にも多くの蓄積がある。こちらはアラビア語文献を扱うという性質から、歴史学やイスラーム思想研究の分野における研究対象となってきた。古くは、植民地以前より蓄積されてきたアラビア語文献（Samb 1972; 苅谷 2012）、そして新しくは宗教メディアや SNS 等新たな媒体を利用した実践に至るまで、現地のムスリムによる歴史記述の試みが研究対象となっている。

　西アフリカ現地のイスラームの主体は高度な教育・研究機関を生みだし、アラビア語文献やその現地語における訳を含む多大な学術的蓄積をなしてきた（Tamari 2020）。近代化を経る中で、アラブの改革主義思想に影響を受けた団体や資金援助を得た教育の場が増加したことで、こうしたイスラームの知の創出と共有の場を新たに評価し、西洋の学術領域において認めさせようとする動きも、現地の人びとのあいだで生まれている。

　タリーカにおける重要な歴史実践の場としては、1977 年に、ムリッド教団の三代目カリーフのアブドゥル・アハッド・ンバケ（Abdou Ahad Mbacké）が作った教団の最も重要な施設の一つ、トゥーバ中央図書館「ダーライ・カーミル（*Daaray Kamil*）」を挙げたい。トゥーバのモスクのすぐ前に建設されたこの図書館内部にはアハッド・ンバケの廟もあり、いまも参拝者が訪れる。広い公会堂に加え、四つの資料棟からなる蔵書館には、教団の創始者であるアーマドゥ・バンバ（Amadou Bamba）の著したアラビア語の詩（*Xassida, Khassida*）に加え、宗教に関する本、アラビア語に翻訳された西洋の哲学書や社会科学の著書、創設者や教団の歴史に関する著作や証言などが貯蔵されており、近年は宗教祭事や行事にまつわる視聴覚資料も作成し、保管されている。

　加えて、教団の頭脳集団であるイズ・ブッタルキヤ（*Hizbut-Tarqiyyah*）の運営する文化センターもまた、教団の学術・研究拠点となってきた。1976 年にダカール大学において作られた信徒の学生団体の卒業生たちが聖地に戻って創始したこの場所は、アラビア語文献だけでなく仏語、英語やその他の言語の文献資料も豊富であり、映像制作や宗教メディアとしての発信や放映も行う教団のシンクタンク的役割を果たしている。

　また、近年設立された二つのイスラーム大学や高等教育機関などもあり、

教団における教育・研究の場は発展し続けている。

　セネガルにおけるもう一つの主要教団であるティジャーニー教団[11]における興味深い事例は、筆者が長年調査を行ってきたカリスマ指導者、セリン・ムスタファ・シの信者による組織DMWMD（*Dahira toul Moustarchidine wal Moustarchidaty*）の所有する「ラマダーン大学」と呼ばれる活動拠点である。本来は、ラマダーン時期（イスラム暦9月、断食月）に開催されていた講演シリーズの場所だったが、その後拠点となる建物を建設し、シンポジウム会場や教育の場として機能しているだけでなく、最新機器を揃えたテレビ局（Mourchid Tv）の事務所を兼ねている。

　同テレビ局は特に女性や若年層の教育に重点を置いた教育番組や、トーク番組も制作している。DMWMDは2000年代初頭からデジタル化を意識した運動を展開し、SNSを利用した配信やアーカイブ化も早くから行ってきた。こうした宗教メディアについては、現在各教団内でさまざまなグループが活動を行っており、ウォロフ語や民族語を中心に、フランス語やアラビア語が混在した番組制作が行われているのも特徴である。

　最後に、西洋の研究機関で活躍するディアスポラ知識人による新たな歴史学の試みについて、その先駆けとなった歴史家シェーク・バブー（Cheikh Babou）の研究「魂のジハード（英訳はFighting the Greater Jihad）」が知られる（Babou 2011）。ムリッド信者であり、先のトゥーバ中央図書館に広い人脈がある著者が、創始者アーマドゥ・バンバのバイオグラフィーと彼の思想を軸に教団史の再構築を行った同著は、これまでの植民地的歴史観を基礎としたムリッド研究への批判的返答であり、欧米の研究者からも歴史資料としての価値を高く評価された。

　近年の知的階層によるこうした歴史再所有化の試みは、脱コロニアル思想運動や、ウォロフ語ナショナリズムの動きとも重なり、近年ではムリッド知識人による著作活動の盛り上がりが報告されている（池邉 2024）。

II　スーフィズムにおける「霊的経験」と歴史実践のあいだ

1　歴史実践におけるオーラリティと認知領域

　当事者による学術的貢献が増える中、信者たちの現代的な宗教実践や社会実践を通してイスラーム社会を理解しようという試みが大きな動きを生んでいる。クリフォード・ギアツ（Clifford Geertz）の「分厚い記述」（Geertz 1973）に次ぐタラル・アサド（Talal Asad）の言説的伝統（discursive tradition）（Asad 1986）の影響は、これまでの理論や政治的枠組みを重視してきたイスラーム研究に対して「信者」を基点とした分析の可能性を提示した（中尾・池邉・末野・平山 2020）。信者たちの宗教実践や共有された歴史は、祭事などにおけるオーラリティに基づく言説的伝統によって再生産され、信者の「いま」につながる「テクスト」となる。

　こうした研究の軸は、アフリカのオーラリティに基づくイスラームの歴史実践、宗教実践において新たな可能性を提供した。こうした分析の中で、特に着目すべきは、信者たちによって語られる聖人や導師に関する過去の出来事が信者たちにとって「いま」、「ここで」必要かつ有用な語りとなり、再生産されているメカニズムを明らかにしたことである。オーラリティに基づく宗教的な語りは、過去の神話的出来事について語りながら、年号や正確な場所といった実際の時空間との整合性を必ずしも必要としない。より重要なのは、語りの中に描かれる預言者や教団創始者、導師たちの歴史がまさに現在進行形で信者にとって生きた経験として語られることで、献金行動や信仰実践などを促す重要な決起材となるという点である（池邉 2023）。

　しかし、こうした歴史実践に対する研究領域が興味を示すのは、ことばを通したナラティブや記述、あるいは組織や制度、儀礼などといった「目に見える」事象である。オーラリティに基づく言説的伝統が歴史実践の骨格や血肉であるとしたら、そこに命を吹き込み、生き生きと動かす動力の源を構成するのは、言語化されない信者の認知レベルの「経験」に付随する主観や共感性であるということを、筆者は経験的に認識した。そういった意味でスーフィズムにおける「霊的経験」は、彼らの歴史実践理解にと

って不可欠なものである。これは、文字やことば、諸制度などすでに「テクスト化」された歴史を否定するものではなく、むしろ補完的なものになり得るだろう。

しかし、目で見、耳で聞いた情報を中心とした信者たちの様子や行動は記述できるが、当事者が何を信じ、何を感じ、どのような霊的、内的経験をしているかといった認知レベルでの話は、彼らの宗教性理解の最もコアな部分であるにもかかわらず、人類学的記述では証明できないというジレンマがあった（浜本 2006）[12]。

こうした問いに対して、日本の宗教学の分野では、東京大学の経験科学的な宗教学をはじめとして多々の実践的研究の試みがなされてきた他（島田 1989; 島薗 1992; 中沢 1984; 磯前 2008）、近年では、こうした課題に対し、臨床学や精神医学、脳科学との接合も見られる（Kawai et al. 2017）。この問いに対する社会人文学的なリスポンスとしては、集団における心理を共にし「ゲームを理解する」ところまで信者の考え方の内部に入り込むことができれば「信ずる必要はない」という立場（片岡 2019）、段階的な習得が必要な瞑想や修行などの分野においては、むしろ信者・実践者として「体験的身体的理解」を通した「オートリジオグラフィ」を行う立場（樫尾 2022）等が存在する。

この認識論的な問いに関しては結論に譲り、ここでは、本書のパブリック・ヒストリーというテーマの広さに甘えて、信者たちの歴史的「経験」を理解するために重要な二つの要素——（1）スーフィズムの修行における身体性と時空間認識、（2）導師や預言者をつなぐ霊的系譜（シルシッラ）、という二つのテーマについて、断片的ではあるが、紹介する[13]。

2　スーフィズムの修行（タルビヤ）における身体性と時空間認識

スーフィズムの文脈における修行（タルビヤ）の意義を理解するためには「秘儀領域（バーティーン）（隠された、秘教的な領域）」の理解が不可欠である。信者たちに共有されたこの語は「内面」を意味するアラビア語であり、哲学者、イスラーム学者のエリック・ジョフロワ（Éric Geoffroy）はこの領域が「非合理的」なのではなく「超合理的」、つまり人間の理解を超えた合理性が行使される

場である、と論じる（Geoffroy 2003）。神秘主義の知識について、信者たちは「内奥の学」（'ilm al-bâtin）と呼び、現世的なことがらを扱う「外知の学」（'ilm al-zâhir）と対比する。この秘儀領域における神の真理（神）との合一、あるいは自我滅却が、修行の重要な目的の一つである[14]。

　もう一つは、身体性と霊魂（ruh）についてである。スーフィズムにおける身体性は、単に物的実態を持った肉体ではなく、霊魂（ruh）をその核に内包したものとして理解される。ヒトの身体を構成する最も外面的かつ現世的な要素は、土くれでできた物的肉体（Jasad）である。そのすぐ内側に、肉体に最も影響を受けやすい人間の精神部分である肉体的精神（Nafs、ウォロフ語では bakkan）[15]があり、これは動物的な欲求——食欲や性欲など——に服従しがちな「自己・自我」を表わす。先述した Babou がその著書で論じている「魂のジハード／大ジハード」とは、この自身の肉体的精神との闘いを意味する（Babou 2011）。人間の本質により近いところにあるとされるのが心（アラビア語でカルブ（qalb）、ウォロフ語でホル（xol））であり、神が吹き込んだとされる霊魂を包み込んでいる。そのさらに奥に秘められた神秘である奥心（Sirr）があり、それを発見していくのが、霊知への道となる[16]。

　ムスリムとしての義務である礼拝や斎戒、巡礼に加え、スーフィズムにおける内面的実践であるズィクルやウィルド[17]等の儀礼は、唄ったり、移動したりすること自体に重点が置かれているわけではない。心身の動きを伴った「瞑想法」とも呼べるプロセスを実践することで、自身の欲求や肉体的精神を制御し、霊魂としての自身とさらにその本質を「見出す」ことにこそ、本来の修行の力点が置かれている。

　また、秘儀領域においては、過去／未来、前後や上下などの時空間認識は意味をなさない（Geoffroy 2003）ことにも留意したい。このことは信者や導師の証言に表れており、たとえばニャセン（ニアセン）[18]の信者は、自らの導師に「会った」、あるいは「頻繁に会う」などという。しかし20世紀後半に生きた実在の人物であり著名な聖人であるイブラヒマ・ニャス（Ibrahima Niasse, 1900–1975）は、およそ半世紀前に肉体としての生涯を終えている。にもかかわらず、ある学生はつい最近大学の信者団体に入会す

るようにとイブラヒマ・ニャスが「助言してくれた」と、まるで自分がよく知る先生について話すような口ぶりで語る。

また、決して少なくない数のムリッドあるいはティジャーニー教団の信者たちが、「頻繁に」、あるいは「片時も離れることなく」自らの現存の導師^{マラブー}と「会っている」と証言する。これもまた霊的な意味での面会であり、信者の多くがダカールのダウンタウンや学生寮に住んでおり、件^{くだん}の導師^{マラブー}自身は何百キロも離れた教団聖地にいる。導師の霊魂は数千キロの距離を一瞬で移動し、信者たちに文字通り「会う（gis）」ことができるのだという。こうした時空間認識を共有する信者同士にとって、導師^{マラブー}に「会う」という表現は単なる象徴的な意味合いではなく、信者の言葉を借りれば「間違いなく、実際にそうなの」である。秘儀領域^{バーティーン}では、歴代の聖人や教団創始者と予言者たちの霊魂が出会ったり過去や未来^{ルーフ}の人物に助言を受けたり、といったことがつねに起きている。

ここで重要なのは、こうした秘儀領域^{バーティーン}という時間軸における導師との霊的な面会や訪問、天国の話題などが、まったく違和感なく信者たちの現世的日常生活の一端の中に溶け込み、ありふれたこととして経験されているという点である。スーフィズムの実践者にとって自身の身体が置かれたのがダカールのダウンタウンだろうが、屋台のすすけたテントの中だろうが、農地だろうが、バスの中だろうが、すべての時空間に秘儀領域^{バーティーン}が開かれている。魚市場における値段交渉や、家事といった日常のこまごまとした現象世界^{ザーヒル}における出来事と、神秘的な秘儀領域^{バーティーン}での出来事は、まるでコインの表裏のように同時進行形で起こり、表裏一体で信者たちの日常経験を成している。

「来世」もまた秘儀領域^{バーティーン}に通ずる概念である。たとえば、スーフィーに限らず、ムスリムが「将来幸福になる」といったときの「将来」は、往々にして現世の出来事ではなく、来世における「もう一つの生」の話であり、そこでの幸福とは、物的に充足することではなく霊魂の幸福を意味する。ともすると、普通に還俗的に商売で成功することを話していることもあり、両者は矛盾しない。

また、より高度な修行の段階に進み、神との合一による自我滅却^{ファナー}とそこ

からの存続（*baqa*）を達成した信者や導師たち[19] は、現世的な時間認識に加えつねに秘儀領域に片足を突っ込んだ状態になるため「来世—あの世」、は時系列的未来のどこかの時点（最後の審判）でくるものではなく異空間的「楽園（*ājjana*）」は、いまここにこそあると論じる。

しかし、こうした認知レベル、経験レベルでの語りの多くは、実践者同士のインフォーマルな対話、詩や唄の中などに散在し埋没しており、また多くの場合は断片的にしか言語化されていない。

3　霊的系譜という「つながり」

最後に、以上のような霊的時空間における経験を共有するための要となるのが、導師（シェーク、マラブー）と彼が受け継ぐ時空を超えた霊的系譜という概念であり、ザーウィヤ[20] の歴史性と連続性を理解するうえでも非常に重要な語である。シルシッラは「鎖」を意味し、スーフィズムにおける師弟関係のつながりを表わす。血縁とは関係なく、神秘主義の奥義であるタリーカの実践的知識や先述した「霊知」に関する理解、そこへ到達するためのウィルド方法論などは、導師から弟子に伝えられ習得される。継承を知るために、シルシッラは家系図のような図式で表されることもある（Trimingham 1973）。

セネガルでは、上述のムリッド教団やティジャーニー教団に加え、11世紀のイラン人導師が創始し、15世紀後期にはモロッコから西アフリカに入ってきたカーディリー教団（ムリッドの元になった）、漁民のレブーを中心として 20世紀に創設されたライエーヌ教団など、複数の教団が存在する。信者は自ら選んだ導師のもとで修行を行うことで、導師が受け継いだ霊的系譜に所属する。「選んだ」と書いたが、実際こうした師弟関係は、肉体としての導師とその信者が出会う以前から霊魂のレベルで運命的に決まっているともいわれる。また、どの導師の霊性が「顔に現れている」かで、その弟子の所属する系譜が「見える」ともいう。場合によっては、何世代も遡って、教団創始者の顔や霊性がある信者に表出する場合もある。

この霊的系譜のつながりは、現存か没後かは関係がなく、歴代の導師たちの霊性を含む信者のコミュニティを象徴しており、その 鎖 を通して最

終的には預言者ムハンマドの霊魂に結びついているとされる。各教団の創始者の霊性は、共同体全体を象徴すると同時に、現世における鎖（チェーン）の継承者を通して「現れる」。多くの信者が、自らの導師を通して教団創始者を「見た」と証言する——たとえば「彼の信者に挨拶をしたところ、バイ・ニャスの顔が見えた」「導師の顔に、アーマドゥ・バンバ本人（マラブー）が見える」といった具合である。

　霊的系譜で貫かれた集合的な身体性としてのザーウィヤが、信者たちが自らの霊魂（ルーフ）を通じて導師や教団創始者、そしてムハンマドの霊性に合流するための「歴史実践の場」を形成する。以上を踏まえたうえで、冒頭のシカルの儀礼の情景（シーン）に戻りたい。

＊

　それまで響いていたズィクルの声と太鼓の音がリードボーカルの合図で引くと、一人の唄い手が肉声のみで神の名を繰り返し叫び、同時に創始者アーマドゥ・バンバやイブラヒマ・ファル（Ibrahima Fall）、彼らの導師であるシェーク・ンディゲル・ファル（Cheikh Ndiguel Fall, 1956–）[21]を讃える言葉を、力の限り唄う。その声も途絶えると、ジャウリンと呼ばれるグループのリーダーが来る（きた）マッガルへの遠征や、導師から依頼された（マラブー）「仕事」（リゲイ）について、献金についてなど、実務的な話題に触れ、話し合いの後その日のダイラはお開きとなる。

　数時間にわたって神の名を大声で繰り返す儀礼の後は、激しい運動をしたようなすがすがしい気持ちとなる。繰り返す節のメロディーと神の名が身体性の根幹に浸透し、次第にその身体性さえ吸収し消滅させていく、そうした経験である。信者たちはシカルを自身の心や魂を洗う（raxas）行為（ラハス）と形容する。スーフィズムの文脈ではシカルを含む神の道における精進を続けることで、自身の内部にあり本来の姿である霊魂（ルーフ）の光が自然に発光しているような状態になる。それが「見える」という信者は、光をレール（leer）と呼ぶ。「今日君は明るいね（ダガ・レール）」あるいは、「暗いね（ダガ・ランダム）」等といった会話が信者間で生まれる。

図9-2　ムリッド教団のズィクルの儀礼における「輪（*kurél*）」
（筆者撮影、ダカール市内、2011年）

　ズィクルの「輪」には、信者たちに加え、歴代の教団創始者を含む聖人[22]たちの霊魂や、世界中のスーフィーも参加している（図9-2）。たった10人、20人の集まりに見えるそれは、時空を超えた世界中の祈りとズィクルの輪につながっており、何十億もの霊魂が回り、唯一の光に通ずる世界線との境界に位置付けられる。週例会のような短いズィクルの会ではまれだが、より長時間にわたる儀礼の際には、輪の霊的境界線の「あちら側─秘儀領域」に完全に没入した修行者がその場で気を失って倒れたり（*daanu-léer*）、大声をあげて号泣しだしたりすることもある。

　エスノグラフィという観点からは、「ダイラ」は非常に身体化された経験の場であり、薄暗い中響く声やヒンの音、カフェ・トゥーバの香り、信者たちの服に焚きしめられたハッカにも似た香の匂い、乾いた砂地を踏みしめる裸足の感覚と汗ばんだ身体、ズィクルのリズムを刻む呼吸……、そうしたものがすべて一つの内面化された光景として、すべての感覚を通して規則的に刻まれる。つねに生みだされ、繰り返されるシカルの音の波が、臨場感と高揚感が、同時に身体的、霊的な具体性をもって毎年、毎月、毎週、毎日、毎時間、毎秒、数多の聖人の霊魂が加盟する霊的系譜における「共同の記憶」に刻み付けられていく。こうした繰り返す霊的体験と時空間を超えた記憶の束こそが、彼らに共有された歴史性そのものであり、それを同期的に再生することが、信者同士を強く結びつけ、スーフィーたちの共同体を再生し続ける「歴史実践」となる。その輪に加わるためには、

最終的には文字も、ことばも、いらない。

おわりに

　本章では、パブリック・ヒストリーという大きな課題を得て、いままで文章化することが難しかったスーフィー教団における「霊的経験」についての記述を試みた。筆者はフィールドに初めてアクセスした年齢が若年であったこと、当時の関心そのものが「神秘主義の実体験」であったこともあり、何の疑問も持たず自ら実践者としてスーフィズムの輪に入った。またそこでの修行を通し、自身の心身の変化も体験した。こうしたフィールドにおける自身の態度や経験について、より批判的、認識論的な問題意識をもって振り返るようになったのはごく近年になってからである。

　筆者が現地において最も強烈な「実践観察」を行っていた時期からすでに15年ほどが経つ。言い換えれば、これだけの期間を置き、欧米の研究機関における経験と知識によってある程度理論武装し、また自身の視点の危うさについても研究者としての立ち位置から若干の批判的視点を交えつつ語れると判断したいまだからこそ、このテーマについて記述することができるようになったといえる。

　ザーウィヤにおける「実践観察」の中で、信者たちの未来へ向かう方向性を位置付け、そこへ向かうテクストを生みだすモチベーションの核は、言葉そのものであると同時につねにバックグラウンド再生されている「霊的経験」という言語化されない部分である、ということを筆者は実践的に理解した。これについての自身の体験を含むより詳しいオートエスノグラフィは場と紙面を改める予定である。本章では特に、実地における信者たちの歴史認識と、学術領域が描いてきたそれとの大きな「ズレ」を指摘するにとどめる。

　冒頭の歴史実践における問い、「誰が」と「何のために」を再考すると、初めにスーフィー教団に関する歴史的記述において「統治のための」記述、「近代国家を理解するための欧米の研究者による記述」そしてそれに対する「現地の信者や彼らの所属する宗教コミュニティによる歴史の再所有

化」等について、順に提示した。そして、意図的に言語化されたこれらの歴史実践とは文字通り「次元」の異なる立ち位置における、信者たちの霊的経験に埋没した歴史実践のあり方について示唆した。

　信者たちに共有された宗教実践における目的は、先に述べたように自分自身の霊魂（ルーフ）を見出すことであり、そこに神の名の一つである「真理（ハック）」を見つけ、神との合一による自我滅却（ファナー）を果たすことである。彼らの「歴史実践」の矛先にある「未来」とは、つねに同時的共時体な「いま」であり続ける秘儀領域（バーティーン）であり、それが存続させる現世的時間軸を逸脱したつながりである。本章ではこうした目的に向かう修行（タルビヤ）の経験から、社会科学や人類学研究であまり着目されてこなかった神秘主義的観点に根差した解釈の一端を紹介し、指摘した。

　また、信者たちの霊的経験について「文字化、言語化されていない」と述べたが、これはあくまで「実践と経験レベルにおいて」であり、先述した当事者たちの宗教大学や図書館では、信者の「霊知経験」に関して真剣に議論し、記録し、アーカイブ化している。筆者本人の能力不足もあり、本章ではおもに個別の経験に基づくエスノグラフィにとどめたが、当事者による霊的経験の現地語やアラビア語におけるテクスト化やメディア化の試みについて今後も関心を持って取り組んでいくつもりである。

　最後に、ポスト近代といわれて久しい現在、宗教性に関する知識探求の場は、欧米社会からこうしたローカルな実践者たちの場にシフトしてきているといえる。現場における宗教家と、日本や欧米の研究機関や研究の場とが、何らかの形で対話を行える機会を模索していくつもりである。また、こうした交差の場を作る可能性を持った歴史実践の主体としての筆者自らや研究仲間たちのあり方について、どのアングルから「ものがたり」を扱うか、また「何を誰に」提供できるかについて、そのアウトプットの矛先が「拓く」未来の可能性についても考慮しつつ、そして自身の「立ち位置」を調整しつつ、こうした歴史実践の試みをつねに深化させていける可能性（阿毛・樫尾 2023）を示唆したい。

1) イスラーム神秘主義は、一般にスーフィズムといい、形容詞あるいは信者については スーフィーと総称する。セネガルにおいて、1880 年代後半に創始された スーフィー教団であるムリッド教団については、小川 (1998) および 池邉 (2023) を参照。

2) バイファルについては、池邉 (2023) および Pézeril (2008) を参照。

3) 本章では、セネガルの文脈における信者たちの実践について語るときはウォロ フ語の「シカル」、より一般的なスーフィズムの文脈でこの宗教儀礼について論 じるときはアラビア語の「ズィクル」を用いる。

4) 同じムリッド教団、あるいはバイファルのグループでもズィクルの様相やリズ ムはそれぞれのダイラによって異なる。

5) マッガルについては Bava, Gueye (2001, 425) を参照。

6) 古典的な民族学が伝統社会をおもな対象としたのに対し、政治人類学 (political anthropology / anthropologie politique) は、近代化する非欧米社会を多面的 に捉えなおそうとしたことが特徴である (Balandier 2013)。

7) アラビア語の「タルビヤ *Tarbiya*」は、一般的に学校教育なども含む教育を意 味するが、ここではセネガルを含むスーフィズムの文脈におけるこの語の用法を 解釈し、より実態に近い「修行」という訳語をあてている。

8) レヴィ・ストロース (Claude Levi-Strauss) の『悲しき熱帯』(中央公論社、 1977 年) やマルセル・グリオール (Marcel Griaule) の『水の神——ドゴン族の 神話的世界』(坂井信三・竹沢尚一郎訳、せりか書房、1997 年) 等が知られる。 Debaene (2010) を参照。

9) 文学の分野における「小説」はフィクションを表す言葉であり、ノン・フィク ションの記述は通常「ルポルタージュ」とされる。従来のルポルタージュは観察 者と対象がはっきり区別されており、前者のカメラワークを通して描かれること が常である。しかし筆者はあえて前者と後者の境界線を曖昧にすることで、信者 の目線や感情表現に先立つ文学的記述を試みている。こうした試みに近い表現と してマルケス (1992) などが挙げられる。

10) 政府とムリッド教団の導師との協力関係のこと。独立当初、「国家」そのもの に対して距離があった新たな有権者であるウォロフ農民—信者たちに、彼らが信 頼する教団の代表者である導師が「命令 (ンディゲル)」を与え、与党支持を呼 びかけた (Audrain 2012)。

11) アルジェリアの導師アフマド・ティジャーニー (Ahmad al-Tijāni) (1735- 1815) によって創始された教団。

12) こうした問いに対し、浜本満は「信じる」という表現を例に、これが心や内 面の問題ではなく話者が定位するコミュニケーション空間によって命題がどう設 定され、目的語が何かという心の「外」の問題に依拠することを説明している (浜本 2006)。

13) 以下記述する内容で出典が明記されていない部分に関しては、おもに 2003 年

から 2013 年までの筆者の現地における参与観察および実践観察によるオートリ
リジオグラフィ（自らが宗教実践を行いながら見聞きしたり心身を通して感じた
ことを含めた体験の記録）、そしてムリッド教団、ティジャーニー教団、ライエ
ーヌ教団など異なる教団における信者や導師の証言の中で、共通する部分を摘出
し記述した。

14）　スーフィズムの信仰の基礎に関しては東長（2013）を参照。

15）　*Nafs* の仏訳は「âme charnelle」（肉体的精神）である。Ame が日本語で霊魂
とも訳されるため混乱を呼ぶがここで定義する肉体的精神の概念は西洋社会で
「自己」「自我」と呼ぶものに近い。

16）　「己れ自身を知る者は己れの主を知る」というハディースにはスーフィズムの
文脈から多くの著者が解説している。たとえば井筒によるイブン・アラビーの解
説を参照（井筒 2019, 55）。

17）　ズィクルが発声するのに対し、ウィルドは無声で神の名を繰り返す実践。

18）　ティジャーニー教団から派生し、イブラヒマ・ニャス（1900–1975）によって
創始されたザーウィヤ。ニャスの出身地であるカオラックを聖地とし、西アフリ
カを中心に国境を越えて信者が多い。同ザーウィヤに関しては盛（2014）を参照。

19）　スーフィズムの目的として先述した、神との合一による自我滅却の次の段階
として、存続（*baqa*）がある。これは、自我滅却の痕跡を伴いながら、日常意識
へ回帰し、「普通の人と同様に生活していく」ことであり、これが修行の最終的
な着地点となる。

20）　教団を意味するタリーカが神への道、修行の経路を表わす表現なのに対し、
「ザーウィヤ」（アラビア語で（隠れた）庵を意味する）は、コミュニティや
「場」としての教団を表わす。

21）　イブラヒマ・ファルの直系の孫にあたる。

22）　アラビア語語源の「ワリー」は主人、付き人、擁護者、後見人、監督者、友
などといった意味を持つ（東長 2013, 165）が、セネガルの信者には一般に「神
の友」の意味で受け止められる。自覚を持たない「選ばれし人」、聖人の意も込
められる。

参考文献

阿毛香絵・樫尾直樹（2023）「現代社会における宗教性に関するアフリカ・アジア
　　比較研究の可能性——認識論的視座の再検討」『京都精華大学紀要』57、45–59。

池邉智基（2023）『セネガルの宗教運動バイファル——神のために働くムスリムの
　　民族誌』明石書店。

―――――（2024）「セネガルにおける近年のイスラーム出版の動向——ムリッド教
　　団での作家団体設立を事例に」日本アフリカ学会第 61 回学術大会、2024 年 5 月
　　19 日。

井筒俊彦（2019）『スーフィズムと老荘思想——比較哲学試論（上）』仁子寿晴訳、

慶應義塾大学出版会。

磯前順一（2008）「〈日本の宗教学〉再考──学説史から学問史へ」『季刊日本思想史』（72）、9-31。

小川了（1998）『可能性としての国家誌──現代アフリカ国家の人と宗教』世界思想社。

────（2014）『ジャーニュとヴァンヴォ──第一次大戦時、西アフリカ植民地兵起用をめぐる二人のフランス人』東京外国語大学アジア・アフリカ言語文化研究所。

────（2015）『第一次大戦と西アフリカ──フランスに命を捧げた黒人部隊「セネガル歩兵」』刀水書房。

樫尾直樹（2022）「沖縄の霊性風──宗教学方法論の再検討のために」公開勉強会アジア・アフリカ比較共同研究「現代社会の生活空間における宗教性（ReSM）」、2022年2月26日。

片岡樹（2019）「何をしたら宗教を『真剣にとりあげた』ことになるのか？──調律と複ゲームのフィールドワーク論」杉島敬志編『コミュニケーション的存在論の人類学』臨川書店、48-83。

ガブリエル・ガルシア・マルケス（1992）『ある遭難者の物語』堀内研二訳、水声社。

苅谷康太（2012）『イスラームの宗教的・知的連関網──アラビア語著作から読み解く西アフリカ』東京大学出版会。

小谷汪之（1985）『歴史の方法について』東京大学出版会。

島薗進（1992）「宗教理解と客観性」宗教社会学研究会編『いま宗教をどうとらえるか』海鳴社。

島田裕巳（1989）『フィールドワークとしての宗教体験』法蔵館。

東長靖（2013）『イスラームとスーフィズム──神秘主義・聖者信仰・道徳』名古屋大学出版会。

中尾世治（2020）『西アフリカ内陸の近代──国家をもたない社会と国家の歴史人類学』風響社。

中尾世治・池邉智基・末野孝典・平山草太（2020）「西アフリカ・イスラーム研究の新潮流──教団、思想、言説的伝統」『年報人類学研究』南山大学人類学研究所、（11）、51-72。

中沢新一（1984）『チベットのモーツァルト』せりか書房。

浜本満（2007）「他者の信念を記述すること──人類学における一つの擬似問題とその解消試案」『大学院教育学研究紀要』九州大学大学院人間環境学研究院教育学部門、53-70、2007年3月26日。

盛恵子（2014）「セネガルで成立したティジャーニー教団の分派ニアセンの予備的研究──成立と拡大・タルビヤと境界の越境について」『スワヒリ＆アフリカ研究』25、86-105。

Amo, Kae (2019) *"Les dynamiques de l'islam dans les lieux d'enseignement supérieur au Sénégal"*, Thèse de Doctorat, École des Hautes Études en Sciences Sociales (EHESS), Anthropologie sociale et ethnologie（フランス国立社会科学高等研究院博士学位論文）.

──────── (2022) Les étudiantes musulmanes sénégalaises. "Une ethnographie de la diversité religieuse et identitaire au sein des campus universitaires", *Cahiers d'études africaines*, (248), 797–827.

Asad, Talal (1986) *The Idea of an Anthropology of Islam*, Washington, D.C: Georgetown University Center for Contemporary Arab Studies.

Audrain, Xavier (2012) "Du 'ndigël' avorté » au Parti de la vérité", *Politique africaine*, (96), 99–118.

Babou Cheikh Anta (2011) *Le Jihad de l'âme. Ahmadou Bamba et la fondation de la Mouridiyya au Sénégal (1853–1913)*, Paris: Karthala.

Balandier, Georges (1951) "La situation coloniale: approche théorique", *Cahiers internationaux de sociologie*, Paris: PUF, 11, 44–79.

──────── (2013) *Anthropologie politique*, Paris: Presses Universitaires de France.

Bayart, Jean-François (2010) *Etudes postcoloniales (Les). Un carnaval académique*, Paris: Karthala.

Bayart, J.-F. et al. (1992) *Le politique par le bas en Afrique noire: Contribution à une problématique de la démocratie*, Paris: Karthala.

Bava, Sophie and Cheikh Gueye (2001) "Le grand magal de Touba: exil prophétique, migration et pèlerinage au sein du mouridisme", *Social Compass*, 48 (3), 413–430.

Diop, Momar-Coumba (2013) *Le Sénégal sous Abdoulaye Wade: le sopi à l'épreuve du pouvoir*, Dakar-Paris: CRES-Karthala.

Dozon, Jean-Pierre (2003) *Frères et sujets: la France et l'Afrique en perspective*, Paris: Flammarion.

Debaene, Vincent (2010) *L'adieu au voyage: L'ethnologie française entre science et littérature*, Paris: Gallimard.

Geisser, Vincent (2012) "La "question musulmane" en France au prisme des sciences sociales", *Cahiers d'études africaines*, 206–207 (2), 351–366.

Geoffroy, Éric (2003) *Initiation au soufisme*, Paris: Fayard.

Geertz, Clifford (1973) *The interpretation of cultures: Selected essays*, 5019, New York: Basic books.

Holder, Gilles and Dozon, J.-P. (2018) *Les politiques de l'Islam en Afrique. Mémoires, réveils et populismes islamiques*, Paris: Karthala.

Kawai N., Honda M., Nishina E., Yagi R. and Oohashi T. (2017) "Electroencephalogram characteristics during possession trances in healthy individuals", *Neu-*

roreport, 28 (15), 943–948.

Mamdani, Mahmood (2005) *Good Muslim, Bad Muslim: America, the Cold War, and the Roots of Terror*, New York: Harmony, Reprint edition.

Mangeon, Anthony (2010) *La pensée noire et l'Occident*, Cabris: Sulliver.

Mudimbé, Valentin-Yves (1994) *The Idea of Africa*, Bloomington: Indiana University Press.

Pézeril, Charlotte (2008) *Islam, mysticisme et marginalité: les Baay Faal du Sénégal*, Paris: L'Harmattan

Samb, Amar (1972) *Essai sur la contribution du Sénégal à la littérature d'expression arabe*, Mémoires de l'Institut fondamental d'Afrique noire 87. I.F.A.N.

Samson, Fabienne (2005) *Les marabouts de l'islam politique: le Dahiratoul Moustarchidina wal Moustarchidaty, un mouvement néo-confrérique sénégalais*, Paris: Karthala.

——— (2012) "Les classifications en islam" *Cahiers d'études africaines*, (206–207), 329–49.

Otayek, René dir. (1993) *Le radicalisme islamique au Sud du Sahara: Da'wa, arabisation et critique de l'Occident*, Paris-Talence, Karthala-MSHA, Maison des sciences de l'homme d'Aquitaine.

Sarr, Felwine (2016) *Afrotopia*, Paris: Philippe Rey.

Tamari, Tal (2020) "Une pratique traditionnelle de la traduction: de l'arabe vers les langues nationales dans les milieux islamiques savants de l'Afrique occidentale", *Critic. Cahiers de recherches interdisciplinaires sur la traduction, l'interprétation et la communication interculturelle*, (1), 7–33.

Trimingham, J. Spencer (1973) *The Sufi orders in Islam*, New York: Oxford University Press.

198 第Ⅳ部 誰が歴史を紡ぐのか

第10章 パブリック・ヒストリーから ジェノサイドへ
——パレスチナ／イスラエルにまつわる 歴史実践の相克

ハディ・ハーニ

はじめに

　テッサ・モーリス−スズキ（Tessa Morris-Suzuki）が、「現在、世界中どこでも、政治的決定の基盤は歴史の理解である。すべての戦争は過去の解釈の差異をめぐって戦われる」と述べたように（モーリス−スズキ 2014, 304）、政治的紛争について考えるとき、それを構成する要素としての歴史認識の問題は、最も重要な論点の一つである。そしてある歴史認識を持ち、「その歴史を生きる」ことは、時に他者の歴史認識の否定のみならず、ジェノサイドをも正当化することがある。本章では、パレスチナ問題にまつわるパブリック・ヒストリーの実践事例を取り上げ、歴史の民主化という現象が抱える課題について、パブリック・ヒストリー論の観点から検討する[1]。

　本書第1章での検討を踏まえつつ、本章ではパブリック・ヒストリーを、特に「専門家でない人びとによって解釈された歴史」を指すものとして用いるが、場合によってはそれに基づいた社会的諸行為の総称として、広い意味で捉える[2]。この点でまず確認しておきたいのは、それに対置されるような、実証的な歴史研究の成果や、批判的社会学のような視点からの再フレーム化の進展、また国連決議や条約を基礎とする国際法の観点から見れば、パレスチナ人が被抑圧者の立場にあり、その民族自決権がつねに否定され続けていること、対するイスラエル（シオニスト）[3]の立場は、そのようなパレスチナ人の正当な希求を種々の国際法違反を伴う占領体制に

よって蹂躙する抑圧者であることについては、学術的にはもはや疑問の余地はないという点である。在米ユダヤ人政治学者のノーマン・フィンケルスタイン（Norman Finkelstein）によれば、「特に1980年代後半から、おもにイスラエル人による着実な学術的研究が進み、紛争の起源にまつわるシオニスト神話の多くが払拭され」、「最終的に、この問題や関連する問題については、より真実に近いと証明された反対派のナラティブがシオニストの公式ナラティブに取って代わり、激しい論争を経て、歴史的記録に関する広範な学術的コンセンサスが形成された」のである（Finkelstein 2005 = 2007, 3)[4]。

　それでも、アカデミアを越えた公共空間では、シオニストは批判者に対して反ユダヤ主義のスティグマを恣意的に押しつけることでその正当性を毀損してきた。後述するように欧米先進諸国の強力なシオニスト系ロビー組織が権力を行使する言説空間においては、シオニズムやイスラエルに対する批判や、国際法に基づく抵抗運動も、ナチズムや人種差別、反ユダヤ主義として表象される。同時に、制度的手段により批判者の社会的地位を攻撃し、多くの批判を黙殺してきた。それはいかにして実践されているのか、あるいは他の実践といかにかかわり合っているのか。この点が本章の問いである。

I　シオニズムの神話と歴史実践

　パレスチナとイスラエルにまつわる歴史については、歴史家が書く歴史と、人びとが共有し実践する歴史——言い換えれば、アカデミック・ヒストリーとパブリック・ヒストリー——は鋭く対立してきた。さらにいえば、二層の歴史それぞれの内側でも対立が見られ、現在でも錯綜は続いている。特に、1980年代を迎えるまで、欧米の公共空間で語られるパレスチナ問題の姿は現在と大きく異なっていた。その根幹が特にイスラエルおよび欧米で構築・実践されるシオニストの神話である。以下ではまず、そうした神話にまつわる論争について検討する。

1　1948年以前のパレスチナ

ユダヤ系イスラエル人でありながら反シオニズムに立脚する歴史学者イラン・パペ（Ilan Pappe）は、その著作『イスラエルに関する十の神話（*Ten Myths about Israel*）』にて、シオニストによる10の主流な「神話」を取り上げて批判しているが、そのうち6つが歴史認識にかかわる（Pappe 2017＝2018）。中でも最も代表的なものには、19世紀末のユダヤ人による入植以前のパレスチナは「民なき土地」であった、という神話がある。

有名な「土地なき民に、民なき土地を」というシオニストのスローガンは、もともと19世紀のキリスト教シオニズムの主唱者たちのあいだで使用され始めたものだったと考えられているが、テオドール・ヘルツル（Theodor Herzl）の主導で政治的シオニズム運動が勢いを増した19世紀後半に、英作家イズレイル・ザングヴィル（Israel Zangwill）が使用したことで広く知られている。無論、このスローガンには二重の虚偽——ユダヤ人は土地なき民ではなかったし、パレスチナも民なき土地ではなかった——が含まれているが、近年でもこのような言説の変種を多く確認することができる。

たとえばイスラエル外務省の公式ウェブサイトで近年まで見られた歴史記述によれば、ユダヤ人共同体は聖書の時代以来つねにエルサレム周辺地域に存在し続けていた。この土地がオスマン朝期には放置され荒涼とした土地となって以降も、ユダヤ人だけは小作農として各地の村や町に根づいていたという（Pappe 2017＝2018, 14-15）。実証史学においても、シオニズムの到来以前からおもにアラブ系ユダヤ人がパレスチナに住み続けてきたらしいことはわかっているが、より重要なのは、そこではユダヤ人以外の存在についての記述が欠落しており、アラブ人の社会が存在しないかのように扱われている点である。これはパレスチナの地におけるユダヤ人の排他的な正統性を印象づける代表的な言説だが、学術的な批判を受けてもなお、イスラエルの公式言説としての地位は維持されており、教育にも取り入れられている[5]。

実際には7世紀にイスラーム帝国がパレスチナを征服して以降、十字軍の時代と再征服を経て、パレスチナ人社会が花開いてきたことを多くの史料が証明している。パレスチナ人の歴史学者ワリード・ハーリディー

（Walid Khalidi）の著作は一つの例であり、多くのテクストや写真などの史料を用いた実証的な歴史記述が行われた（Khalidi 1987; 1991; 1992）。20世紀以降については、オーラル・ヒストリーの方法論に立脚した研究も登場した（Lynd et al. 1994; Abdo and Masalha eds. 2018）。現在では特に歴史論争の焦点となっている 1948 年の出来事を体験した存命のパレスチナ人のオーラル・ヒストリーを記録するプロジェクト等[6] も存在する（金城 2014）。しかし、論争に決着がつく兆しはない。

　歴史実践として注目すべきは、中立を装う観察者はしばしばそれらを、参照する資料の網羅性や正確性、記述の妥当性の有無とは無関係に、単に表象や視点の差異の問題として理解し、結果として虚偽言説をも許容する場合がある点である。

2　1948 年に何があったのか

　パレスチナの過去にまつわる神話の他の例としては、アメリカ人ジャーナリストのジョーン・ピーターズ（Joan Peters）による『ユダヤ人は有史以来（*From Time Immemorial*）』が知られている（Peters 1984 = 1988）。本書はイスラエル建国前後の当該地域の人口構成について扱ったもので、その主旨は、1948 年前後にパレスチナにいた「自称パレスチナ人」は周辺地域からの移民である——ゆえに後述するような「民族浄化」の事実はなく、さらにいえばパレスチナ人などそもそも存在しない——というものだった。本書はおもに英語圏で好意的に受け入れられ、受賞もし、親イスラエル的な日本人らにより日本語訳も出版された。しかし後に、先述のフィンケルスタインがピーターズによる一次資料の歪曲や偽造を綿密に調査した論文を発表したことで、その後ピーターズの議論は少なくとも学術的には無価値という評価が定着した。しかし本書はその後もシオニストのプロパガンダ言説に頻繁に引用される基本文献となっており、Amazon レビュー等を参照すると現在でも高い評価が多数つけられている。歴史実践する一般大衆にとってその歴史記述の学術的妥当性は必ずしも重要でないことはこのことからも明らかである。

　1948 年の出来事に関しては、後述するようにパレスチナ人に対する民

族浄化が実際にあったとする議論も、イスラエルをはじめ欧米で論争を巻き起こした。というのも、1980年代頃までは、1948年にイスラエルが建国を宣言した際、周辺アラブ各国がイスラエルに侵攻するために先立って住民に退去命令を発したことが、パレスチナ人の難民化の直接の原因だった——つまりイスラエルにはパレスチナ人難民に対する責任はない——とする言説が広く流通していたためである。しかし、当時のイスラエルの閣僚・要人たちによる発言記録や機密文書が1980年代に公開されると、パレスチナ人の移送（トランスファー）が意図的な計画に基づくものだったこと、また彼らは当時から「漸次的」あるいは「自発的」な住民移送といった用語を用いて、その加害性を隠蔽してきたことが明らかにされてきた。

3　パレスチナ人の歴史実践

　こうしたシオニストの公的神話の相対化は、いかなるプロセスでなされたのか。この経緯について考えるために、ここでパレスチナ人の歴史実践の様相に目を向けてみたい。

　1948年当時の出来事を自ら体験したパレスチナ人たちは、シオニストが「独立戦争」として表象するそれを「ナクバ」（アラビア語で大災厄を意味する）と呼んで記憶してきた。彼らは、自分たちや仲間や家族が、ユダヤ人の民兵組織や軍隊により虐殺・レイプ・追放された体験を、口承や詩、小説を通じて告発してきた。近年、多くの文学作品が原文のアラビア語から日本語を含む各国語に翻訳されている。

　歴史実践の場として参照されることが多い博物館などに関していえば、パレスチナには最近まで整備された博物館がなかったが、2016年にはようやく非政府組織によってラーマッラーに「パレスチナ・ミュージアム」（The Palestinian Museum）が開設された。当ミュージアムのウェブサイトによればその第一の目標は「占領下におけるスムード（アラビア語で不屈の精神を意味する）を強化し、分断されたコミュニティを結びつけ、パレスチナの遺産、アイデンティティ、未来に対する世界的な認識を促進するために、有形および無形のパレスチナ文化遺産を文書化し、保護し、推進し、地元コミュニティやより幅広い聴衆が利用できるようにすること」で

ある。このように自身の政治性をその使命の根幹として明示している他、パレスチナをイスラエルによる占領から解放するための闘争こそ、彼らのアイデンティティの根幹となっていることが読み取れる。

ラーマッラーには他にも、国民的詩人であり PLO（パレスチナ解放機構）執行委員会メンバーとしても知られたマフムード・ダルウィーシュ（Mahmoud Darwish）の記念館などもあり、アラブにて古来より尊ばれてきた詩が持つ、口承メディアとしての重要性をうかがい知ることができる。ダルウィーシュの詩はさまざまなテーマを扱っているが、パレスチナ人の不安や抑圧、また固い抵抗の意志を表現した「抵抗詩」と呼ばれるジャンルは特に人気であり、それに曲をつけたものが有名歌手の歌唱によってアラブ世界中で歌い継がれる例も多い。

また、パレスチナ人の9割を占めるムスリムのうち少なくない割合が、パレスチナ問題をイスラームの歴史の盛衰という文脈の中で捉えていることも注目に値する（ハディ 2024）。もちろん、人口の1割ほどを占めるキリスト教徒の活動も同様の意味で活発に展開しており、特にキリスト教シオニズムを内在化する他の教派と対抗する言説（解放神学）の生産は顕著である。

これらの実践は「ナクバ」やパレスチナ・アイデンティティを結節点として糾合され、追放と抑圧の歴史は世代と宗教の違いを超えて記憶の中に生き続けている。むしろそれは過去の事実ではなく、現在進行形の出来事であるとする理解も広く共有されるようになった。この意識は抵抗運動の存続と密接にかかわっている。現在のおもな抵抗運動は占領地における武装／非武装闘争や政治的活動に限られるものではなく、占領地内外での市民的なボイコット運動（BDS 運動）や、単に自分たちの生活を守り、土地に留まり続けることにも意味が見出され、実践されてきた。またそこには、人権などの普遍的価値を参照点とすることで、帰属を問わず世界中から連帯に参加する人びとも多くみられるようになった。

抑圧を告発するパレスチナ人のナラティブはかつて、欧米の主流な言説においてほとんど無視されてきたといってよい。シオニストの神話に決定的な正当性を付与する仕掛けがあったわけでもなく、先述のように学術的

には杜撰なものもあったが、長らく欧米の言説空間を支配してきたオリエンタリズムや、アカデミアそれ自体における西洋中心主義、さらにはホロコーストの裏返しとしてユダヤ人批判がタブー視されるようになったこと、またメディア産業の資本構造におけるシオニストの浸透といった構造を背景に、そのことに対する批判は一貫して抑圧されていた。

しかしながら、ナクバに際してイスラエル軍による計画的・組織的な民族浄化が行われたという事実は、現在ではパレスチナ人以外にも広く共有されるようになっている。これが可能になった過程では、上述のような歴史実践の地道な努力とその場の多様化も大きな役割を果たした。しかしその基礎、あるいは指針として根本的に重要だったのは、学術的な歴史研究が、パレスチナ人の歴史実践の正統性を裏づける役割を果たしてきた側面である。

4 「新しい歴史家」たち

そしてこうした歴史認識の構築に第一に貢献してきたのは、帰属を問わず専門的な訓練を積んだ「歴史家」たちであった。パレスチナ人研究者の側では、ナクバにて何が起こったのかを資料に基づいて検証した重要な研究成果を発表した先述のワリード・ハーリディーや、ヌール・マサールハ（Nur Masalha）らの貢献があった（Khalidi 1961; 1988; Masalha 1992）。また、ディスコースとしてのシオニストの神話が有する構造とその権力を暴こうとしたエドワード・サイード（Edward Said）の貢献も大きかった（Said 1979＝2004）。しかし彼らの場合は出自を理由に政治的偏向が前提視されることがあり、シオニストの公的言説に直接的な影響をもたらすほどの衝撃はなかった。

むしろ彼らより甚大な衝撃をもたらしたのは、「新しい歴史家」と自称・他称されたユダヤ系イスラエル人の歴史家たちであった。臼杵陽によれば、「新しい歴史学」とは「新しい世代の歴史家がイスラエル国家の存在を自明のものとしたうえで、新しい公開資料に基づいてパレスチナ人に対する加害者あるいは抑圧者としてのイスラエル現代史を見直す批判的営為」である（臼杵 2000, 71）。それが可能になったのは、先述のようにイス

ラエルの機密文書の一部が 1980 年代初頭に公開されたことがきっかけであった（Coman 2018）。

　ベニー・モリス（Benny Morris）やイラン・パペはその代表例である。モリスは、パレスチナ人の難民化の原因はイスラエル軍や民兵組織の攻撃であったことを実証的に記述した（Morris 1987）。その後パペは、パレスチナ人に対して実行されたことは「民族浄化」に該当すると記述して物議を醸した（Pappe 2006＝2017）。両者が焦点としているのは、1948 年にシオニストにより立案・実行された「ダレット計画」についてだった。モリスはそれを安全保障のための場当たり的計画とみなし、結果的にはシオニストの正当性を一定程度擁護しつつ、1948 年の戦争をあくまで「独立戦争」とする言説に与するのに対し、パペはシオニストの戦略目標は一貫して「イスラエルの地」にいるパレスチナ人を可能な限り減らすこと、すなわち「民族浄化」であって、しかもそれは現在の状況とも連続性を有しているとする立場を示し、ナクバの再フレーム化を試みた点が特徴的であった。これに関連して、パペはモリスを「アカデミズムの客観性を疑わない実証主義者」と表現して批判していることも注目に値する。

　彼らのように「新しい歴史家」たちのあいだでは、必ずしも政治的立場において統一性が見られるわけではない。彼らの論争の詳細については臼杵（2000）や金城（2017）などが扱っており、ここではこれ以上詳述しないが、本章ではその後の展開について簡単に振り返っておく。先述のモリスは実証的な歴史にこだわりつつもシオニストとしてイスラエルの存在を擁護する立場を崩さなかったが、一方のパペは彼の歴史認識を反映した政治的立場が反シオニズム的であったことから、イスラエルにて国賊扱いを受け、殺害予告も届いたという。パペの正当性を示す多くの研究が後を追ったものの、パペは自身の勤務先であるハイファ大学に対する国際的なアカデミック・ボイコットを支持したことで、2007 年には免職され、その後はイギリスに移住し、エクセター大学で教鞭をとっている。

　イスラエルでは、イデオロギー上の違和感を抱いた人びとが国を離れ、親和性を感じる人びとが世界中から移住（彼らは「帰還」と呼ぶ）する傾向が強い。イスラエル人はもとより二重国籍者が多いことに加えて、イス

ラエルの帰還法によって、居住地にかかわらず世界中の全ユダヤ人はイスラエル国籍を取得できるという点も関係している。この状況は歴史実践としてのイスラエルの公的神話の純化と固定化にも貢献していると考えられる。

5　聖書

　再び、シオニストの神話に視点を戻そう。シオニズムの神話の存立要件、あるいはシオニストの歴史実践の象徴的結節点として次に注目するのは、聖書の役割である。彼らの歴史実践の特徴は、聖書を自民族の「歴史書」として解釈し、その延長線上に現代のユダヤ人とイスラエル国家を位置付けているという点にある。もともと世俗的なイデオロギーだったシオニズムを教義解釈の面から正当化する宗教シオニズムと呼ばれる潮流も力を持ち、宗教極右政党の台頭がこれを象徴している。現在では大部分のシオニストが、ユダヤ教の聖地とみなされるエルサレム旧市街の「神殿の丘」を国連決議等に反してでも完全な主権下に置くこと、またヨルダン川西岸地区への入植活動の拡大といったことに強いこだわりを見せるのは、このためである。

　しかしユダヤ人のあいだでも、シオニズムとユダヤ教の関係性はつねに緊張に満ちたものであった。現在でも論争が続くテーマだが、これは「ユダヤ人とはだれか？」というアイデンティティの根幹的な問題と密接に関連している。反シオニズムの立場からは、「ユダヤ人」（Jew）とはあくまでユダヤ教の信仰に基づく宗教共同体であって、エスニックな属性とは無関係と理解される傾向がある。しかしながら主流なシオニストの認識では反対に、ユダヤ人性とはむしろ信仰の有無にかかわらず、エスニックな属性とみなされる。ゆえにシオニズムは、国民国家建設を至上命題とする「ユダヤ人」のナショナリズムなのである。ナショナリズムとしてのシオニズムが機能するためには、世界中に散逸したユダヤ人に共通する歴史や言語が求められた。その結節点として聖書の役割が強まり、これが歴史書として読まれたことで、パレスチナの地でのユダヤ人の正統性は自明視された。長らく典礼言語と化していたヘブライ語も 20 世紀に入ってから公

用語として復活した。

　パペによれば、イスラエルの学校で使われる教科書も、聖書にある神の約束に基づいた権利というメッセージを生徒に伝えている。2014 年に教育相がイスラエルの全学校に配布した公式文書には、「聖書がイスラエル国の文化的基盤を提供している。我々のこの地における権利は聖書が証明している」と記された。これを反映して、聖書を学ぶ授業が拡大され、カリキュラムの中で重要な部分となった。パペはこうしたことを取り上げ、「パレスチナにおけるユダヤ人の主権を正当化する古代史としての聖書の役割が重要」と指摘する（Pappe 2017 = 2018, 45）。このような認識は、ユダヤ人が最初のパレスチナ住民であり、いまや世界に離散したユダヤ人には彼らの郷土であるパレスチナへ帰還する権利があり、それはいかなる方法を用いても実現・支援されるに値するという発想に結実している。

　しかし、反シオニズムのユダヤ人の認識は異なる。ボヤーリン兄弟はディアスポラにあってこそユダヤ共同体は繁栄することができたとする歴史観をベースに、「主権を伴わないナショナリズム」という発想で、シオニズムに依らないユダヤ共同体の繁栄を展望している（Boyarin and Boyarin 2002 = 2008; Boyarin 2023）。歴史学者であり正統派ユダヤ教徒でもあるヤコブ・ラブキン（Yakov Rabkin）は、シオニズム——とりわけその民族主義的発想——がいかにユダヤ教の教義に反しているのかについて、思想史を紐解きながら述べている（Rabkin 2006 = 2010; 2014 = 2012）。シオニズムの興隆と同時期にアメリカに渡った 19 世紀の改革派ユダヤ人や、自由主義者のユダヤ人らも「ユダヤ民族」という発想を公式に否定するような言説を展開していた（Pappe 2017 = 2018, 30–45）。超正統派も同様に、19 世紀から現代に至るまでシオニズム批判を続けてきた。たとえば、エルサレムとニューヨークに拠点を持つユダヤ教超正統派組織のネトゥレイ・カルタ（Neturei Karta）などが、シオニズムとユダヤ教の教義が相容れないこと、またイスラエルという国家の解体といった点を主張し、抗議活動を積極的に展開している。

　前項で扱ったように、歴史的出来事に関する論点については、歴史家が史料に基づいてヒストリカル・パストを新たに構築したり、既存のそれを

修正する試みが、一定程度神話を相対化する力を持っている。しかし聖書解釈や信仰の領域、アイデンティティといった問題に関しては、そのようなアプローチはあまり意味を持たない。もちろん、ユダヤ教世界の聖典解釈の分野においても聖典に関する知識や思弁的論証が重視されていないわけではないが、そのプロセスは単に史料に基づく歴史記述と比較して圧倒的に抽象度が高いことがその決着を困難にしている。一般的にナショナリズムという発想それ自体が、相対化困難なものだといえるだろうが、ユダヤ教の伝統や、次項で扱うホロコーストの記憶と深く結びつけられたシオニズムの神話は、とりわけ強固なものとなっている。

6 ホロコースト

　イスラエルの歴史認識、シオニストの神話の構成要素として最後に取り上げるものは、ホロコーストの記憶である。ホロコーストはある特別な方法で記憶されることによってシオニストの神話の根幹に位置付けられ、1948 年以降一貫して行ってきたパレスチナ人に対する民族浄化を正当化する根拠としても機能してきた。その特別な方法とは、ホロコーストが他のいかなるジェノサイドとも比類のない、圧倒的なものであったと確認し続けること、また、それを相対化しようとするいかなる試みも反ユダヤ主義と関連させて認識するというものである。

　林志弦は、著書のタイトルでもある「犠牲者意識ナショナリズム」について、「植民地主義や二度の世界大戦、ジェノサイドで犠牲となった歴史的記憶を後の世代が継承して自分たちを悲劇の犠牲者だとみなし、道徳的・政治的な自己正当化を図るナショナリズム」と紹介している（林 2022）。そのうえで、シオニズムをこの意味での犠牲者意識ナショナリズムの側面を強く持ったイデオロギーとして分析した。その具体的実践として、上述のようなホロコースト表象に目を向けている。

　こうした公的ディスコースの構築に貢献したものとしては、政治ロビー団体である名誉棄損防止同盟（Anti-Defamation League: ADL）やアメリカ・ユダヤ人委員会（American Jewish Committee: AJC）、そして全米最大規模の影響力を持つアメリカ・イスラエル公共問題委員会（American Israel Public Affairs Committee: AIPAC) の活動がまず挙げられる。キリスト教シオニズムの影響[7]もさることながら、こうしたシオニスト・ロビー組織の活動はアメリカの公的神話の構築およびアメリカ外交政策それ自体を、巨額の資金投入と共に大きく左右してきたことで知られ、アメリカによる偏向的なイスラエル支援の基礎となってきた（Mearsheimer and Walt 2007 = 2007）。たとえば、国連安保理決議に対してアメリカが拒否権を行使した事例の半数以上が、イスラエルに批判的な決議に対するものだったことはよく知られている（O'Dell 2023）。こうした政治的偏向は、国際政治学者の大物であるジョン・ミアシャイマー（John Mearsheimer）とスティーヴン・ウォルト（Stephen Walt）によってアメリカの国益を損なう要素として検討されたことで、全米で論争が起こった。著者の二人ともがユダヤ系であり、イスラエルの存在を認める立場であるが、ユダヤ系ロビー組織やシオニストから「反ユダヤ主義的」として多くの批判・非難を受けた。

　他にも、エルサレムのホロコースト記念館であるヤド・ヴァシェム（Yad Vashem）や、アメリカ・ホロコースト記念館（United States Holocaust Memorial Museum）などによる展示、研究およびアドボカシー活動に加え、国際ホロコースト記念連盟（International Holocaust Remembrance Alliance: IHRA）によるロビー活動の影響も注目に値する。諸々の記念館や博物館の展示においては、ユダヤ人の比類なき被害者性が強調されているが、そのような認識方法は政治的にも展開する。特に IHRA が 2016 年に採択した反セム主義に関する暫定的定義が近年、論争の的となった。この内容には、イスラエルという国家やその政策に対する批判も反ユダヤ主義の範疇に含まれると取れる文言が存在し、多くの批判を呼んだ。それでもこの定義は IHRA 加盟国 33 か国、オブザーバー 5 か国、未加盟国 7 か国の合計 45 か国で採用され、その中には EU 加盟国 27 か国のうち 25 か国と、米国が含まれている（The Combat Antisemitism Movement and The Center for The Study of Contemporary European Jewry at Tel Aviv University, 2024）。こうした定義を基準として、すでに欧州ではイスラエル批判を反ユダヤ主義と読み替えた言説の生産や、批判者に対する社会的制裁が実

行されており、研究者が所属機関を免職されるといったことも珍しくない。

　こうした動きに対する批判的言説も現れた。知られたものとしては自身もホロコースト生存者の子孫であるフィンケルスタインによる『ホロコースト産業（*The Holocaust Industry*)』がある（Finkelstein 2000＝2004）。本書は、特にアメリカのユダヤ人がホロコーストの記憶と表象をシオニストの経済的・政治的便益のために利用する様を実証的に記述したもので、全米で物議を醸したが、ホロコースト研究の大家ラウル・ヒルバーグ（Raul Hilberg）等も本書の学術的妥当性を認めるなど高い評価を得た。フィンケルスタインによれば特にアメリカにおけるホロコーストはやはり「特異的な」出来事として、また反ユダヤ主義的現象の比類なき頂点として表象されている点が特徴的であり、そのようなナラティブに対抗するいかなる言説も反ユダヤ主義と関連させられる。つまりこの表象に則るなら、ホロコースト否定論のみならず、たとえばアルメニア人虐殺や、パレスチナ人のナクバなどをホロコーストと類似する出来事として紹介することすら、反ユダヤ主義的ということになる。

　こうした政治的なホロコースト表象や、反ユダヤ主義の恣意的定義といった問題は、学術的な見地とは無関係に進行している。ヒストリカル・パストを無視、場合によっては塗り替えようと迫るパブリック・ヒストリー実践は、おもにロビー団体の活発な活動によって公的なディスコースおよび空間全体に大きく影響を与え、対抗言説を強力に抑圧する基礎となっている。

II　続く歴史の相克

　パレスチナとイスラエルに関する論争は現在でも広範に続けられているが、究極的な決着をつけることは難しいようにも思われる。林は陰謀論について以下のように述べている（林 2022, 323)。

　　全ての陰謀論は、学問的検証を経た信頼性というより、その仮定を信じるかどうかという政治的選択の問題となりやすい。大部分は検証不

可能な仮定から始まるため、間違っている可能性は最初から考えない傾向がある。「信じようと、信じまいと」という問題だ。信じるならこちら側、信じないならあちら側という暴力的な論理にならざるをえなかった。

　陰謀論と神話の構造は共に検証不可能な領域を持っている点でよく似ている。エルンスト・カッシーラー（Ernst Cassirer）が神話的思惟を合理的思惟と対置させて論じた（Cassirer 1946＝2018）ように、パブリック・ヒストリーの実践は必ずしも合理的思惟や史料への立脚を前提としない。かつてヨーロッパで厳しい迫害と虐殺に晒されたユダヤ人のうち、神話的思惟に身を浸す、「神話を実践する」シオニストらは、彼らがキリスト教世界にて被ったのとまったく同様の方法でパレスチナ人を迫害、虐殺するようになり、神話は世代を超えて受け継がれた。そのようなシオニストによる公的神話は、多くの実証的観点による対抗言説にもかかわらず、いまだに根強く流通し続けているのが現実である。

　先述のようにフィンケルスタインは、歴史認識の諸テーマに関しては少なくとも学術的なコンセンサスが形成され、シオニストの神話はほとんど一掃されたと指摘している。しかし、歴史認識の問題であれば根拠と実証によって一定の正しさを目指すことができたとしても、紛争の表象の問題になると、正しさはさらに拡散してしまう傾向にある。

　この点で注目すべき事例には、アメリカの著名な弁護士でハーバード大学ロースクール教授のアラン・ダーショウィッツ（Alan Dershowitz）の著書『ケース・フォー・イスラエル（*The Case for Israel*）』がある。「イスラエルのための弁明」を意味する本書は、イスラエルに対する批判的言説がいかに誤ったものであり、またそれがいかに反ユダヤ主義に立脚したものであるかを検討する内容となっている（Dershowitz 2003＝2010）。同書はニューヨーク・タイムズによるベストセラー・リストでも紹介された他、日本語にも翻訳され、ウェブメディアやSNSで現在でも広く参照されている。しかし、フィンケルスタインは、同書におけるイスラエル批判と反ユダヤ主義の恣意的な結びつけや、イスラエルの国際法違反や戦争犯罪を

歪曲・隠蔽しようとするレトリックの問題点、さらには資料の剽窃の可能性について、大量の客観的資料に基づき徹底的に批判する『イスラエル擁護論批判 (*Beyond Chutzpah*)』[8] を出版した (Finkelstein 2005＝2007)。フィンケルスタインの批判は妥当だとして多くの研究者・有識者からの支持を得たが、ダーショウィッツも反論し、両者の論争は法廷闘争にまで発展した。ダーショウィッツはフィンケルスタインの著書について、内容よりも名誉棄損の側面を強調し、出版差し止めのために政治的働きかけを行ったり、フィンケルスタインが勤務する大学の人事に圧力をかけるなどした結果、フィンケルスタインは終身雇用を解かれ辞職に至っている。両者とも、その後もそれぞれの著書や各種メディアにてイスラエル擁護論およびその批判を繰り広げているが、Amazon レビュー等を参照する限り、ダーショウィッツの人気は現在でも非常に高い。ムスリムのあいだでも、ダーショウィッツの著作によって「真実に気付かされた」として、反シオニストから「ムスリム・シオニスト」に転向する事例もある（ハディ 2022）。

おわりに

　シオニストは聖書と反ユダヤ主義に、パレスチナ人は抑圧と抵抗によって彩られた歴史を生きている。ここまで確認してきたように、シオニズムの神話とその実践は、ある程度の相対化の挑戦を受けてきたものの、いまだ強力に公共空間を覆っている。2023 年 10 月 7 日に始まって以降、本章を執筆中の 2024 年 8 月にもいまだ収束の見込みがないガザ戦争では、すでに約 1,200 人のイスラエル人と、4 万人を超えるパレスチナ人が殺害され、とりわけ後者は全容解明もままならないまま、現在も刻一刻と死者数は増加し続けている。紛争の非対称性を捨象し、ハマースによる攻撃だけを一方的に「テロリズム」「悪魔的行為」「反ユダヤ主義」として表象する一方で、パレスチナ人に対して半世紀以上にわたり続けられてきたテロリズム、構造的・物理的暴力、ジェノサイド、民族浄化については、欧米諸国から黙認され続けている。同時に、パレスチナ人の抵抗運動全体（ハマースによる無差別殺傷等を指しているのではない）の正当性を毀損・隠蔽す

るレトリックが、SNS を通じて世界中に発信され、日本国内でもこのような ナラティブに大きく影響を受けた言説が散見される。無論、パレスチナ人の運動が、植民地主義に対する抵抗であるからといって全面的に免責されるべきではないが、明らかなはずの加害の非対称性は忘却される傾向にある。

　本章で検討してきたように、シオニストによる神話の形成とそれに基づく社会的実践——その頂点としてのジェノサイドや民族浄化——は、シオニストにとってのプラクティカル・パストの実践として読み替えることができるだろう。時系列に沿っていえば、まずシオニストのプラクティカル・パストはしばしば「科学」の威を借ることで、あるいは虚偽のヒストリカル・パストによって正当化・強化され、ヘゲモニーを握ってきた。しかし、サバルタンとしてのパレスチナ人が紡いできた挑戦的なプラクティカル・パストは、つねにその相対化を迫った。そうしたモチベーションは一次資料の公開や、学術的方法論の発展、あるいは歴史研究への参加者の範囲の拡大と共に、すなわちヒストリカル・パストとの対話を通じて、次第に更新された。結果的にシオニストがヒストリカル・パストとして提示してきたものの多くは虚偽であることが示され、払拭されてきたと今日では考えられている。

　こうした忍耐強いプラクティカル・パストの実践と、堅実な学術的取り組みによって構築されてきたヒストリカル・パストのあいだの絶え間ない弁証法的展開が、被抑圧者としてのパレスチナ人の生存空間を拡張することにつながっている。しかしながら、仮にヒストリカル・パストの側で完全なコンセンサス形成に成功し、その面でのあらゆる虚偽を一掃したのだとしても、シオニストのプラクティカル・パストの修正・更新は完了していない。

　とはいえ、この問題を前にして相対主義に陥ることは、正義の放棄、権力への隷属をもたらすほかない。原理上、特定のプラクティカル・パストを外部から修正しようとすることには一定の限界があると考えられるが、それが他方にとっての実存的・倫理的問題であり続けるかぎり、闘争としてのパレスチナ人の歴史実践は続くだろう。かつて南アフリカのアパルト

ヘイトに抵抗する運動を指揮したデズモンド・ツツ（Desmond Tutu）は、以下の言葉を遺している（Ratcliffe 2017）。

> 不正義を前に中立であるならば、あなたは抑圧者の側を選んだことになる。ゾウがネズミの尻尾に足を乗せているのに、あなたが中立だといっても、ネズミはあなたの中立性を認めないだろう。

　パブリック・ヒストリーの理論が見据える一つの目標は、素朴な実証史学以外を無意味として退けるのでもなく、あるいは単に相対主義的に多様な歴史観を包摂し傍観するのでもない、より統合的かつ対話的な歴史の構築と実践という可能性の探究であるように思われる。パブリック・ヒストリーが抱える課題としての歴史修正主義の暴走、あるいは「記憶の政治」の問題については第1章でも検討された通りだが、やはり、対話の拡張の必要性が示唆された。そうであるならば、パブリック・ヒストリーは「歴史の無政府主義」とでも呼べる状態へと向かうのではなく、むしろ対話と協調を基礎とするものでなければならず、そのためには具体的な目的や手法が適切に問われなければならない。

　こうした問題意識に立つなら、イスラエルとパレスチナにおけるパブリック・ヒストリーの実践が、アカデミック・ヒストリーとの対話的弁証法を経ずして、欺瞞的な民主性や価値中立性の名のもとに対称的に包摂されるプロセスが、いまだに一部で続けられていることには危機感を覚える。この動きが力を増すなら、究極的には、「力こそ正義」がまかり通る世界が到来することになるだろう。しかし一方で、本章が扱ったような、イスラエルとパレスチナにまつわる神話の解体を進めてきた「歴史実践の歴史」は、歴史家や被抑圧者のあいだで交わされる歴史実践の対話の事例としてポジティブに捉えることもできる。こうした事例は、パブリック・ヒストリーの直面する課題を乗り越えるためのヒントとして、さらなる研究の進展が期待されているといえよう。

1) この作業にあたっては、本章の記述も筆者による一つの歴史実践の事例として受け止められる必要がある。当然、「唯一客観的な記述」を標榜するものではないことにも注意されたい。

2) 保刈実は「歴史実践」を「日常的実践において歴史とのかかわりをもつ諸行為」と定義している（保刈 2018, 55）が、本章ではこれを、パブリック・ヒストリーやその実践とほぼ同義のものとして捉える。

3) 一般的にシオニズム（Zionism）とは後述するように、民族として捉えたときの「ユダヤ人」にとってのナショナリズムであり、それを実践する人びとをシオニスト（Zionist）と呼ぶ。

4) こうしたコンセンサスを反映したものとみなせるものには、Said（1979＝2004）、臼杵（2013）、Khalidi（2020＝2023）、Pappe（2017＝2018）などがある。

5) イスラエルの学校教科書における、特にパレスチナ人について、またイスラエル軍の行動についての表象にはイデオロギー的偏向が見られるとする詳細な研究がイスラエル人研究者によって行われた例もある（Peled-Elhanan 2012）。

6) Palestine Remembered（https://www.palestineremembered.com/）などの事例がある。

7) 全米ロビー団体としてはイスラエルを支持するキリスト教徒連合（Christians United for Israel: CUFI）などが知られている。なおキリスト教シオニズムとは、16 世紀以降の特にイギリスで発展したピューリタニズムおよびディスペンセーション主義神学をルーツとするユダヤ人帰還論がその思想的核となっている。ユダヤ人のイスラエルへの帰還を促進することが、神の預言成就と重なり、救世主の到来による彼ら自身の救済を実現するものとみなされる。

8) 原題にある「フツパー」とはヘブライ語で「厚かましさ、大胆さ」を意味する語である。ダーショウィッツの過去の著作のタイトルに『フツパー』というものがあり、フィンケルスタインはこれを批判する意図でこのタイトルをつけていると思われる。

参考文献

ハディ・ハーニ（2022）「『ムスリム・シオニスト』が投げかけるもの——パレスチナ問題の現状認識と二項対立の罠」『一神教学際研究』17、39-59。

―――（2024）「イスラームと政治——その規範的観点と歴史的文脈」鈴木啓之・児玉恵美編『パレスチナ／イスラエルの「いま」を知るための 24 章』明石書店、78-86。

モーリス-スズキ、テッサ（2014）『過去は死なない——メディア・記憶・歴史』田代泰子訳、岩波書店。

臼杵陽（2000）「イスラエル現代史における『修正主義』——『新しい歴史家』にとっての戦争、イスラエル建国、そしてパレスチナ人」歴史学研究会編『歴史における「修正主義」』青木書店。

─────（2013）『世界史の中のパレスチナ問題』講談社、2013 年。

金城美幸（2014）「破壊されたパレスチナ人村落史の構築──対抗言説としてのオーラルヒストリー」『日本中東学会年報』30（1）、129–146。

─────（2017）「パレスチナ／イスラエルの『1948 年』論争」『コア・エシックス』4、417–426。

保苅実（2018）『ラディカル・オーラル・ヒストリー──オーストラリア先住民アボリジニの歴史実践』岩波書店。

林志弦（2022）『犠牲者意識ナショナリズム──国境を超える「記憶」の戦争』澤田克己訳、東洋経済新報社。

Abdo, Nahla, and Nur Masalha（2018）*An Oral History of the Palestinian Nakba*, London: Zed Books.

Boyarin, Daniel（2023）*The No-State Solution: A Jewish Manifesto*, New Haven: Yale University Press.

Boyarin, Jonathan, and Daniel Boyarin（2002）*Powers of Diaspora: Two Essays on the Relevance of Jewish Culture*, University of Minnesota Press（＝2008, 赤尾光春・早尾貴紀訳『ディアスポラの力──ユダヤ文化の今日性をめぐる試論』平凡社）．

Cassirer, Ernst（1946）*The Myth of the State*, New Heaven: Yale University Press（＝2018, 宮田光雄訳『国家の神話』講談社）．

Coman, Adam（2018）"Rewriting Israeli History: New Historians and Critical Sociologists," *HISTORICKÁ SOCIOLOGIE*, 10（1）, 107–122.

Dershowitz, Alan（2003）*The Case for Israel*, Hoboken: John Wiley & Sons（＝2010, 滝川義人訳『ケース・フォー・イスラエル──中東紛争の誤解と真実』ミルトス）．

Finkelstein, Norman（2000）*The Holocaust Industry: Reflections on the Exploitation of Jewish Suffering*, London: Verso（＝2004, 立木勝訳『ホロコースト産業──同胞の苦しみを「売り物」にするユダヤ人エリートたち』三交社）．

─────（2005）*Beyond Chutzpah: On the Misuse of Anti-Semitism and the Abuse of History*, Berkeley: University of California Press（＝2007, 立木勝訳『イスラエル擁護論批判──反ユダヤ主義の悪用と歴史の冒瀆』三交社）．

Hazkani, Shay（May 16, 2013）"Catastrophic Thinking: Did Ben-Gurion Try to Rewrite History?" *Haaretz*.

Khalidi, Rashid（2020）*The Hundred Years' War on Palestine: A History of Settler Colonialism and Resistance, 1917–2017*, New York: Metropolitan Books（＝2023, 鈴木啓之・山本健介・金城美幸訳『パレスチナ戦争──入植者植民地主義と抵抗の百年史』法政大学出版局）．

Khalidi Walid（1961）"Plan Dalet: The Zionist Master Plan for the Conquest of

第 10 章　パブリック・ヒストリーからジェノサイドへ　217

Palestine," *Middle East Forum*, 37 (9), 22–28.

─────, ed. (1987) *From Haven to Conquest: Readings in Zionism and the Palestine Problem Until 1948*, Washington, D.C: Institute for Palestine Studies.

───── (1988) "Plan Dalet: Master Plan for the Conquest of Palestine," *Journal of Palestine Studies*, 18 (1), 4–33.

───── (1991) *Before Their Diaspora: A Photographic History of the Palestinians, 1876–1948*, Washington, D.C: Institute for Palestine Studies.

───── (1992) *All That Remains: The Palestinian Villages Occupied and Depopulated by Israel in 1948*, Washington, D.C: Institute for Palestine Studies.

Lynd, Staughton, Alice Lynd, and Sam Bahour (1994) *Homeland: Oral Histories of Palestine and Palestinians*, New York: Interlink Books.

Masalha, Nur (1992) *Expulsion of the Palestinians: The Concept of "Transfer" in Zionist Political Thought, 1882–1948*, Washington, D.C: Institute for Palestine Studies.

Mearsheimer, John, and Walt Stephen (2007) *The Israel Lobby and U.S. Foreign Policy*, New York: Farrar, Straus and Giroux (＝2007，副島隆彦訳『イスラエル・ロビーとアメリカの外交政策』講談社).

Morris, Benny (1987) *The Birth of the Palestinian Refugee Problem, 1947–1949*, Cambridge: Cambridge University Press.

O'Dell, Hope (December 18, 2023) "How the US Has Used Its Power in the UN to Support Israel for Decades." *Bluemarble*. https://globalaffairs.org/bluemarble/how-us-has-used-its-power-un-support-israel-decades（最終アクセス：2024 年 8 月 31 日).

Pappe, Ilan (2006) *The Ethnic Cleansing of Palestine*, Oxford: Oneworld Publications（＝2017，田浪亜央江・早尾貴紀訳『パレスチナの民族浄化──イスラエル建国の暴力』法政大学出版局).

───── (2017) *Ten Myths about Israel*, New York: Verso（＝2018，脇浜義明訳『イスラエルに関する十の神話』法政大学出版局).

Peled-Elhanan, Nurit (2012) *Palestine in Israeli School Books: Ideology and Propaganda in Education*, London: I. B. Tauris & Company.

Peters, Joan (1984) *From Time Immemorial: The Origins of the Arab-Jewish Conflict over Palestine*, New York: Harper & Row（＝1988，滝川義人訳『ユダヤ人は有史以来──パレスチナ紛争の根源』サイマル出版会).

Rabkin, Yakov (2006) *A Threat from Within: A Century of Jewish Opposition to Zionism*, Translated by Fred A. Reed, Fernwood, London: Zed Books（＝2010，菅野賢治訳『トーラーの名において──シオニズムに対するユダヤ教の抵抗の歴史』平凡社).

───── (2016) *What Is Modern Israel?*, Translated by Fred A. Reed, London:

Pluto Press（＝2012，菅野賢治訳『イスラエルとは何か』平凡社）.

Ratcliffe, Susan, ed.（2017）*Oxford Essential Quotations*, Oxford University Press.

Said, Edward（1979）*The Question of Palestine*, NY: Times Books（＝2004，杉田英明訳『パレスチナ問題』みすず書房）.

The Combat Antisemitism Movement and The Center for The Study of Contemporary European Jewry at Tel Aviv University（2024）*The IHRA Working Definition of Antisemitism 2023: Adoptions & Endorsements Report*, Combat Hate Foundation. https://combatantisemitism.org/wp-content/uploads/2024/01/2023IHRAWorkingDefinitionofAntisemitismAdoptionsand EndorsementsReport.pdf（最終アクセス：2024年8月31日）。

第 V 部

歴史実践を生み出す

第11章 住み継ぐまちづくりに向けた「住まいの記憶史調査」の活用方策

竹山和弘

はじめに

　筆者が理事長を務める NPO 法人くらすむ滋賀（以下、「くらすむ滋賀」という）では、美しい家屋を次代へと住み継ぐことに関心を持ち、地域まちづくりの核として活用することで、地域文化の伝承や地域社会の継続に貢献することをミッションとしている。家屋所有者や新たな住まい手との、丁寧なコミュニケーションを重視することで、誰にとってもよかったと思える「住み継ぐ」まちづくりを目指しているのだ。設立メンバーは、笠井賢紀（地域社会学）や木村敏[1]（建築士）の他、デザイナー、まちづくりの専門家や公務員など多様なメンバーで構成し、それぞれの専門性を活かして地域のまちづくりに貢献できればと考えている。

　特に、家屋所有者に向けた取り組みである住まいの記憶史調査（以下、「記憶史調査」という）では、美しい風景を構成する家屋に着目し、所有者や関係者に寄り添い、語りを紡ぐことで、まちづくりの連続性や必然性を詳（つまび）らかにし、次代へと引き継ぐべき地域文化やエピソードを取りまとめ、地域の固有性に学び、地域の情景の共有を図るための調査[2]を実施している。そして、記憶史調査を通じて、「住み継ぐ」まちづくりへとつなぐことで、地域社会における内発的まちづくりに取り組むのがくらすむ滋賀の目指すところである。

　また、記憶史調査では、地域社会学の専門家である笠井によって作成された「語りを紡ぐための住まいの記憶史ガイドライン」（笠井 2019）に則って活動しており、こうした活動を広く普及することを目指している。加えて、調査対象者の語りを紡ぐだけでなく、家屋の間取り図を作成するこ

とや、建築年代、建築様式、建具や部材の意匠などの家屋情報を得ることで、建築士の視点から建築主の意図を読み解いている。これにより対象者と共に地域性や地域文化などに思いを馳せ、語り手の記憶を豊かに掘り起こし、次代へと継承すべきエピソードを聞きだしているのが特徴である。

くらすむ滋賀では、こうした記憶史調査の結果を効果的に伝達するために、デザイン性の高い情報媒体として「すみつぐ」を作成したり、空き家所有者に新たな住まい手（利活用希望者）の人柄や夢を伝えるための情報媒体として「住まい手の横顔」を作成したりするなどの活動に取り組んできた。こうした媒体の作成にあたっても重視しているのが対象者との対話やコミュニケーションであり、丁寧なマッチングを通じて空き家問題の解決につなげ、地域社会における課題解決に貢献できればと考えている。

I　住まいの記憶史調査の概要

1　記憶史調査の目的

筆者の社会認識は、人口減少社会における日本の地域社会において、二つの転換期が訪れていることを基本としている。一つは行政主導型から住民主導型、あるいは協働・連携型へのまちづくり「主体」の転換、もう一つが「外発的まちづくり」から「内発的まちづくり」へのまちづくり「手法」の転換である（竹山 2016, 15）。なお、ここでいうまちづくり手法の転換とは、「外発的まちづくり」を否定するものではなく、「内発的まちづくり」を中心として進めていくべきという立場である。本章では「内発的まちづくり」とは、「内発的発展論」（川勝・鶴見 2008）を基本とし、ボトムアップ型で市民参画と協働・連携の姿勢で進める地域単位のまちづくりとして考察を進めたい。記憶史調査により得られる知見は、内発的まちづくりに向けた地域固有のナラティブであり、これらを活かしたまちづくり活動に寄与するというのが、くらすむ滋賀のミッションなのである。

パブリック・ヒストリーとは、パブリックという言葉の共通理解から、第一に、国家や地方行政などの公共部門に関係する公的な（official）歴史（学）、また第二に、特定の誰かにではなく、すべての人びとに関係する共

通の（common）歴史（学）、さらに第三に、誰に対しても開かれている（open）歴史（学）とし、日本における歴史学の三つの意味合いを示している（菅 2019, 16）。そして、これらの歴史をめぐって繰り広げられる広い分布幅を含む活用がパブリック・ヒストリーとして位置付けている。

　本章を通じて論じる記憶史調査は、対象とする家屋を中心としながら、地域の中にある家屋に注目する中で、地域文化や地域社会のパブリック・ヒストリーとしてのナラティブを紡ぎ、地域社会における内発的まちづくりに活用する方法を模索し、実践しようとするものである。

　パブリック・ヒストリーとして集積した多様な調査データは、個人情報に満ちていると共に、過去にあった金銭トラブル等の問題に結びつくなど、慎重に取り扱うべき情報が含まれることもあり得る。しかしこれらを学術的に活用するだけにとどまらず、個人情報を保護しながらも開かれた情報として活用することで、地域資源として活用すべき情報もあると考えられる。このとき、単純に活用方法の基準を定めることは困難であるが、その一方で地域資源の再発見、再評価するための史料として活用することで、地域社会の内発的まちづくりに貢献できることから、活用方法の考え方や取り扱いを考察する意義は大きいと考えられる。

　また、記憶史調査に携わるくらすむ滋賀は、調査を通じて楽しさを感じながら進めているものであり、内発的まちづくりに向けたコンヴィヴィアルな関与である（竹山 2020, 89）といえ、こうした活動を普及していくことも大切な取り組みといえるだろう。

2　内発的まちづくりとパブリック・ヒストリーの親和性

　地域まちづくりにおける内発的な取り組みを進めるうえで、パブリック・ヒストリーの歴史実践は、多くの地域住民の参画を促すと共に、地域へのアイデンティティの醸成につながることになる。これはドロレス・ハイデン（Dolores Hayden）が重視したオーラル・ヒストリーであり、土地の中に共有された時間を封じ込め、市民の社会的な記憶を育む「場所の力」に注目し、そのような場所を保全し、再活性化させ、蘇生させ、その「場所の力」を顕在化させる実践プロジェクトと重なるものである（菅

2019, 43）。また記憶史調査は、本書第 1 章で述べられている通り、人びとと共に人びとの歴史を作り上げていくパブリック・ヒストリーそのものであり、人びとが自分たちの歴史を取り戻したり手に入れたりする歴史実践といえる。

こうしたことから、地域社会における景観、街並み、地域文化の再発見、再評価に向け、生活史調査や記憶史調査を通じた活動は、内発的まちづくりを惹起するきっかけとなり、調査を通じた歴史実践により、シビックプライド（伊藤・紫牟田 2015）が醸成され、地域社会の持続可能性に貢献できるのではないかと考えられるのだ。

くらすむ滋賀による記憶史調査は、家屋や空き家を介することで「場所の力」を活かす取り組みであり、家屋所有者をはじめとする対象者のナラティブを聴き取るということからも多くの意味を持つ取り組みである。この取り組みが持つ大きな意味は第一には、家屋そのものを次代へと「住み継ぐ」ためのまちづくりに寄与するものであることが挙げられる。これに加えて、第二には記憶史調査を通じて、その「場所性」の魅力を伝えるという点が挙げられる。これらを踏まえ本章では、記憶史調査を通じたいくつかの副次的な効果について、アクションリサーチ手法により考察を進めていきたい。

3　人口減少社会と地域のまちづくり

日本の総人口は 2045 年の 1 億 880 万人を経て、2056 年には 1 億人を割り 9,965 万人となり、2070 年には 8,700 万人になると推計されている [3]。2020 年時点の国勢調査によると 1 億 2,615 万人であったことからすると、約 50 年後には、70％ ほどに人口は減ることになる。これに合わせて全国の空き家は増加することが懸念されている。また、空き家数は 2023 年現在 900 万戸と過去最多、2018 年から 51 万戸の増加、空き家率も 13.8％ と過去最高となっており、1993 年から 2023 年までの 30 年間で約 2 倍となっていると分析されている [4]。人口減少社会と連動する形で、あるいはそれにも増すスピードで空き家は増加しているのだ。

こうした空き家の中には、それぞれの地域を印象づける景観を構成する

家屋があり、地域文化を継承していくためには大切な要素となっている。しかし、空き家の増加による家屋維持の困難により、地域におけるアイデンティティが失われ、限界集落や消滅集落へと陥る可能性があるのだ。こうして失われつつある地方の中山間地域や離島地域には、かけがえのない文化やナラティブが存在し、それぞれのパブリック・ヒストリーが失われることを意味するのである。

　こうした社会課題に対応すべく、くらすむ滋賀では、美しい家屋を次代へと住み継ぎ、地域まちづくりの拠点として活用することを通じて、地域文化の伝承や地域社会の発展に貢献することをミッションとして掲げているのである。そして家屋所有者や新たな住まい手など多くの方々の語りを紡ぎだすなど、丁寧なコミュニケーションを大切にすることで、誰にとってもよかったと思える「住み継ぎ」を目指しており、記憶史調査は、こうした想いを込めた歴史実践であるといえる。

II　「すみつぐ」の制作

1　住まいの記憶史調査のはじまり

　くらすむ滋賀の設立の前、滋賀県栗東市では空き家対策の担い手づくりに向け、2019年度に国土交通省の空き家対策の担い手強化・連携モデル事業を実施した。本事業で考案したのが、「売り手（貸し手）よし、買い手（借り手）よし、地域（社会）よし」という、いわゆる三方よしの取り組みを目指して、空き家を地域資源として活用し、美しい家屋を次代へと継承しながら、周辺地域におけるまちづくりに寄与する取り組みとしての記憶史調査だった。

　本事業では、くらすむ滋賀の理事を務める笠井が、一過性の事業とせず、また他地域への横展開を意図してガイドラインを作成した。ガイドラインで「地域社会で家屋や家屋を中心とした暮らしを大切にしていきたいと思う方たちが、自分たち自身で住まいの記憶史を紡ぎ出せるよう作成した」（笠井 2019, 2）としている通り、記憶史調査に向けた取材の対象選定から取材依頼、事前の下調べなど、調査に向けた手続きやポイントの他、記録

図11-1　すみつぐ（観音寺）（くらすむ滋賀の試作品）

の共有や公開などの注意点など詳細なガイドラインを作成している。

　また、ガイドラインを作成しながら具体的な事例として、滋賀県栗東市内の空き家や、その可能性のある家屋を対象に記憶史調査を実践した。調査結果を基に家屋を中心とした周辺地域の歴史や文化などのナラティブを盛り込み、デザイン性にもこだわり制作した小冊子が「すみつぐ」（図11-1）であり、まさにパブリック・ヒストリーの歴史実践といえる。

　「すみつぐ」は、片面を大型ポスターとして周辺地域を印象的に紹介し、もう一方には、記憶史調査を通じて得たナラティブを取り入れ、家屋への想い入れや思い出、地域文化を紹介することで、地域に向けた愛着を醸成するよう構成しているのが特徴の一つである。

　また、記憶史調査では、建築士も聴き手として加わることで、記憶史調査の語りを豊かにしていることは先述した通りであり、建築士ならではの間取り図のスケッチなどを「すみつぐ」に活用しているのも特徴的といえる。

　この一連のプロセスを考案したきっかけは、くらすむ滋賀に集まる人材

の個々の特技や特徴を活かし、美しい家屋を次代に継承するため、家屋を大切に思い共感を呼ぶパンフレットの制作を構想したためである。くらすむ滋賀の多様な人材のネットワークを最大限活かした企画なのである。

　「すみつぐ」の制作は、くらすむ滋賀のミッションとして進める記憶史調査を、地域におけるまちづくりに活用する方策として企画したものであるが、いくつかの課題が内在していた。第一に、記憶史調査は家屋所有者の生い立ちからの暮らしの記憶を聴き取った「個人情報」が基本であり、公開する情報としては馴染まないことである。個人情報であるため公表には家屋所有者の同意が必要となり、「すみつぐ」という冊子にすることも慎重に進めなければならない。当初の「すみつぐ」制作において、配布方法に一定の制限がかけられたのもこの影響によるものだった。第二の課題は、制作費である。2019年度の試作品は、国土交通省のモデル事業であったことから、資金面の課題を越えて試作品の制作を実現しているが、今後、「すみつぐ」の制作を継続するためには、商品化するなどの仕組みを構築する必要があり、資金面の課題が存在することは明らかである。

2　多様な手法による記憶史調査

　2019年に始まった新型コロナウイルス感染症による感染拡大は、くらすむ滋賀での記憶史調査の活動にも影響を及ぼした。記憶史調査は、対象物件の屋内でヒアリングを行うだけでなく、調査に同行する人数も多いのが通例である。また、対象者は高齢の方が多い傾向にあり、感染リスクを考慮に入れると調査は困難であると思われた。こうした中、2020年度の日本生活学会の生活学プロジェクトを通じて、笠井を中心としてリモート方式の調査を試みた。このプロジェクトでは、くらすむ滋賀の事務局スタッフが、調査者と調査対象者との媒介を務めて調査を実施したものである。このプロジェクトの結果から、現地スタッフがサポートすることで記憶史調査はリモート実施することができることがわかった[5]。

　また、2021年度には、記憶史調査を構成する地域社会学と建築学という二つの専門性を重視する中で、地域社会学の専門家不在での調査実施を試みた。これも2021年度の日本生活学会生活学プロジェクトにおいて

図 11-2　住まいの記憶史調査の様子（筆者撮影）

「非専門家による調査」として進めたものであるが、これは先述の「住まいの記憶史調査ガイドライン」に基づき、地域社会学の専門性を持たない調査者による調査を試みるものであった（図 11-2）。この調査では、非専門家のみによる調査は可能であることがわかったが、その一方で、対象者からの豊かな語りをどれだけ引き出せるのかは、定量的に把握できるものではないため、記憶史調査を通じた語りの深みの部分に課題が残るように感じられた。また、市役所職員をはじめとするくらすむ滋賀のメンバーが、地域固有の地理や文化、方言などを熟知していたため、円滑な調査が実現したこともあり得ると推測され、事前情報を持たない非専門家のみでの調査は容易ではないとも考えられた[6]。

　くらすむ滋賀では、記憶史調査を専門家以外が行うことや、地域住民同士のコミュニケーション手法として進めることも含め、多くの方々にも普及できればと考えている。そして、大切にしたい家屋の思い出や想い入れの記憶を残す取り組みとして、多様な方法を試行できたのは大きな進展であった。記憶史調査を通じて家屋に向けた思い出や想い入れが「場所の力」となり、地域資源として活用する事例が広まればと考えている。

3 「すみつぐ走井編」の制作

　「すみつぐ」制作の課題は、先述の通り個人情報の壁があることや資金面にあるが、2022 年度の記憶史調査の対象者から得られた地域文化や農林業などのパブリック・ヒストリーは、調査者であるくらすむ滋賀だけにとどめるべき情報ではないと感じさせられた。このパブリック・ヒストリーを対象者の暮らす栗東市荒張にある走井集落が取り組むまちづくり活動に活用することで、この地域に関心を持つ多くの人びとに情報を伝達すべきではないかと思い、

図 11-3　すみつぐ走井編（表紙）

実際にまちづくりに取り組む地域において、地域を紹介する情報紙として制作できないかと考えるに至ったのである。こうした背景から、くらすむ滋賀の自費出版として、「すみつぐ走井編（以下、「特別編」という）」（図11-3）を制作するプロジェクトが動きだしたのである。

　しかしながら、自費出版であることからも、拠出できる費用が限られているため、できる限りくらすむ滋賀スタッフの個々人の特技を活かしたボランティア、いわゆるプロボノ活動として作成することを基本姿勢としつつ、出版社による本格的な書籍として印刷することとした。SNS や動画などがメディアの媒体として中心となる時代ではあるが、あえて書籍とすることは、これからの走井に関心を持ち、かつあえて書籍を読み込むほどの関心を持つ人物を対象に「走井のことを知ってもらいたい」という願いを込めたのである。情報媒体も多様化しているが、対象者に何を期待するのかも、情報媒体を選択する要素の一つともいえるだろう。

　一方、記憶史調査の結果を活用することは、対象者や地域にとって、付加価値のあるものでなければならない。つまり、ある程度の完成度を保たなければプロボノ活動であってもその重要性や必要性、価値が認められな

くなるため、対象者に喜んでもらえるレベルで制作しなければならないのだ。こうした前提に立ち、特別編の試作品づくりに着手したのである。

2022年度に作成した「すみつぐ」を参考としつつ、くらすむ滋賀の自費出版による活動に協力できるメンバーとして、記憶史調査に同行したメンバーが中心となり進めることとなった。具体的には、筆者が本文を執筆し、写真撮影を得意とするメンバーが撮影に赴いた。この他、書籍に挿入する建物の間取り図の作成は建築士が担い、書籍に盛り込むイラストもくらすむ滋賀のメンバーが作画するなど、まさに手作りの制作であり、プロボノ活動として進めたといえる。

4 特別編の課題と展望

筆者は、記憶史調査を通じて積極的な地域活動を進める「明日の走井を考える会」（以下、「考える会」という）との接点を得ることができた。考える会については後述するとして、記憶史調査は空き家やその可能性のある物件を対象として行うのが基本であるが、筆者が走井での活動に興味・関心があったこともあり、考える会の代表に記憶史調査を依頼したことから始まった。そして、記憶史調査を通じて、走井におけるまちづくりへの貢献を意図して進めてきた成果が特別編の書籍化なのである。

書籍化にあたっての要点として、対象者自身が抱く地域に向けた眼差しが大きく関与してくる。記憶史調査を通じてあらわになる個人情報や個々のパブリック・ヒストリーは、地域を紹介する書籍を通じて、公開されるナラティブとなる。記憶史調査として聴き取った情報は、個人情報に満ちており、リーフレットやホームページなどに掲載するといったような、情報を拡散する目的で活用することには慎重にならざるを得ず、対象者の許諾なしに掲載できない。今回の取り組みで最も基本的な課題であったところであるが、対象者の地域のために貢献できるなら個人的なことも含めて公開しても構わないとする利他的な判断があったことから、個人情報の壁を突破することができたのだ。

また、個人情報の公開が許可されているとはいえ、当然ながら何もかもを公開するというわけではない。特別編に掲載したことは、対象者の個人

の思い出やエピソードであり、財産やプライバシーには十分に配慮する必要がある。そのため現在は、写真の撮り方、情報の掲載方法、記事のチェックなど、対象者をはじめとする関係者に確認を行い、出版に向けた許諾を得ながら、作業を進めている。

　今回の特別編の発行からわかることとして、記憶史調査が個人情報を取り扱うものであっても、対象者と同じ方向の想いを持つことで、個人情報の壁は乗り越えることができたということが挙げられる。これにより、記憶史調査による地域文化の再発見や再評価といった内発的なまちづくりに寄与することができるのだ。

Ⅲ　内発的まちづくりの広がり

1　アールクロスからの発展

　筆者は、市役所職員でもあるため、その立ち位置を起点として、追求型の公務領域から個人活動型の公務領域まで、多様な形で地域にかかわってきた。こうした活動の類型化を図っているのが公務領域の三類型である（竹山 2018, 111）。公務領域の三類型は、地方自治体職員の公務に向けた姿勢を最小限型、追求型、個人活動型の三つに区分し、類型化したものであるが、こうした活動を通じてまちづくり活動のネットワークは広がり続けていた。しかし、景観や空き家の利活用などが中心であり、同じ市域での活動であっても、つながらない分野へのアプローチに苦慮していた。ネットワークの幅が広がり、分野の垣根を越えることで相乗効果が得られるはずである。そんな想いに共感する人材とのつながりを通じて、同じ市域でのまちづくりに興味を持つ仲間をマッチングする場を創ることとした。そして集結したのがアールクロス[7]である。ここには福祉や観光分野の事業者、カフェオーナー、カメラマン、デザイナー、若手農家、建築士、団体職員、公務員など、多様な人材が集まった。このメンバーを集めたのが、農福連携を牽引する活動家と筆者であり、まちづくりに熱意を持つ者同士が磁場となり、互いを引きつけ合うように集まったのが印象的であった。

　アールクロスは企図した通り、新たな協働・連携により相乗効果や相互

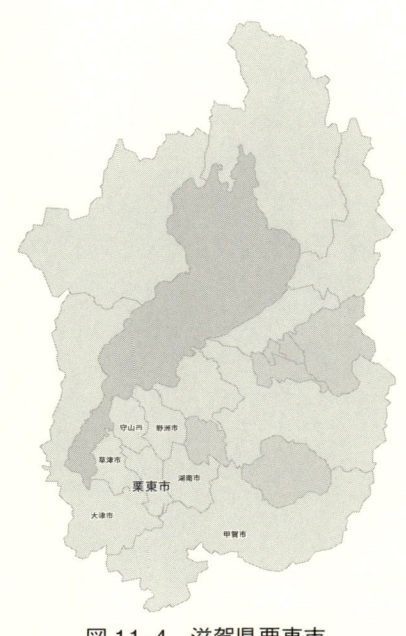

図 11-4　滋賀県栗東市

に刺激し合う関係が生まれた。そして、メンバー間で特に注目したエリアが奥こんぜであった。滋賀県栗東市（図 11-4）の南半分は山間地域となっており、近江アルプスとも呼ばれる金勝山（こんぜやま）には豊かな自然、歴史ある金勝寺、白洲正子の「かくれ里」でも紹介された狛坂磨崖仏（こまさかまがいぶつ）など、豊富な地域資源がある。しかし、観光分野ではあまり活用しきれていないのが実状である。言い換えれば、高いポテンシャルがあるにもかかわらず、活かしきれていないのだ。このため、アールクロスの多くのメンバーが、奥こんぜエリアの地域活性化に関心を持つようになったのである。

　2021 年、社会全体はコロナ禍で多くの活動が制限されていた頃、アールクロスの活動も制限を余儀なくされつつも、次なる展開に向け準備を進めていた。金勝山という山林資源を活かし、「栗東農のある暮らし協議会」[8] を立ち上げ、森林資源を活かした取り組みを進めるべく、滋賀県の補助金を活用した取り組みを始めた。その一環として開催したのが、焚き火を活かしたイベントである「フォレストマーケット in 成谷」である。2022 年 11 月に開催された初回のイベントでは、コロナ禍による制限が緩和された時期であったこともあり、主催者として戸惑うほどの来客があり静かな地域に賑わいを見せることができた。その後も、焚き火が始まる頃の 11 月と焚き火がいらなくなる頃の 3 月の年 2 回開催している。この主催者である栗東農のある暮らし協議会の主要なメンバーやマルシェの出店者の多くはアールクロスのメンバーである。すでに多くのイベントの開催実績があることから、市民団体が手作りで実施するイベントとは思えないほどの来客があり、予想を超える反響を得ることができた。こうした活動

を通じて、地域の方々への活動 PR と共に、多くの人と人のつながりの機会になったといえる。

　このようにアールクロスは、着実に奥こんぜエリアに根ざした活動を展開し、地域資源を有効に活用した内発的まちづくりを進めているのである。また、アールクロスのメンバーは、地元住民が少数であることも特徴的であり、市民団体や個人事業主をはじめとするテーマ型 9) を中心としたグループであり、地縁型の団体とは一線を画する活動といえるだろう。

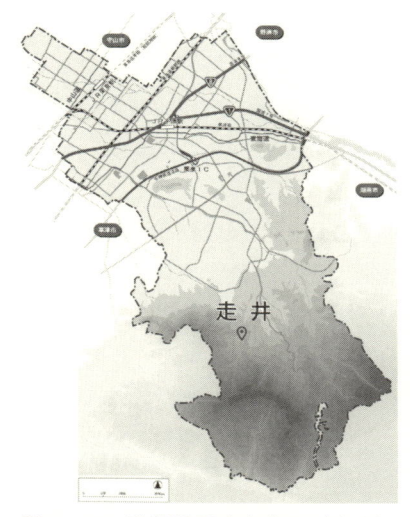

図11-5　滋賀県栗東市荒張（走井）
（百年先のあなたに手渡す栗東市景観計画より抜粋）

2　奥こんぜの取り組み

　滋賀県栗東市全体での人口は微増傾向にある中で、中山間地域を中心とした金勝地域は、人口減少や少子化、集落の高齢化が深刻化しつつあった。特に、栗東市荒張にある走井（図11-5）では、農林業や地域の後継者不足が深刻化する中で、地域住民が自ら地域活性化を進めるため、関係人口に着目した活動が動き始めていた。

　2016 年、地元住民の有志が中心となり先述した「考える会」を結成し、紫陽花ロードづくりを皮切りに多様な農業体験事業を展開し、関係人口を増やす取り組みが進められていた。ここでは、地縁型の市民団体が軸となり、地域振興に向けた取り組みが進められていた。この地域に関心を持つメンバーも考える会に加わり、四季折々の農業体験として、収穫祭であるハーベスタイン走井などの農業イベント、左義長をはじめとする地域行事など、多くの子育て世代や都市住民に参加を呼び掛けるイベントを通じて、地域の魅力を伝える活動が進められている。自治会長や農家、林業家など、地元住民が中心となり進めると共に、周辺地域の有志や大学生によるフィ

ールドワーク活動、企業の社会貢献活動など、かなり幅広い人びととのネットワークが構築されていた。考える会は、今後もこうした多様な活動を通じて、関係人口の増加を図ると共に、農林業や持続可能な地域コミュニティの維持に向けた取り組みを続けることになるだろう。

　このように考える会とアールクロスがつながることで、さらに相乗的な人のかかわりが重なり、関係人口は着実に増加しているといえるだろう。こうした好機に、さらにいくつかの事業展開が進められた。その一つが農林水産省による農泊事業を活用した「奥こんぜ農泊推進協議会」（以下、「協議会」という）10) の取り組みである。この取り組みは、奥こんぜエリアにおける農業（体験）、宿泊、食事をつなぎ合わせ、農泊事業をパッケージ化するものである。この事業を通じて、さまざまな体験やアクティビティなどのコンテンツをつなぎ合わせることで、観光振興を図り地域への経済循環を生みだし、農泊を通じて農林業への関心を高めることが期待されるものである。この協議会では、これまでの取り組みを通じてネットワーク化した各種団体が加わり、さらなるネットワークの拡大につながっている。

　もう一つの取り組みが、観光庁による「第2のふるさとづくりプロジェクト」11) である。この事業では、（一社）栗東市観光協会が観光庁の事業を受託し、第2のふるさとづくりとしての各種取り組みを行うものである。この事業の一環として、くらすむ滋賀では記憶史調査の体験事業としての観光コンテンツ化に取り組んだのである。いくつかの国や県の事業を活用しながら、地縁団体との結束を強め、関係人口の増加に向けた活動を、着実に進めようとする取り組みであり、従来までの活動の積み重ねが実績となり、相乗効果によって採択を手繰り寄せたといえるだろう。

3　記憶史調査の観光コンテンツ化

　第2のふるさとづくりプロジェクトを通じた記憶史調査の体験事業は、2024年1月、くらすむ滋賀による記憶史調査に、実証実験として慶應義塾大学笠井ゼミの学生が参加する形で実現した（図11-6）。調査は、走井にある廣徳寺の元住職を対象にした聴き取りによって行われた。

図 11-6　住まいの記憶史調査の実証実験の様子（筆者撮影）

　調査にあたっては、学生に事前に住まいの記憶史調査ガイドラインによる予備知識の習得を依頼した。これはこれまでの調査実績からの知見であり、円滑な調査を進めるためには地域に関する予備情報を持つことで、聴き取り調査の質という意味での豊かさを増すことにつながるのだ。

　今回の調査結果として、「再訪したくなった」という第2のふるさとづくりの主目的に合致するような回答を得ることができた。実証実験という限られた検証結果とはいえ、関係人口の増加に向け、記憶史調査が有効な観光コンテンツとなりうる可能性が認められたのは大きな収穫である。

　こうした結果を踏まえ、2年目となる2024年度の取り組みでは、実際に観光コンテンツとして、OTA（Online Travel Agent）にも掲載したビジネスモデルによる観光ツアーを企画している。前年の検証結果を踏まえ、地域の基本情報や記憶史調査の予備知識をオンラインでレクチャーすることも取り入れ、記憶史調査を体験事業としての観光コンテンツとしても提供する試みを実践する計画である。

　記憶史調査の観光コンテンツ化に向けた課題は、調査対象の理解を取りつけることにある。記憶史調査を通じて、対象者は個人の思い出やエピソードを語ることになるのであるが、この際、どういう目的を持って語るのかを踏まえる必要がある。個人の記憶の語りの観光コンテンツ化は、有償

による商品化を意味する。有償の観光商品として語りを提供するのか、あるいは地域に興味・関心を持ってもらうという地域への貢献を目的として語るのか、語る側と聴く側のモチベーションを整理しておかなければ、確実に混乱をきたすことになるだろう。そのため、こうした調査の趣旨を事前に共有することが必要である。走井での取り組みは、観光コンテンツ化を通じて、地域のことを知り、地域にかかわりを持ちたくなる、まさに第2のふるさとづくりとなることが主目的であり、そこを共有しながら継続していければと考えている。

IV　到達点と課題

　くらすむ滋賀では、まちづくりに貢献するためのミッションとして記憶史調査を通じて、試行錯誤しながら調査を進めているが、その延長線上にある活動を通じて走井の考える会が進めるまちづくりに合流することになった。その結果として地域に貢献する活動が進んだことからいえば、記憶史調査が起点となりまちづくり活動が進んだとはいえないだろう。しかし、走井における地域活性化に向け、従来までとは一味違った活動が進んだことは確かである。今後も、継続して走井のまちづくり活動に関与しながら、走井の持続可能なまちづくりに貢献できればと考えており、こうした活動も検証しながら進めていくことになるだろう。

　また、記憶史調査により知り得た、住まいを切り口とした地域文化や地域を含めた多くの記憶は、地域のパブリック・ヒストリーとして内発的まちづくりに貢献するものであり、地域のアイデンティティの創出に少なからず貢献できたのではないだろうか。特別編の出版に向けた取り組みは、パブリック・ヒストリーの歴史実践となり、これから走井を訪れる人びとへの道しるべとなるものである。

　こうした取り組みが進んだことの大きな要因は、地縁型によるまちづくりの取り組みに、地域貢献を意図するテーマ型のくらすむ滋賀が同じ方向性を持ったことである。つまり、まちづくりに向けた想いの共有が叶ったことが要点なのである。記憶史調査の持つ個人情報の壁を乗り越え、特別

編の書籍化につながったことや、地元と連携した記憶史調査の観光コンテンツ化事業など、いずれの取り組みも調査対象者や地元住民の承諾や協力なしでは進むものではないことからも明らかである。

　特別編の書籍化事業も観光コンテンツ化事業も、まだまだ実践途上にある取り組みであり、本格的な評価・検証は、今後の進展の状況により大きく左右されるものである。まだ事例として紹介するのは早計ともいえなくもないが、本章は現段階でのマイルストーンとして取りまとめたものである。

おわりに

　人口減少社会は今後ますますの深刻化が懸念され、人口問題と連動して空き家問題も対応を迫られるだろう。このとき、くらすむ滋賀による記憶史調査という手法は、パブリック・ヒストリーに依拠した内発的まちづくりの切り口として活用できると考えられる。その一方で、本書第1章で論じられている通り、パブリック・ヒストリーの概念や要素を十分に理解しながら、歴史実践である記憶史調査を取り扱うことが前提となる。記憶史調査を通じて対象者からのナラティブを紡ぎ、地域の固有性を磨くことができれば、内発的まちづくりに寄与することができるだろう。

　走井を紹介する特別編を通じて、走井に興味を持つ人びとが集い、多様な交流や体験を通じて、地域の方々とのコミュニケーションが増えれば、地域課題である担い手不足の解決にもつながることが期待される。また、多くの人びととの交流が生まれることにより地域が活性化し、地域活動を支えるメンバーにも、次なる担い手が生まれていくのではないだろうか。このように、いろいろな意味での関係人口が増えることが、これからの走井の持続可能性を高め、まち自体が活性化していく期待感を膨らませることにつながるのである。

　人口減少社会にある今日、地方にある多くの地域が持続可能性の問題を抱え、多くの地域文化が失われようとしている。そんな個々の地域にも固有の歴史があり、失ってしまっては取り返すことのできないかけがえのな

いパブリック・ヒストリーが存在する。私たちの活動は、少しずつの小さな活動ではあるが、地域を形作る美しい家屋を次代へと継承しつつ、家屋に刻まれたパブリック・ヒストリーを大切に紡ぐ試みは、自分たちが思っている以上に大切な営みなのかもしれない。

　走井での試みは、試行錯誤しながらの段階であるが、地域住民と共に地域課題に取り組む手法として磨きをかけていきたい。そして、他の地域でも横展開できるような取り組みへと昇華することができれば幸いである。

1)　NPO 法人くらすむ滋賀・副理事長、b. i. n 木村敏設計事務所。
2)　NPO 法人くらすむ滋賀の設立趣旨書に記載している（2020 年 2 月）。
3)　「国立社会保障・人口問題研究所による令和 5（2023）年推計」https://www.ipss.go.jp/pp-zenkoku/j/zenkoku2023/pp_zenkoku2023.asp（最終アクセス：2024 年 10 月 6 日）
4)　「令和 5（2023）年住宅・土地統計調査（総務省）」https://www.stat.go.jp/data/jyutaku/2023/tyousake.html（最終アクセス：2024 年 10 月 6 日）
5)　笠井賢紀（2021）「住居を媒介とした生活史調査の方法——滋賀県栗東市の街道筋集落での調査を事例に」日本生活学会第 48 回研究発表大会。
6)　竹山和弘・木村敏・笠井賢紀（2022）「非専門家による「住まいの記憶史」調査の実践——滋賀県栗東市の空き家物件を事例として」日本生活学会第 49 回研究発表大会。
7)　アールクロスは、栗東市（アール）をそれぞれの立ち位置から盛り上げたいという意図と、個々の力を掛け合わせた関係（クロス）を目指して、アールクロスというグループ名をつけた任意のネットワークグループである。
8)　栗東農のある暮らし協議会は、地域の農や暮らしにかかわる課題について、考え、話し合い、協力して解決すると共に、障がい者の社会参画を促し、農福連携を通じた共生社会の実現を目指す任意の団体。
9)　「テーマ型」とは、目的ごとに組織したコミュニティを指し、「地縁型」とは、自治会などの地縁により組織したコミュニティを指し、これらを区分して表記したもの。
10)　奥こんぜ農泊推進協議会は、奥こんぜにある地域資源への関心を高め、関係人口増加や観光振興を通じて地域の活性化を図るため、2023 年に設立した任意の協議会。
11)　観光庁では、2022 年度「第 2 のふるさとづくりプロジェクト」モデル実証事業を踏まえ、地域との継続的な交流の拡大、滞在環境・移動環境の整備に向けたモデル実証を行い、優良事例を広く横展開するため、公募して地域を選定してお

り、（一社）栗東市観光協会が採択を受けたもの。

参考文献

伊藤香織・紫牟田伸子監修（2015）『シビックプライド2【国内編】——都市と市民のかかわりをデザインする』宣伝会議。

笠井賢紀（2019）『語りから紡ぐ住まいの記憶史調査ガイドライン』国土交通省。

川勝平太・鶴見和子（2008）『「内発的発展」とは何か——新しい学問に向けて』藤原書店。

菅豊・北條勝貴編（2019）『パブリック・ヒストリー入門——開かれた歴史学への挑戦』勉誠出版。

竹山和弘（2016）「地方自治体におけるまちづくり主体の転換に関する研究——滋賀県栗東市の事例を中心に」京都橘大学大学院文化政策学研究科博士学位論文。

————（2018）『まちを楽しくする仕事——まちづくりに奔走する自治体職員の挑戦』水曜社。

————（2020）「内発的発展を牽引するまちづくり人材」笠井賢紀・工藤保則編著『共生の思想と作法——共によりよく生き続けるために』法律文化社、76-91。

第12章 | 四国遍路につつまれて
——自己の死と歴史実践としての蘇生

後藤一樹

はじめに——四国遍路の公共性と歴史実践

1　四国遍路とは何か

　四国遍路とは、四国八十八ヶ所の寺院をめぐる巡礼のことをいう。四国遍路をすることは、歴史とのかかわりを持つ「歴史実践（historical practice)」（保苅［2004］2018, 55）である。それは、次のような四国遍路の成り立ちを見れば明らかだろう。

　第一に、四国遍路は、1,200年前に生きた弘法大師・空海の足跡をたどる巡礼である。現在の香川県にあたる讃岐に生まれた空海が四国中で修行を行い、それに続かんとする修行者たちが空海ゆかりの地を巡った。仏教の修行であった四国の遊行は、中世後半になると一般民衆に受け入れられ始め、江戸時代中期以降、ブームとなっていく（森 2014, 30-33）。

　第二に、巡礼地やその周辺では、遍路（巡礼者）を歓待することは空海を歓待するのに等しいと考えられており（森 2014, 45）、四国の住民は、飲食や宿を遍路に施す「お接待」を通して四国遍路の歴史とかかわっている。

　第三に、四国遍路の道は、その上を歩く遍路たちや道を整備・維持する住民たちによって、長い年月をかけてつくられてきたことを挙げたい。八十八ヶ所の寺院を点とすれば、点と点をつないで歩く遍路たちの無数の足跡と住民たちのサポートの積み重ねが遍路道をつくってきた。興味深いことに、文化人類学者の浅川泰宏は、「遍路たちが接待を乞い求める動きによって、ぐいぐいと押し広げられた空間」、すなわち「面」の領域も存在していたことを指摘しており、「巡りくる遍路たちとの交流の積み重ね

が、四国遍路の文化を織りあげるのだ」と述べている（浅川 2011, 110）。

　それでは、四国遍路を通して出会う遍路たちや住民たちの具体的な交流には、どのような社会的特徴があるのだろうか。

　私たちがふだん暮らしている家庭や職場、学校や地域社会などのコミュニティにおいては、秩序化され持続する社会関係に基づいて相互行為がなされている。他方、四国遍路では、遍路の移動にともなって偶然出会う、見知らぬ者同士の対面関係が基本である。そこでは、他者とのコミュニケーションが予見されうるものとして秩序化される以前の、換言すれば、互いに相手をコントロールするためのアイデンティティの開示やそれにともなう主従関係が形成される以前の、直接的な関係が立ち現れる。そのようにして、予測不能で制御できない他者の言葉やふるまいが、それとかかわる者の意識にダイレクトに流れ込み、強い影響を及ぼすのである（後藤 2021, 266）。

　四国遍路におけるそうした交流の積み重ねは、「実践・物語・主体の全側面において開かれている」（笠井 本書第1章）という意味での公共性を立ち上げていく。

　そこでの実践は、自身の社会的属性とは異なる、対立すらはらみうる他者を予見的・予防的に排除しきれないために、つねに開かれた相互行為の形式をとらざるをえない。そうした文脈において、実践の担い手としての行為体（エイジェンシー）は、自身のあり方をあらかじめ自分だけで規定することができない。「『行為の背後に行為する人』が存在する必要はなく、『行為する人』は行為のなかで、行為をつうじて、さまざまに構築されるのだ」（Butler 1990＝1999, 250）と主張するジュディス・バトラー（Judith Butler）の言葉を借りれば、四国遍路における行為体のあり方は、出会いのあとで、相互行為をつうじて行為遂行的（パフォーマティヴ）につくられていく。〈わたし〉や〈あなた〉の持続的で固定的な何らかの属性が行為の原因になるのではなく、〈わたし〉や〈あなた〉は相互行為の結果として立ち現れる構築物なのである。

　以上の帰結として四国遍路の物語（ナラティブ）は、必然的に他者の物語を含んだ物語となり、それを語る声は、他者の声を直接話法のかたちでダイレクトに響かせる多声的（ポリフォニック）なものとなる（後藤 2018; 後藤 2021）。

行為体それぞれの意識の中に他者の存在と言葉が浸透する相互行為の社会的形式は、主体の概念そのものを問い直す。どこまでがある個人の意識あるいは言葉で、どこまでが四国遍路で出会った他者のものなのだろうか？　その境界線は決して明確でないばかりか、四国遍路をつうじた出会いと交流を重ねれば重ねるほど曖昧なものとなり、視るもの・聴くもの・感じるもの、あるいは意志や認識などの能動的なものですら、諸関係のアンサンブルとして立ち現れるほかない。遍路が八十八ヶ所の寺院の参拝時に唱える『般若心経』（玄奘 649）は、そうした世界の現れ方を「色即是空　空即是色　受想行識亦復如是」と定式化しており、第五十一番・石手寺住職の加藤俊生は、この節を以下のように訳している（加藤 2013, 12）。

　　　私が、今、見ているもの、思っているもの、感じているものは、私が、今、まさにこの世と「かかわっている」、その「ありさま」なのである。

　この「かかわりあいのありさま」からすれば、四国遍路という場が開かれるという意味での公共性を指摘するだけでは不十分であり、そこに参加する行為体たちの存在それ自体が公共的（パブリック）なものとして世界に開かれているという点にこそ着目しなければならない。
　以上のような四国遍路の公共性の文脈において、歴史は次のように紡がれている。遍路の移動にともなって道の途上で出会い、交響する声たちの集まりは、それぞれの人生の歴史を相互に参照し合い、それらの意味を現在進行形で書き換えつつ、記憶の運動体への新たな参加者を次々と飲み込んで増殖しながら、生活史の集合体としての歴史を織り上げているのである。

2　通し打ち歩き遍路の経験と映像データについて

　私は 2013 年に自身で歩き遍路を行ってからその魅力にとりつかれ、四国遍路にかかわる巡礼者と四国の住民双方のオーラル・ヒストリーを聞き取る社会学的調査に取り組んできた。しかし次第に、四国遍路の核心は、各々の単線的（リニア）な生活史を追うだけではつかめず、むしろ、遍路の移動にと

もなう人びとの出会いにあることに気付き、そうした現場をつぶさに観察する必要性を感じるようになった。そこで私は、四国の遍路道を歩きながら、そこで出会った人びととのあいだで起こる相互行為の出来事をビデオカメラで記録するようになった。

　本章で対象とするのは、2016年8月5日から9月21日までの48日間、第一番・霊山寺から第八十八番・大窪寺までの約1,200 km を歩いて巡り、その途上での出会いと出来事を私のハンディカム・ビデオカメラで撮影した旅である。

　撮影は、『日本社会学会倫理綱領・倫理綱領にもとづく研究指針』にのっとり、とりわけ研究指針の「1−（6）調査対象者の保護」および「3. 質的調査における配慮事項」に留意して行った（日本社会学会［2005］2023）。映像に登場する人物からは、映像が研究の成果物およびドキュメンタリー作品として公開されることの許諾を得た。

　四国八十八ヶ所を一度にめぐることを通し打ちというが、2016年夏の歩き遍路は、私が通し打ちを初めて行った旅であった。また、これほどまでに長期にわたって撮影を行うのも初めての経験であり、撮影時間の合計は、367時間46分17秒に及んだ。

　本章を執筆するにあたり、以上の撮影で得られた映像データを次のようにコーディングした。まず、全カットを視聴し、各カットで生じている出来事（経験的な意味の連なり）ごとに番号を付し、これを「出来事ナンバー」と呼んだ。時系列順に出来事 No. 1 から No. 425 までを Excel に並べ、それぞれにクリップ名、撮影の年月日、撮影の持続時間（時間：分：秒.フレーム）、撮影対象の種類、登場人物、内容、視聴して気付いた点に関するコメント、主要なフレーム、研究テーマから見た重要性、書き起こしの必要の有無、その他のフレームを記入した（図12−1）。映像に含まれる語りについては、自動書き起こしソフト Notta を利用して大まかに文字化しておいてから、マニュアルで精緻化した。

　次節からは、私が行った2016年夏の通し打ち歩き遍路について、以上の映像データに基づき記述し考察する。

　しかし圧倒的な質的データを秘めた映像も、原稿に落とし込んだ途端に

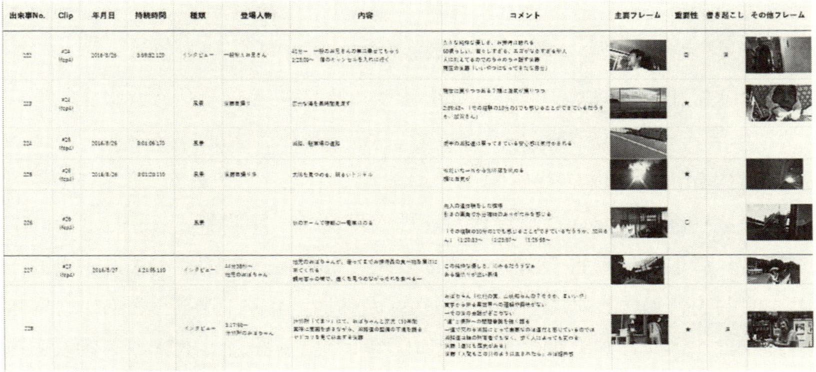

図 12-1　コーディングされた撮影データの一部

抽象化され、その可能性の中心が削がれるのがつねとなってきた。この問題を解決するために本章では、「画コンテ方式」を考案して取り入れた。画コンテとは、映画制作における重要な設計図であり、画の連続性と音（セリフ）の連続性を並行して表記する手法である。これを参考にして本章でも、撮影された出来事を最も象徴的に示しているいくつかのフレームを抜き取り連続的に並べながら、それらに付随する語りをできる限り画にシンクロさせて併記する手法をとった。これにより、画の具体的イメージとしての空間性とその連続である音を含んだ時間性の双方を原稿上で示すことができた。

　本章に登場する人物の氏名には、すべて仮名をあてた。筆者による補足説明箇所には〔　〕を用いている。映像の Time Code は、「時間：分：秒」を指す。

　なお、本章に収録されたインタビューには、四国遍路を語るうえで避けて通ることが困難ではあるが、遍路・辺土に対する社会通念上適切とは言いがたい表現が含まれていることを、あらかじめおことわりしておく。あくまでも一次資料に手を加えることを忌避した結果であって、筆者としてその表現を妥当と考えているものではない。

I 〈覗く〉から〈つつまれる〉へ──徳島・高知の旅

1 なぜ出会うのか

　2016 年 8 月 5 日、徳島県の板東駅に降り立った私は、第一番・霊山寺から参拝を始めた。

　旅の 2 日目、第十一番・藤井寺近くの民宿で、首都圏からやってきた青年遍路・村田洋君に出会った。宿の一室でお互いの旅立ちを祝い（フレーム 1）、彼と一緒に夕食をとったときの映像（画と音声）が以下である（2016 年 8 月 6 日、出来事 No. 46、クリップ #19, Time Code 0:24:13–0:29:42）。

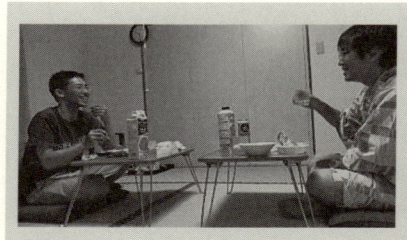

フレーム 1　　　　　　　　　　　　　　　フレーム 2

後藤「俺も 3 年前にちょうど何も仕事もなくて……、あのう、フラフラしてたとき、区切
（筆者）　り打ちに来て、何個かはもうまわってんだけど、通しを始めて」
村田「ふだん外にすら出ないのに、こんなことやり始めてから、本当にきついっす、いま」
後藤「なんで、なんで来ようと思ったの？」
村田「いや、なんとなくですよ、本当に。しいていうなら、家にいたくなかったっていう。
　家族からの目線が痛くて、逃げるような感じでこっちに出てきました。無職を見る
　目が痛い……（フレーム 2）」

　村田君、そしてあとからやってきた中年の男性遍路も交えて、5 日間、私たちはこの民宿で寝食を共にしながら宿の周辺の寺院を共に巡った。

　連泊の過程で私たちは、民宿の主人・徳山将志さんと彼の母・和恵さんとも親しくなった。ある夜、徳山さん親子が、「お遍路」の起源について話してくれた（2016 年 8 月 8 日、出来事 No. 82、クリップ #45, Time Code 0:00:10–0:11:56）。なお、和恵さんは 1933 年（昭和 8 年）生まれである。

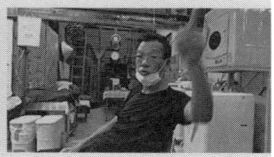

フレーム3　　　　　　　　　フレーム4　　　　　　　　　フレーム5

和恵「ちょっと昔はね、お遍路さんっていわへん。私のときには、お辺土（へんろ）さんっていうの。
　　　ほら、地方の方言。四国八十八ヶ所のお遍路さんじゃなしに、家がない、食べるも
　　　んがない、浮浪者よね。それがいーーっぱいおったん。だから、お宮やお寺で見よ
　　　ったんや、そういう人は。現に、私より十くらい下の人が、徳島新聞の読者の手紙
　　　に、『小さいときに竹の棒持って、お辺土さんがお宮やお寺で泊まっとるのを追い
　　　回した、叩き回した』っていうこと、載っとったよ。現にその人から、ボーリング
　　　にいきよるときに聞いた、『悪いことした』って。そういう時代だったんよ……。
　　　んで、十番〔切幡寺〕さんでね、近所の野の道で、『お金ちょうだい』っていって
　　　て、もう、足がこんなんなったり、手がこんなんなったり、顔がこんなんなったり
　　　した人が、ずらーっと並んどった（フレーム3、フレーム4）。お寺さんからの段、
　　　ずーっと。道があるでしょ、ずーっと、道のこっち側。下からこう上がるでしょ、
　　　ずらーっと並んどった。いまでいうたら、ハンセン病だね」
将志「お辺土って人は、もともとが、ここいらの人じゃないんじゃけん、流れてきとんよ。
　　　最初のお遍路さんって、東北だよ（フレーム5）。東北の人が来とんぞ、最初。飢饉
　　　があって病気がはやって、ここでおったら地域の人にも家族にもうつって迷惑がか
　　　かるっちゅうで、白装束できたんが、そもそものスタートなん。わしはその説のほ
　　　うを信じとんよ。だから、小さい墓標が、行き倒れのがいっぱいおる。かっこうか
　　　らしてそうで白装束、死にに来とんねん！　死にに来とんねん、あのかっこう。実
　　　際におったけどの、岡山の人で。『私な、もう頭剃ってな、もうな、もういつ死ん
　　　でもええように、全部な、全部してきたけん』って」

　　四国遍路に幼い頃から親しんできた徳山さん親子の語りを聴くと、私も
村田君も「お辺土」から連綿と続く歴史の上で「お遍路」を実践していた
ことに気付くのである。私たちは自発的な意志だけで四国遍路にきていた
のではなく、「お辺土」と程度の差こそあれ、それまでのコミュニティの
暮らしから疎外されてここに流れ着いた側面は否めなかった。村田君は、
「家族からの目線が痛くて、逃げるような感じでこっちに出てきました」

と語っていたのだ。

　それでは、この地で半ば商売として宿を遍路に提供し、半分以上はボランティアのお接待としてさまざまに遍路をサポートする徳山さん親子は、なぜそのようなことをしているのだろうか。

フレーム 6

　私たちの食事の場であり、各自が日中に経験した出来事を語り合う場であり、翌日の厳しい登山をともなう寺参りの作戦会議の場ともなっていた民宿のガレージがあった（フレーム 6）。私は、「なんか家族みたいでいいですね」と口にしながら、この場に皆がフレームインする構図を、好んでよく撮っていた（2016 年 8 月 7 日、出来事 No. 58、クリップ #26, Time Code 0:26:14–0:38:35）。

　このガレージがこのようにして使われるようになった経緯について、将志さんがふと、次のように語ったことがある（2016 年 8 月 8 日、出来事 No. 83、クリップ #46, Time Code 0:13:10–0:13:50）。

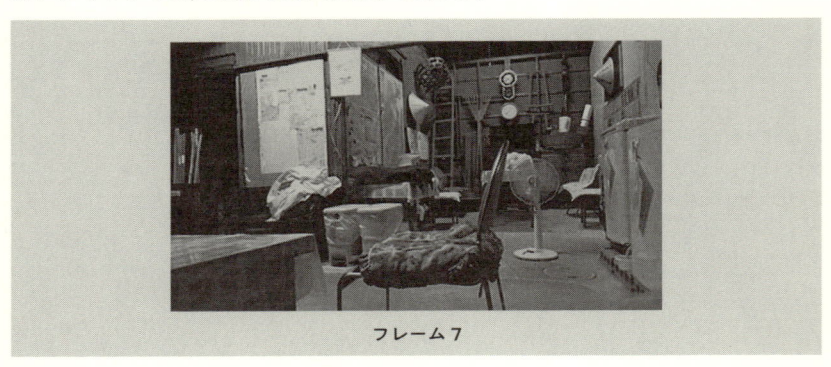

フレーム 7

　将志さんに深く尋ねたことはなかったが、自宅を兼ねたこの民宿で、彼の奥さんの姿を見たことはなかった。家族のように私たちが集ったガレージのだだっぴろい空間は、徳山さん親子にもまた、何かを失った歴史があることを物語っていた。何かを失い、用がなくなったこの場所に、彼らは遍路を迎え入れた。そして私たちがここにたどり着いた。私たちは互いを求めていたからこそ、ここで出会った。

　以上のような日々の中で、「村田君と私の対話関係」ならびに「徳山将志さんと私の対話関係」が同時に進行していった。すると徐々に、それら二本の関係の動線が交差し、その交点に「村田君と徳山将志さんの対話関係」が立ち現れるようになっていった。こうして新たに構築されるフレーミングは、次のように二人の関係を描く（2016 年 8 月 8 日、出来事 No. 79、クリップ #42, Time Code 0:03:30–0:15:10）。

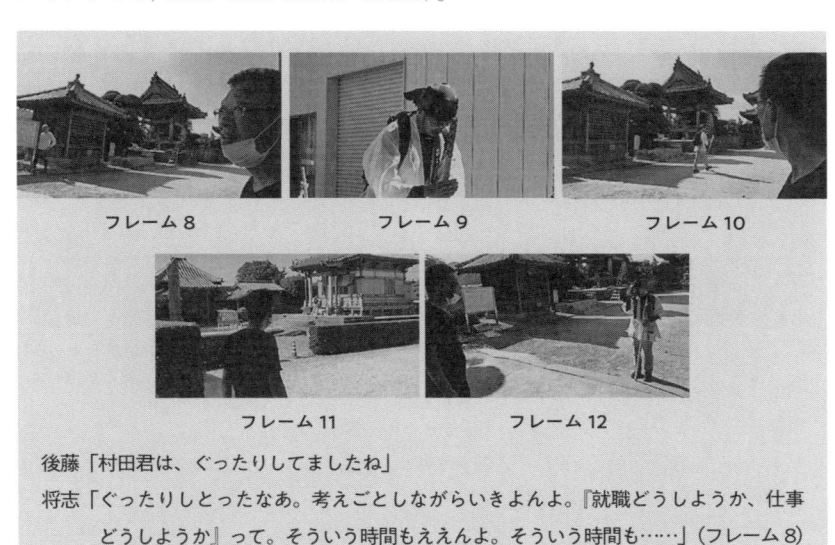

フレーム 8　　　　　フレーム 9　　　　　フレーム 10

フレーム 11　　　　　フレーム 12

後藤「村田君は、ぐったりしてましたね」
将志「ぐったりしとったなあ。考えごとしながらいきよんよ。『就職どうしようか、仕事どうしようか』って。そういう時間もええんよ。そういう時間も……」（フレーム 8）

将志「おっ、入ってきた（笑い）」（フレーム 9）

　第十五番・國分寺の大師堂で般若心経をあげる村田君を、将志さんはじっと遠くから見守る（フレーム 11）。そして将志さんは、お参りを終えた村田君に、「疲れたろ。ほな、もう帰って、冷たいシャワーでも」と声をかける（フレーム 12）。二人はたしかに、四国遍路の時間の中にいた。

　ところで、徳山さんの民宿に宿泊中、私と村田君は肝試し代わりに第十一番・藤井寺を夜も更けたころ覗きにいったことがある（フレーム 13）。人っ子一人いない藤井寺の門をくぐると、さらにその奥に、第十二番・焼山寺へとつづく真っ暗な山道があった（フレーム 14）。標高 700 m を超えるこの焼山寺山は「遍路転がし」と呼ばれる険しい難所で、これまで幾多の死者をだしており、遍路道沿いには無数の墓標が立つ。そのとば口で私たちは、巨大な山のふもとの深淵を以下のように見つめた（2016 年 8 月 7日、出来事 No. 66、クリップ #34, Time Code 0:25:00–0:28:34）。

フレーム 13　　　　　　　　　　　フレーム 14

村田「フラッシュたかなきゃ映んねえけど、フラッシュたきたくないな」

後藤「だな、このオーラは……。この山は……なんかあるな……」

村田「この時間に、人が入っていっていい場所じゃない。ここんところに境界線がある感じ。向こうのほうに入ってっちゃいけないという……」

後藤「人間界と霊界の狭間みたいな感じじゃない？　踏み越えちゃいけないだろう、ここは」

　私たちは異界を覗き見たが、あまりの恐怖によって、向こう側を凝視す

ることができなかった。

2　井戸の底を覗く

　村田君や徳山さんたちと別れて、また一人歩きだした私は、第十七番・井戸寺に着いた。寺の名前の由来である境内の井戸は、「大師が掘った伝説の井戸で、覗き込んで自分の姿がうつれば無病息災、うつらなかったら3年以内の厄災に注意する」と伝えられる[1]。

　井戸の前で立ちすくんでいると、近所に暮らす女性・米倉芳子さんに声をかけられた（2016 年 8 月 10 日、出来事 No. 95、クリップ #5, Time Code 0:01:58–0:03:25）。彼女は高齢になって仕事を辞めてからは毎日お昼にここに来て、参拝がてら時々遍路に話しかけているという。

フレーム 15

米倉「名前いうて、願い事いうんですよ。こっちからな、こっちから見る。日の出のほうにいてな、こっちから見る」

　井戸を覗くことをためらっていた私は、米倉さんにうながされて恐る恐る井戸の中を覗いた（フレーム 15）。その感覚は、藤井寺で夜の山の深淵を覗き込んだときと似ていた。

　村人のために弘法大師が掘ったとされる井戸にたたえられた聖なる水——その水面は歴史の表面であるとともに、聖と俗の境界だった。その境界面で、あの世からの反射がこの世の吉凶を占うという。

 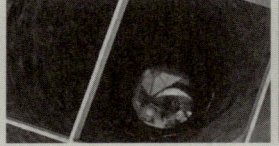 

フレーム 16　　　　　　　　フレーム 17　　　　　　　　フレーム 18

後藤「映りましたよね、大丈夫ですよね……？（フレーム 16）　映りました、ちゃんと
　　　（フレーム 17）」

米倉「子どももみんな、出世していけますように。子どもも安堵、成長していくようにい
　　　うてな」

後藤「ああ、じゃあ、それを願いますね。無事、結願できますように。それと、息子の和
　　　寿がね、ええ、よく成長して、平和で暮らせますように」

　私が覗いた井戸の底の向こう側を人間が見ることはできない。あるのは
ただ反射（リフレクション）だけである（フレーム 18）。あの世を内に秘めた異界の水面が
私を映しだすとは、いったいどういうことなのか——私とは、私が知らな
い異界であること。この省察（リフレクション）は決定的に大事なことを私に教えた——自
己は自分のものではなく、むしろそれは、ひとりの他人であること。

　これ以降、私は、世界に映しだされた私自身を、その成り立ちを覗くよ
うになっていった。それは世界に投影されてその一部となっている私の影
をとらえることであり（フレーム 19）、あるいは自撮りのフレーミングで
あるとともに（フレーム 20）、私の中に仏心を、生きとし生けるものとあ
まねくつながる心のあり方を見つけだそうとする試みだった（フレーム 21）。

フレーム 19
（2016 年 8 月 12 日、
出来事 No. 115）

フレーム 20
（2016 年 8 月 17 日、
出来事 No. 155）

フレーム 21
（2016 年 8 月 21 日、
出来事 No. 180）

3 死と蘇生

徳島県からの旅中で、標高 500 m を超える山々をいくつも越えた。高知県に入って海岸沿いを歩くと、太陽に焼かれ続けた。この道は果てがないように思えた。連日、35℃ を超える猛暑日が続いた。地元民からも、「けっして脅すわけやないけんど、足摺岬のほうで 30 代の男性、亡くなりましたけんね、熱中症で」と警告を受けた（2016 年 8 月 23 日、出来事 No. 204、クリップ #7, Time Code 1:19:10–1:32:46）。

歩道との境がないアスファルトの道路では、ひっきりなしに猛スピードで後ろから車が駆け抜けた。とりわけ暗闇のトンネルの中は恐ろしかった。人は案外、簡単に死ぬものと覚悟した。

ミミズのように曲がりくねっていることから名付けられた、そえみみず遍路道では、アブの群に襲われた（2016 年 8 月 25 日、出来事 No. 216、クリップ #19, Time Code 0:23:43–01:50:15）。

フレーム 22　　　　　フレーム 23　　　　　フレーム 24

アブは、刺して吸う蚊とはちがい、人の皮膚を切り裂き、したたった血を舐める（フレーム 22）。しつこく襲ってくるアブたちに 20 回ほど食われながら、1 時間半近く、誰もいない道なき道を歩いた（フレーム 23）。アブに切り裂かれて走って逃げようとすると、今度は蜘蛛の巣が顔面を直撃する。

峠を越え、下り坂の向こうにとうとう人里の匂いを感じ取ると、道が平坦になり、突然視界が開けた。そこで最初に目に飛び込んできたのは、「人生即遍路」と記された石碑だった（フレーム 24）。

肉体の限界が訪れると、精神だけが浮遊する感覚に陥っていくのだが、以上のようなプロセスを経て、撮影のフレーミングは大胆に変化した。──ロングショットの風景の中の老人（フレーム 25）、トンネルの集中線

の向こうにわずかに光が差し込む構図（フレーム 26）、休む人のいない休
憩所（フレーム 27）、無心になって 2 分間撮りつづけた、死者に捧げられ
るという白い百合の花（フレーム 28）、いつもよりも間延びしたように地
面に落ちる私の影法師（フレーム 29）、宿で死んだふりをする自分（フレー
ム 30）。

フレーム 25	フレーム 26	フレーム 27
(2016 年 8 月 24 日、出来事 No. 213)	(2016 年 8 月 24 日、出来事 No. 214)	(2016 年 8 月 24 日、出来事 No. 215)
フレーム 28	フレーム 29	フレーム 30
(2016 年 8 月 24 日、出来事 No. 217)	(2016 年 8 月 24 日、出来事 No. 218)	(2016 年 8 月 24 日、出来事 No. 219)

　不思議なのは、私の象徴が死ぬにつれて、私をつつみ込む風景が次々と
現れてくることだった。――どこまでも広がる太平洋の空と海（空海の象
徴か？）（フレーム 31）、手を広げ、私を抱きかかえるようにして優しく輝
く太陽（大日如来の象徴か？）（フレーム 32）、なんの憂いもなく鮮やかに育
つ若木と草々（生きとし生けるものの象徴か？）（フレーム 33）。

| フレーム 31 | フレーム 32 | フレーム 33 |
| (2016 年 8 月 26 日、出来事 No. 223) | (2016 年 8 月 26 日、出来事 No. 225) | (2016 年 8 月 26 日、出来事 No. 225) |

足摺岬付近の小屋で、遍路向けに手作りのびわジュースを販売している江藤キヨさんが、小屋の片隅で息づいている生き物を見せてくれた（2016年8月27日、出来事 No. 228、クリップ #27, Time Code 03:48:55-03:51:56）。

フレーム 34　　　　　　　　　　　　　　　　フレーム 35

キヨ「お兄ちゃん。これ、何かわかる？　これ、これ、ヤドカリ。海と山との際におるん
　　よ。これ、30年ぐらい生きとるな。んで、脱皮する。んで、脱皮して、他の殻に
　　移る（フレーム 35）」
後藤「そっか、新しいすみかを見つけて、移動して。そこで、生まれ変わるんだ」
キヨ「ほいでね、このあいだまで、これに入っとったがよ。これ入っとったけど、嫌にな
　　ったかしらん、これ脱ぎ捨てて、他の貝入った」
後藤「いやぁ……人間もそういうふうに生きたいもんですねぇ」
キヨ「ねぇ、ほんまにねぇ」
キヨ・後藤「はっはっは（笑い）」

海と山の際を移動するヤドカリ、自己の殻を脱ぎ捨てたヤドカリ——それは私の〈しるし〉だった。

Ⅱ　他者の難儀の道をたどる——愛媛の旅

1　杖にふれる女将

空っぽになった私の心には、乾ききった砂漠のように、視るもの聴くものすべてが染み入ってきた。愛媛県にたどり着いた私は、街で偶然耳にする流行歌にも涙するようになる。

巡礼を始めて 29 日目、第四十三番・明石寺近くの旅館を訪れると、女将・橘千代子さんに歓迎された。彼女が炊く、特別なおひつに入ったご飯

をいただくと、その味に心が震えた。橘さんは、38歳のときに母親からこの旅館を引き継ぎ、70歳となったいまも毎日、旅人のためにこうしてご飯を炊いているという。

その夜、きれいに正座をした橘さんが、次のように語ってくれた（2016年9月2日、出来事 No. 265、クリップ #26, Time Code 0:00:00–0:48:24）。

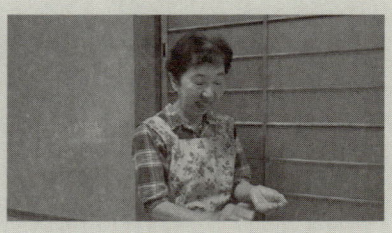

フレーム 36　　　　　　　　　　フレーム 37

橘「私は玄関で一番先、歩きさんからは、お杖をいいただきます（フレーム 36）。『洗わしてください』って。お杖を洗ったら、下がピカピカの杖もあるし、泥が入ってこんなんなっとる、ささくれたのもありますよ。ほんで、これは山道を難儀して見えたないうのが、もうわかるんですよ。ここまでで、これだけささくれなはったんやなあ、難儀して見えたんやろうなあ……と思って（フレーム 37）」

遍路の杖の泥やささくれにふれることで橘さんは、遍路が歩いてきたそれまでの難儀の道をたどる。このようにして彼女は、他者の歴史とかかわり合っていた。

私は思わず口にした。「あれですね、遍路って、人の人生の難儀っていうのを……」。橘さんはそれに応じて、ゆっくりとうなずく。私たちの波長が次第にシンクロしていく。

フレーム 38　　　　　　　　フレーム 39

フレーム 40　　　　　　　　フレーム 41

橘「そうですねえ……もう何人も、ここへお位牌を置いて（フレーム 38）、一緒に食事さ
　れる人もありますから。『主人が急に亡くなったから、もうこの旅が終わったら、自
　分が出家する』いうて。そんな人もある。だからもう……ほんとね……テレビや映画
　のドラマやないですよ。ほんとの、お遍路さんらの、血の出るような苦しさいうの
　（フレーム 39）。ほんとに……それをだまーって（フレーム 40）、こうやって歩いて見
　えるんですよね。ほんで、ふっとここらで、あのう、話しよったら、口からだすこと
　ができて（フレーム 41）。そしたら、すこーし、軽くなられるかなあ思って」

　橘さんの身体は他者の行為を、その苦しみをなぞる。

　私はもう、自分のフレームの中にはいられなかった。彼女の心の中に飛
び込みたかった。けれどもそれは井戸の底のように、私にはたどりつけな
い領域で、だからただ彼女の表面を、顔を、彼女の心の 反 射 を私はなぞ
って彼女を知ろうとした。

　「感情イメージ、それはクローズアップであり、クローズアップ、それ
は 顔 で あ る」（Deleuze 1983 ＝ 2008, 154）とジル・ドゥルーズ（Gilles
Deleuze）がいうように、こうしてフレーミングは彼女のクローズアップ
へと導かれる（フレーム 42）。

フレーム 42

橘「人生はやっぱ楽しいものじゃ思います。やっぱり、先が短くなったときに、そう思え
　るんかもしれんけど、あのう、『やっぱり人生……うん、楽しいですよ』いうて。も
　う、若い方にはね、あのう、『いろんなつまずいたことやなんか、いつかまた乗り切
　れるよ』いって。『いまは難儀けど、必ず、私の年になったときには笑って話せます
　よ』いうて。うん。いまが難儀けん、迷いなさるけど、もう先の見えるようになった
　ときに、人生ぐらい楽しいものはないな思って」

　橘さんは、四国の住民と遍路とのあいだにだけではなく、遍路同士のあ
いだにも、いたわり合いの関係があるという。

フレーム 43　　　　　　　フレーム 44　　　　　　　フレーム 45

橘「お遍路さん同士いうのは、やっぱ、みんなが山坂、おんなじ難儀さをしてきとるでし
　ょ。わかっとるんですよ、自分の難儀さが（フレーム 43）、あの人も難儀かったいう
　のが（フレーム 44）。そやから、普通の旅人じゃない、おんなじ道を、山を、坂を、
　乗り越えてきた……同志。はははは。ほやから、いたわり合えるんやないのか。ご
　苦労さんとか、おつかれさんいうて。やっぱ、言葉通じんでも、みんないいよります
　けんね（フレーム 45）」

　「自分の難儀さ」を介して「あの人の難儀さ」を推しはかる——橘さん
は〈わたし〉の胸にそっと手を当てたあと（フレーム 43）、その手を〈あ

なた〉のほうへとゆだねる（フレーム 44）。この一連のジェスチャー、すなわち遍路たちの相互行為の繰り返しの果てに、ついに彼女の両手が交差する（フレーム 45）。この瞬間に、ほんとうの四国遍路が成立するのだろう。

　橘さんが私に示した身振り手振りの意味は、翌日から続く遍路道の上で、現実のものとして理解されることになる。

2　心の故郷を歩く

　橘さんの旅館を発ち、鳥坂峠を歩いていると、背後から音もなく、ひとりの男性遍路が現れた（2016 年 9 月 3 日、出来事 No. 269、クリップ #29, Time Code 2:40:18–2:57:27）。

> 後藤「ちょっとびっくりしました。音が聞こえてこなかった」
> 坂本「僕も、びっくりさせるつもりはなかったんです」
> 後藤「がんばりましょう、山道」

　こうして私は坂本清さんと出会うのであるが、彼はやや聞き慣れないトーンで話し、いでたちも普通の遍路とはかけ離れていた（フレーム 46）。

フレーム 46

> 坂本「僕、あの、フィンランドから来た者です」
> 後藤「え、フィンランドから来られたんですか！？」
> 坂本「日本人ですけど、若いときにヨーロッパにいって、ほんでそれから、ずっとヨーロッパに住んでて、定年退職になりまして、ほんで」

　一番寺からここまでに至る歩き遍路の旅中、とりわけ坂本さんの印象に

残ったのが、托鉢をしながら四国をまわりつづけている遍路との同行だったという。そのような遍路は、徳山さん親子がいっていたように、かつては「辺土」と呼ばれていたが、現代でも四国遍路の途上で生活している者がおり、かれらは「草遍路、乞食遍路、プロ遍路、職業遍路、生涯遍路」とも呼ばれる（上原 2021, 18）。

坂本さんは、彼との出会いについてこう語る。

フレーム 47

坂本「土佐の近くで会った人が、死にかかってるんですよね。遍路なんですけど、こうして、托鉢やる（フレーム 47）。ほんで、20 年もまわってる。その人と一緒に野宿したんですよ、一度。ほんで、寝息聞いてたら、犬、犬が鳴くような声。もう心臓が止まりそうなんだって。それで彼もいってました。『もう、時々止まるんだ』って。なんで、あの……なんか……すごい……ショッ、ショッ、僕にはショックでした。しかし、あの人とはけっこう僕、考えが合ったんですよ。あの人もいってました。僕も一度ふっと思ったんですけど、あのう、遍路歩きをしていて、ほんで、コロッと死にたいと。それでも十分満足できる。僕もそう、そう思ったんですよね。あの人もそう、そうなんですよ。あの人はもう、やってるんですよ。たぶん、あの人は遍路道で死ぬんでしょうね。あの人も、もう難しかったんですよね、結局、家族を維持していくのが。僕はよくわかります、それは。僕も離婚したし……」

この間、私のカメラは小刻みに激しく揺れ続けた。

坂本さんと寝食を共にしながら寺院をめぐる長い旅が、こうして始まった。

道中、隣で歩く坂本さんが私に語り続けたのは、あの「生涯遍路」のことだった（2016 年 9 月 5 日、出来事 No. 273、クリップ #33, Time Code 2:42:46

-3:15:49)。

> 坂本「僕はあの人に、あだ名をあげたんです。あの人がね、いつもやるんですよ、これ、
> 托鉢。それを自分で『パントマイムだ』っていってるんです。だから僕はその人を
> 『パントマイム』というんです。たぶん彼は、そう、宗教的なもんではなくって、
> ただ、お金がほしいん違いますか。生きる、生きていくお金。だから、嘲笑的なと
> いうか」

坂本さんは、休憩のために入った喫茶店でも、「パントマイムさん」について語り続けた（2016 年 9 月 5 日、出来事 No. 273、クリップ #33, Time Code 3:21:28–3:23:40）。

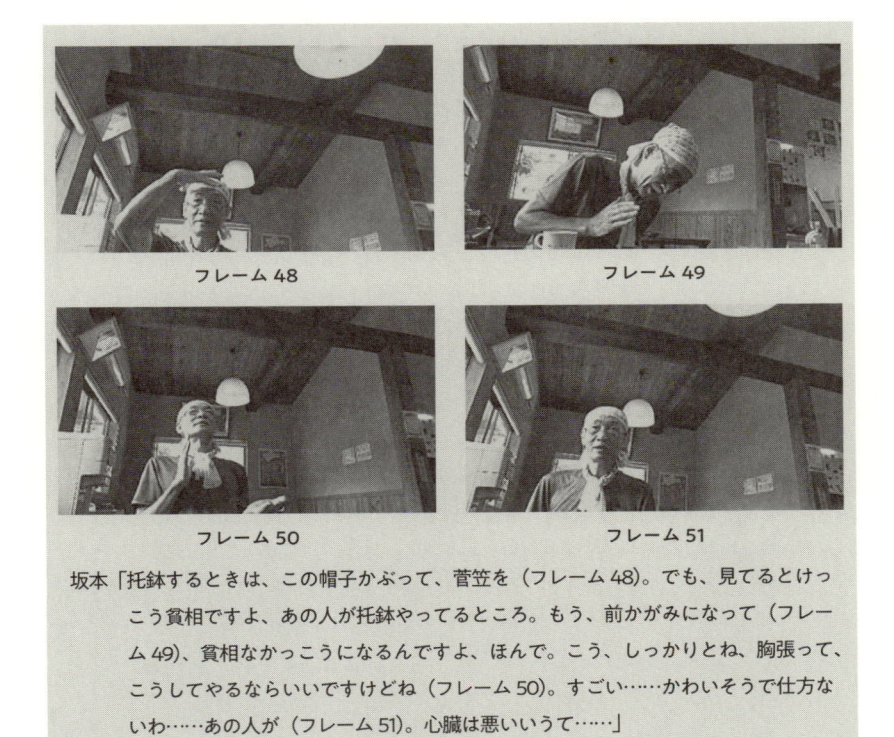

フレーム 48　　　　　　　　フレーム 49

フレーム 50　　　　　　　　フレーム 51

> 坂本「托鉢するときは、この帽子かぶって、菅笠を（フレーム 48）。でも、見てるとけっ
> こう貧相ですよ、あの人が托鉢やってるところ。もう、前かがみになって（フレー
> ム 49）、貧相なかっこうになるんですよ、ほんで。こう、しっかりとね、胸張って、
> こうしてやるならいいですけどね（フレーム 50）。すごい……かわいそうで仕方な
> いわ……あの人が（フレーム 51）。心臓は悪いいうて……」

坂本さんは、パントマイムさんのジェスチャーを身体で再現しながら、彼の難儀を心でなぞる。

私は、坂本さんと一緒に歩きながら、「移動しつづける人生と留まり続ける人生って、どっちのほうがいいんでしょうね？」と尋ねてみた（2016年9月5日、出来事 No. 274、クリップ #34, Time Code 0:41:35–0:55:40）。

フレーム 52

坂本「僕はね、少なくとも移動しつづけるのが好きです。でも、年とるとやっぱり留まるとこ欲しくなる、それも事実ですね。僕はだからもう何年も、ヨーロッパにいってから移動してばかりいました。んで、フィンランドにいってからは、少し留まってましたけど、結婚したりなんかね。でも、もう、やっぱり僕は好きです、こういう、移動するのが。んで、この年でこれ、遍路見つけて、もう本当に幸せだと思ってます、うん、こうして移動できて。もしできるなら、この調子で日本中まわりたい、本当に。でも……僕の体が、もう駄目ですね。腰が痛くなる、野宿すれば」

後藤「あれですよね、ヨーロッパいったのって、19 とかじゃないすか？」

坂本「20 です。ほんで、シベリア鉄道で 21 になりました。ほんで、お金がなくなる少し前に仕事探し。それは必死で探しました、ドイツでとか、デンマークとか。ドイツのニュルンベルクいうところで仕事しました」

後藤「だからもうギリギリの状態で、あれですよね、一文無しっていうか……」

坂本「そうそう。たぶん、それが経験したかったんですよね。うん、それだけはハッキリ覚えてます。どんな気持ちになるか、どんなに恐ろしいことに……それが経験したかったんですよ。僕はどんな気持ちで生きて、生きていられるか」

後藤「実際どうでした？　それやってみて」

坂本「怖かったです。お金がなくなったら、もう食べるもんもなくなる。それは恐ろしいことでした。でも、若いときはそんなこと考えないですよ、お金がなくなって食べ物がなくなるっていうこと、平和な日本で育ったんだから。でも、それが経験したかったですね」

後藤「ある意味、歩いた道が道になるっていうのは、自由でもあるけど、やっぱ、怖くも

あるでしょうね」

坂本「恐ろしいです、実際、正直いって。ほんでね、僕が立てた予定は、ヨーロッパをまわって、それから中近東を通ってインドに。そこで帰ってくる予定だった。それがね、ヨーロッパで止まってしまってね。いまでも旅の途中です」

　坂本さんは、1949 年（昭和 24 年）、京都に生まれた。上京後、展示用のマネキン人形を製造する工場に勤務していた 20 歳のときに、冒険心からひとりヨーロッパへと旅立つ。それは当時のヒッピー精神の具現化であり、民主主義の成熟していたヨーロッパへの憧れによるものだった。欧州を転々としたあと、坂本さんはフィンランドに定住し、結婚も経験する。日本には、1999 年の一時期、兄の家に居候したことがあるだけで、ほとんど帰ったことがなかった。フィンランドでのインテリア関係の仕事の定年退職を迎え、ふと自身の人生を振り返っていたとき、インターネットで四国遍路を知ったという。

　以上のような坂本さんの生活史を聴くにつれて、私は次第に理解していった。坂本さんは、四国を歩き続けるパントマイムさんの世界観（フレーミング）を通して、坂本さんが歩んできた自身の移動の歴史をたどり直していたことを。パントマイムさんの存在は、坂本さんが彼自身をひとりの他者として、もう一度発見するための　鏡（リフレクション）であった。

　坂本さんにとって四国遍路は、彼が歩んできた人生の中でいつの間にか落としてきた思い出の一つひとつを拾いあげる旅なのだろう。

　四国の遍路道を歩く私は、坂本さんの人生の道を共に歩いていた。次第に私には、彼が視、聴き、感じている世界の窓から、目の前の風景が視え、聴こえ、感じられるようになっていった（フレーム 53–61）。

フレーム 53
畦道を歩く

フレーム 54
田園を眺める

フレーム 55
空に吸い込まれる

フレーム 56
坂本さんが視ている田園

フレーム 57
坂本さんが視ている道

以上、（2016 年 9 月 11 日、出来事 No. 307）

フレーム 58
出会った遍路と歩く
（2016 年 9 月 11 日、
出来事 No. 308）

フレーム 59
境内の片隅で休憩する
（2016 年 9 月 12 日、
出来事 No. 312）

フレーム 60
霧の中を歩く
（2016 年 9 月 12 日、
出来事 No. 312）

フレーム 61
坂本「小さな嘘や罪を吐きだし、懺悔しました」
（2016 年 9 月 13 日、出来事 No. 315）

3 交響する小さな歴史たち

　秋の穏やかな風に吹かれ、瀬戸内海沿いの寺院を巡っていた私たちは、第六十四番・前神寺近くの善根宿を訪ねた。善根宿とは、遍路のために無償で寝床を施している宿である。

　この善根宿にも大きなガレージがあり、そこにふとんを敷くための木製の台がいくつか備えつけられていて、四、五人の遍路が同時に泊まれるようになっていた。台の畳の上に腰をかけた坂本さんは、戦前のものと思われる古い日本の歌を持参の小さなプレイヤーで流しながら、ひと休みしていた。そのとき彼が撮った写真が、図 12-2 である。

　小学校が終わり帰宅する子どもたちは、たおやかな光の中で、善根宿のガレージをふと見やる。その視線の先には、時間のトンネルのように彼らと隔てられたガレージの奥で、ひとりの初老の男性が光の刺すほうを、遥か彼方にある決してふれられない過ぎ去った時を見つめている。目の前を通り過ぎる、いまにも手に届きそうな時間の光の束に、彼はつつまれる──。坂本さんが撮ったこの画は、写真が持つ写実性を超えて、彼の心の風 景にしか見えないのだった。

　その夜、ガレージに併設された家に暮らす善根宿の女将・松永恵さんが、私たちをねぎらいに来てくれた（2016 年 9 月 13 日、出来事 No. 319、クリップ #9, Time Code 3:55:09–5:09:54）。

図 12-2　善根宿から視える風景（撮影：坂本清）

フレーム 62

松永「フィンランドも、あのう、いいところでしょ？」

坂本「うん、いいところです。もし、僕の母が生きていれば、〔あなたと〕同じぐらいで
しょう」

松永「私も 90 まで生きるとは、思いもしなかったですけどね」

　坂本さんの生きてきた時間と、松永さんの生きてきた時間が、この場所
で共時性（シンクロ）として交わる（フレーム 62）。

　1925 年（大正 14 年）生まれの松永さんは、私たちに遠い遠い昔のこと
を話してくれた。私たちは、彼女の人生の歴史に耳を澄ませた。彼女がい
まも鮮やかに思いだすのは、次のようなシーンである。

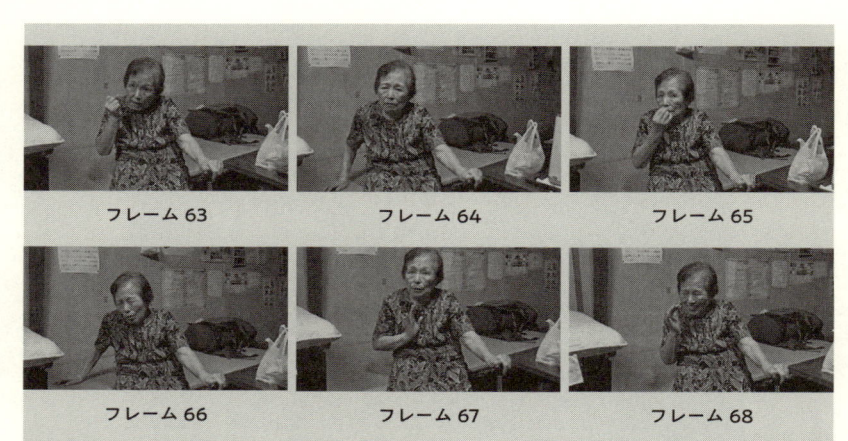

| フレーム 63 | フレーム 64 | フレーム 65 |
| フレーム 66 | フレーム 67 | フレーム 68 |

松永「私、結婚が決まったからね、姉に報告に来てたの。そしたら、その晩はすごい雨が
　　　降って（フレーム 63）。そして雨が降ったから、お魚をいさり、いうんかね、仲良

しの友達がね、『獲りにいこうや』いうて、〔姉の夫が〕誘われて。そして、その夜
じゅう、〔私は〕姉と夜中の2時くらいまで話して。そして、来る朝、〔姉の〕主人
が獲ってきたフグ、フグの肝食べて、〔姉は〕その朝、亡くなった（フレーム64）。
すぐ病院走ったけども、あれ、食べたら駄目ですね。そして、私、すぐ病院に呼ば
れていったら、姉は『子ども頼むよ』いうのが、いいかねたんです……舌がしびれ
てね（フレーム65）。『姉ちゃん、子どもがおるのに、しっかりせにゃ！』いうて、
励まして（フレーム66）。それを〔私が〕いうだけで、〔姉は〕もう意識朦朧とな
って、そして、もう手のつけようがなくて亡くなって。そして次の年、〔昭和〕24
年に、私がここ〔姉の夫の家〕へ、姉の子どもみんな連れて、里に〔一時〕おった
子どもみんな連れて、私が〔姉の夫に〕嫁いできたの。ほんだから、〔私は〕里で
はなんにもしてない、習い事ばっかりして、なんにもしてないのに、自分が育て、
子どもをみてやらないかんだ、姉ちゃんに頼まれたという重さを思ったら……あた
しの自分の結婚なんか、考えるときじゃなかったですね（フレーム67）。私が自分
でね、断りにいきました、仲人のおばちゃんのとこへ。綺麗な海岸線をずうっと、
汽車の窓から見ながらね。いまでも綺麗な……あの海を思いだしてね（フレーム
68）。断りにいきました」

　松永さんは、姉の子ども三人と、夫とのあいだにできた自身の子ども二
人、合わせて五人の子どもを育て上げたが、姉の息子と彼女の息子は、若
くして癌で亡くなったという。

松永「ほんでね、なんか弔うために、四国もまわりたいなあという思いは、夫婦はいつも
　　思ってたんですけどね。ひょっと、あの、思いついて。もう、ここ、がら空きじゃ
　　ったから、こんなん、畳置く台をちょっとつくってもろうて」

　第六十四番・前神寺から第六十五番・三角寺までの長い距離のあいだに
腰を掛けて休むところがあまりなかったこともあり、その中間地点にある
この家の一隅を、2004年（平成16年）の梅雨のころ、松永さん夫婦は善
根宿として遍路に開放した。

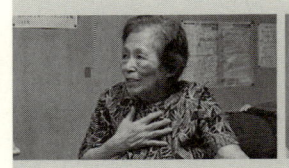

フレーム 69　　　　　　　フレーム 70　　　　　　　フレーム 71

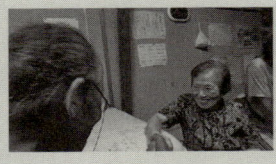

フレーム 72　　　　　　　　フレーム 73

松永「そやからねえ……子どもに先立たれたらもう、いちばん親はつらいですよね。もう、いっつも、いつも胸におります（フレーム 69）」

坂本「はい……」

松永「そんなんも手伝って、みなさんとお話ができるようなことがしたいなあと思う。そういう思いがある」

後藤「その 3 人の命を引き継いで……」

松永「うん」

後藤「お母様はね、やられてるわけですね」

松永「ほんでね、幸せなの。みんなが大事にしてくれて、お遍路さんもみんな、大事にしてくれて（フレーム 70）、私は幸せに元気で、90 まで生きてこれたんだなあと思いますよ。泊まったお遍路さんが毎年きたり、年に 2 回くらいきたり。なんせ、ちょこちょこ来ます。もう、息子が帰ったように思いますねえ（フレーム 71）。うん、もう、ほんとにあのう……息子と一緒です。いやね、別れがつらいんよ……息子がいってしまうっていうような感じになってね。そやからねえ、ありがたいですよ。ふふふふふ。日本に帰られたときには、お寄りくださいね」

坂本「はい、どうもありがとうございます」

松永「あたしが……おればいいけどね。ふふふふふふ」

坂本「僕もですよ。もう、その年なんですよ。67 ですよ。それはもうね、いつ逝っても……どうかなあと」

松永「まだまだ若い！　お若いですよ。元気でいこうね！（フレーム 72）　元気でね、うん（フレーム 73）」

いつの間にか、私たちの他にも、松永さんのそばで彼女の話に耳を傾ける遍路が増えていた。今晩ここに泊まる中年遍路の吉田さんと青年遍路の木村君である。松永さんがガレージからいなくなると、私たちが囲んでいたその中心には、ぽっかりと穴が空いた。けれども、彼女がつないだ縁の輪は、変わらずそこにあったのだから、私たちは深夜まで語り合った（2016 年 9 月 13 日、出来事 No. 323、クリップ #13, Time Code 0:00:00–3:52:20）。

　かつて妻子と暮らしていた四国のある地域を歩いた際に胸が痛んだという吉田さんにも、そしてまた、大学の夏休みを利用して通し打ちの歩き遍路にきたという木村君にも、それぞれに小さくとも尊い歴史があった。それらの歴史の交わりを、私はもはやたったひとつのフレームの中だけでは捉えきれなくなっていた。私のカメラのフレーム以外にも、生きられるいくつものフレームが、ここにあることに気付いたのだ。

　私は、視点の中心を放棄して、カメラをパンすることにした。空気式寝袋に息を吹き込んでいる吉田さんを捉えたあと（フレーム 74）、カメラを左にふって吉田さんを見つめる坂本さんを映した（フレーム 75）。そのまま左にさらにパンすると、坂本さんの頭の上で寝そべっている木村君がフレームインした（2016 年 9 月 14 日、出来事 No. 325、クリップ #14, Time Code 0:03:14–0:03:50）。

　「人生が交差してるなぁ……」。私がつぶやいたその瞬間、坂本さんと木村君の笑顔がシンクロした（フレーム 76）。旅館の女将・橘さんのあのときの両手のように。

　難儀を少し分け合うだけで、私たちはこれからも生きていける。

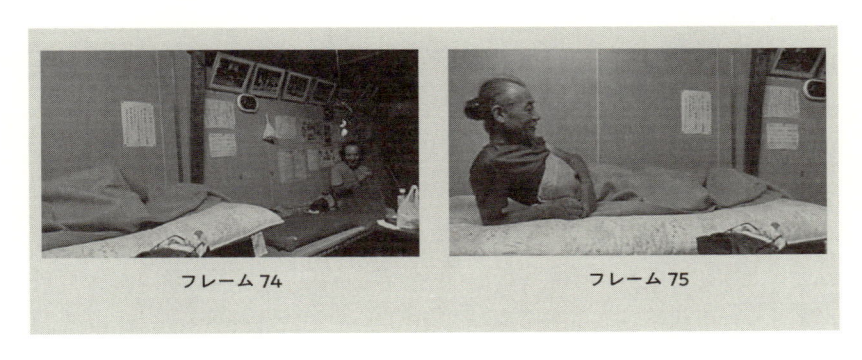

フレーム 74　　　　　　　　フレーム 75

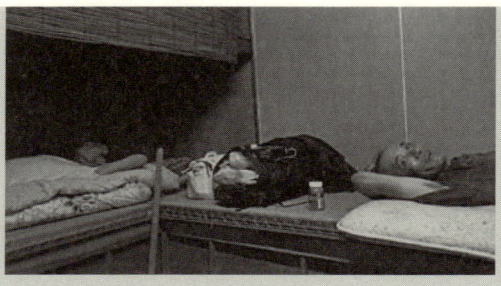

フレーム 76

後藤「人生が交差してるなぁ……」

坂本「なんで？（笑い）」

後藤「すごいなぁと思って。それぞれの人生が一瞬、交差してる……」

坂本「いやぁ……いい、いい夜ですね。最後の……」

おわりに──曼荼羅

　筆者の眼と耳の拡張としてのカメラが遍路道を移動することで生じる世界とのかかわりあいのあり様を分析した本章では、その考察を通して、次のような相互行為論的構図と四国遍路の歴史実践を明らかにした。

　主体が客体を覗くという構えから、それとは逆のベクトル、すなわち客体が主体を映し出ていることの気付きに至った私は、やがて、そうした主客の構図をもってしても説明のできない仕方で四国遍路の風景につつまれていった。その風景とは、私が出会った他者のフレーミングを通して視え、聴こえ、感じられる画や音のイメージだった。そこでは、カメラに映るものが、撮影者の身体を介して、自らを映しだすという再帰性の循環（ループ）が生じていた。撮影者の身体はそのとき、客体に対する主体ではありえずに、〈共に居る〉ことで〈共に視る〉存在、別言すれば、〈共に風景を映し出す（プロジェクトする）〉という媒体（メディア）であった。

　四国遍路では、お接待や旅の同行によって接触する他者の歴史が身体を媒介（メディア）にして記憶され、再演され、別の他者に伝えられていた。遍路の移動にともなって構築される関係性のネットワークはその都度変化し、ある地

点・時点の〈記憶の受け手〉は別の地点・時点では〈記憶の送り手〉になった。いや、ここでまた、主体と客体という錯覚された概念を持ちだすと四国遍路の実相からは遠ざかってしまうがゆえ、次のような比喩で言い直そう。四国遍路の人びとは、記憶という種子を運ぶ触媒である。

　そして、四国遍路という集合体がひとつの生命であるかのように、四国遍路は人びとの人生を記憶していた。遍路が歩くにつれて人びとの人生の歴史が語られ、ふれられ、共演され、四国遍路の歴史として紡がれていくことは、次のことを意味していた。遍路たちや住民たちの生活史の交流が、現在を歴史的な意味として共につくりだしていることを。

　ところで、四国遍路の旅の終わりに私が夢中で撮ったのが、各寺の曼荼羅である。曼荼羅は、フレームの中にいくつものフレームを持つ画である。

　この世界は、生きとし生けるものの小さな歴史たちが幾重にも数え切れない仕方で重なり合ってできている。そして、私のカメラと同じように、そのありようを一人の人間が描こうとすれば、いちばん外側の大枠に四角いフレームが生じてしまうけれども、実際にはメタ的なフレームなど、どこにもないはずだった。

　人間には描ききれない宇宙があり、私たちが共につくりだしている歴史の中で、私たちはただ呼吸している。

謝辞

　映像データのコーディングにあたっては、千葉商科大学政策情報学部4年・研究補助員の笹瀬璃夢君の協力を得た。撮影現場における共視・共聴・共感のありようについては、ドキュメンタリー映画監督の松井至さんとの対話から教えられることが多かった。最後に、四国遍路で出会った方々に、愛と敬意を込めて感謝したい。

　1）　四国八十八ヶ所霊場会「第十七番札所 瑠璃山 真福院 井戸寺」https://88shikokuhenro.jp/17idoji/（最終アクセス：2024 年 9 月 28 日）。

参考文献

浅川泰宏（2011）「四国遍路の接待文化」星野英紀・浅川泰宏『四国遍路——さまざまな祈りの世界』吉川弘文館。

上原善広（2021）『四国辺土——幻の草遍路と路地巡礼』角川書店。

加藤俊生（2013）『本来の仏教　ブッダの真実（石手寺仏教シリーズ　仏教入門1&2）』石手寺。

玄奘（649）『般若心経（般若波羅蜜多心経）』。

後藤一樹（2018）「四国遍路のクロス・ナラティヴズ——ある地域住民のお接待にかかわる口述史を事例として」『日本オーラル・ヒストリー研究』(14) 117–136。

————（2021）「生きられる亡き人——時間の旅としての四国遍路」浜日出夫編『サバイバーの社会学——喪のある景色を読み解く』ミネルヴァ書房。

日本社会学会（［2005］2023）『日本社会学会倫理綱領・倫理綱領にもとづく研究指針』日本社会学会倫理委員会。

保苅実（［2004］2018）『ラディカル・オーラル・ヒストリー——オーストラリア先住民アボリジニの歴史実践』岩波書店。

森正人（2014）『四国遍路——八八ヶ所巡礼の歴史と文化』中央公論新社。

Butler, Judith（1990）*Gender Trouble: Feminism and the Subversion of Identity*, New York: Routledge（＝1999, 竹村和子訳『ジェンダー・トラブル——フェミニズムとアイデンティティの攪乱』青土社）.

Deleuze, Gilles（1983）*Cinéma 1. L'image-mouvement*, Paris: Les Éditions de Minuit（＝2008, 財津理・齋藤範訳『シネマ1＊運動イメージ』法政大学出版局）.

あとがき

　最後に、本書成立までの経緯を示すとともに、本書の概要をまとめておこう。

　本書は慶應義塾大学東アジア研究所叢書として刊行されるものである。刊行に先立ち、2022 年度と 2023 年度の 2 年度間にわたり、高橋産業経済研究財団による支援を受け学術プロジェクト「東アジアを中心とした諸地域における歴史実践とパブリック・ヒストリー」（研究代表者：田島英一）に取り組んだ。コロナ禍の余波により研究活動に多くの制約が残る中、同財団と研究所には考えうる最大限の便宜を図っていただき、本書刊行に至ることができたことを、この場を借りてあらためて感謝したい。

　参加した 23 名は、歴史学、宗教学、民俗学、社会学、人類学など幅広い分野の人文社会科学研究者である。本書の編者である笠井・田島からパブリック・ヒストリーというテーマで一緒に取り組んでみないかとお声がけをしたとき、多くのメンバーは困惑されたことと思うが、新しい挑戦に応じてくださった。2 年間で定例会を 9 回開き、パブリック・ヒストリーとは何かを議論しつつ、各自の研究・実践を共有していく中で、自らの研究が歴史実践を大いに含むものであったことを各メンバーが気付いていくことができた。本書には論考を所収していないメンバーも含め、各メンバーの協力があってこそ本書刊行に至ったものであり、このことについても感謝したい。

　さて、日本においてパブリック・ヒストリーを語るうえで、少なくとも、菅豊・北條勝貴編『パブリック・ヒストリー入門』（勉誠出版、2019 年）と「パブリックヒストリー研究会」の貢献は無視できない。本書を含め、パブリック・ヒストリーについて十分に自覚的に考えてこられてはいなかった研究者が、これを大事な概念であると目を見開かされ魅力に衝き動かされたのは、こうした取り組みがあったからにほかならない。パブリック・

ヒストリーの課題にも目を向けつつ、その可能性や重要性を明確に示唆してくださった先達に感謝したい。

＊

　以下、本書各章の概要を概観する。第1章（笠井賢紀）では、実践・物語・主体という要素、パブリック・ヒストリーが持つ諸性質、中でもコアな概念としての「パブリック」の意味としての開放性、そして熟議や想像の契機としての共生社会への必要性が論じられた。

　続く第2章（田島英一）は、パブリック概念について、差異を抱えるものとの超越者を介した対話的紐帯を意味する「共生の公」と客観知で秩序が維持される「共約の公」との対比において、前者の可能性に光を当てた。なお、最後に「遠野の民話」に触れられているが、『遠野物語』の序文で柳田国男は「この書は現在の事実なり」と述べており（柳田 1910＝1976）、保苅実が『ラディカル・オーラル・ヒストリー』で述べた、人間の歴史経験に真摯であるような歴史学（保苅 2004）という立場と連なるところがあるようにも思われる。

　以上、本書におけるパブリック・ヒストリーおよびパブリック（公、公共性）とは何であるかを議論した第Ⅰ部（第1章、第2章）を基礎として、第Ⅱ部以降は第Ⅰ部への応答を内包する形で書かれた。なお、部は便宜的に分けたものであり、各章の内容は以下に説明する部ごとの特徴に限定されるものではない。

　まず、第Ⅱ部（第3章、第4章、第5章）は、歴史を紡いでいる当事者たちが、自らの行為をパブリック・ヒストリーであると位置付けているわけでも気が付いているわけでもないが、研究者がその実践を紐解くことによってパブリック・ヒストリーとしての性質が浮かび上がってくるものであった。いずれの章も、分析に至るまでの方法にも注目できる。

　第3章（松本章伸）は、占領期沖縄の親子ラジオにおける番組制作がパブリックと協働しながら「パブリックの中の／に対する歴史」を紡いでいたことを、膨大かつ貴重な番組データやインタビューから明らかにしたも

のである。著者は、音源を入手し整理・分析するだけでなく、現地のラジオで資料・情報提供を呼び掛けたり、元放送局を探し求めて歩き回ったり、膨大な公文書館所蔵文書を繙いたりすることも通じて、本研究を成り立たせた。

　第4章（熊野谷葉子）は、チャストゥーシカと呼ばれる民謡が、伝達・再生産の過程でパブリックなものとなっていく過程を描くとともに、歌うこと自体が歴史を物語る行為にもなっていることを論じた。伝統的民謡とコロナ禍の現代的事例とをつなげた分析の基礎には、著者自身の30年間にわたる現地でのチャストゥーシカの記録がある。

　第5章（内尾太一）は、公共人類学を専門とし国内外でフィールドワークをしてきた著者による、インターネット上にある人びとの自発的で多様な声の動態を把握しようという新たな試みであった。私たちの声が図らずもパブリック・ヒストリーを形成しうることが示されている。分析には著者自らがこのために開発したプログラムが用いられた。

　第II部は自覚なきパブリック・ヒストリーに焦点が当たったが、第III部（第6章、第7章）は自覚的に歴史を紡ぐ行為に身を投じていった人たちの話である。ただし、彼女たちには、抱えていた「語りにくさ」を超える必要があった。

　第6章（大橋香奈）は、東日本大震災の被害を経験したゆみこさんが感じた「語ること」への不安や抵抗感について調べ、コミュニティやメディアにおけるサバルタニティだけでなく、支援―被支援関係におけるサバルタニティといった構造があることに、時間をかけた本人との協働の中で本人と共にたどり着いた。

　第7章（湯川真樹江）は、満洲引揚者の土屋洸子に焦点を当て、一見直接の関係がなさそうに見える経験間の関連を明らかにした。同時に、土屋自身による喪失体験や社会変化への着眼と、著者による満洲や研究者家族といった文脈への着眼とが異なることも示された。記憶の場や「大切な記憶」としての記憶の描き方にもまた語りにくさを超えるヒントがある。

　第III部は個人の語りに着目したが、第IV部（第8章、第9章、第10章）では、そうした個人の語りが蓄積している社会的な事象について、より広

く全体像を見るものである。いずれの章も、他者が専門知をもって描く歴史があり、それに抵抗する「当事者」たちの描く歴史がある。ただし、当事者もまた一枚岩ではない。さまざまな立場がある中で、各著者は中立を装わず、ある特定の立場で語ることで責任を果たしているため、異なる立場に立つ読者には、違和感が生じたかもしれないが、だからこそパブリックな議論を展開する契機になるだろう。

第8章（藤谷悠）は、ひきこもりのパブリック・ヒストリーには絶対的に語れないひきこもりの存在があること、すなわち、パブリック・ヒストリーに不存在な当事者がいることを意識し、専門家はつねに謙虚にならねばならないと提起する。パブリック・ヒストリーがたどり着けないかもしれない当事者の存在に目を向けさせられる。

第9章（阿毛香絵）は、セネガルのイスラーム教団を例に、外部による歴史は統治のための理解の一環として書かれる一方で、社会の内部で意味を持つ歴史は物的肉体と霊性を両極とする人間の理解と、それらが神と合一することを目指す集合的な場の形成であると論じた。何が意味を持つのかの判断もまた、強い文脈依存性を持ち、社会によって異なることが鮮烈に示された。

第10章（ハディ・ハーニ）は、パレスチナ／イスラエルにまつわる歴史実践から、専門家によるヒストリカル・パストと人びとによるプラクティカル・パストの複雑で微妙な関係性を整理した。すなわち、後者が前者によって自説を権威づけたり、その際にその学術性が検討されなかったりする一方で、それとは別の忍耐強いプラクティカル・パストがそれらの虚偽性を明らかにしてきたのである。中立を装う観察者が虚偽言説を許容する場合があると著者が鳴らす警鐘に、私たちは耳を傾けなければならない。

最後に、第Ⅳ部（第11章、第12章）は、著者自らがパブリック・ヒストリーを紡ぐ歴史実践に、より直接的に参画しているものである。研究プロジェクトのメンバー 23 名はいずれも何らかの歴史実践に深くかかわっているが、その実例に触れることができる。

第11章（竹山和弘）は、市役所職員でもある著者が、内発的まちづくりの担い手として NPO 法人を立ち上げ、住民たちの「住まいの記憶史」

を紡いでいく事例である。同法人はこの事業の他にも、地域の人たちが伝承してきた名物料理（目川田楽）を広めたり、農福（農業と福祉）連携施設の運営を支えたり、滋賀県栗東市の内発的まちづくりに総合的にかかわっており、文脈を知る地域密着型の活動の強みが現れている。

　第12章（後藤一樹）は、自らが歩いた四国遍路の約1,200kmの旅を、367時間を超える撮影データに収めた。そのデータの分析と画コンテと呼ぶ表現方式で、曼荼羅のように一人ひとりの歴史が幾重にも重なりあって無限に広がる社会が作りだされている様を描いた。本書の紙幅の問題で掲載できなかったが、後藤が記録した出会いもその重なり合いも、実際にはより膨大なものであり、無限に重なり合う社会と自身の接続に気付かされることが四国遍路の醍醐味の一つだと思わされるのである。

＊

　本書の各章原稿を受け取った後、私は国際会議での報告のためにハンガリーのブダペストにいき、そのまま客員教員として赴任するため台湾の台北へと向かった。ブダペストの自由広場にはドイツ占領犠牲者記念碑が建っており、目の前の噴水では子どもたちが楽しそうに遊んでいる。だが、噴水と記念碑のあいだには、この記念碑がハンガリーによるホロコーストへの関与を否定するという歴史の改竄であると抗議する各国語の紙が貼りだされていた。抗議文を貼っている主体や、その主張について精査していないので深い分析はできないものの、観光客も多くくる広場で公的なモニュメントの前に貼りだされていても、少なくとも抗議文が当局によって剥がされてしまうことがないことに驚かされた。

　台北では、白色テロ（1949年から1987年の戒厳令下における政治的弾圧）時代の景美軍法処看守所が、現在は国家人権博物館になっている。そこには、轉型正義（transitional justice、移行期正義）に関する展示があった。先のハンガリーにおけるホロコーストも、台湾における白色テロも、過去の大量の人権侵害に現在の社会がどう向き合うかという移行期正義の問題を抱えており、まさにパブリック・ヒストリーが要請される領域であるとい

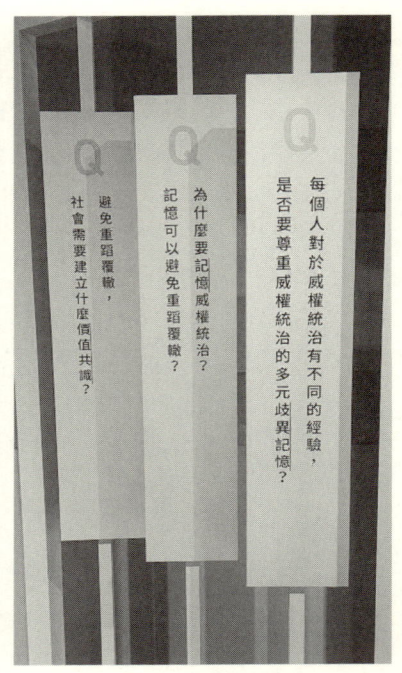

図1　ブダペスト自由広場のドイツ
　　　占領犠牲者記念碑と抗議文
　　　（2024年9月5日筆者撮影）

図2　台北の国家人権博物館における
　　　移行期正義展示の一部
　　　（2024年9月25日筆者撮影）

えるだろう。展示の最後には来場者への問いかけがあった。たとえば「毎個人對於威權統治有不同的經驗，是否要尊重威權統治的多元歧異記憶？（それぞれの人が権威主義体制に対して同じではない経験をしたが、多様で異なる記憶を尊重すべきだろうか？）」という問いがある。私たちはこの問いに、多声性を重んじて「是（そうだ）」と答えるだろう。

　本書で扱ってきたのは、必ずしもホロコーストや白色テロといった国家・国際レベルの社会問題ではないし、場合によっては社会問題とさえされない分野もある。それでも、学問が歴史を占有することなく、人びととともに人びとの歴史を作り上げていく営みとしてのパブリック・ヒストリーの重要さは各章を通じて読者にも再確認されたことと思う。ブダペストの広場のように歴史がパブリックな場で議論され、台北の博物館展示のよ

うに一人ひとりに多声性の必要性を問いかけるような、そういう社会にこそ共生の可能性があるのではないだろうか。

　本書は、私たち執筆陣に「自分の研究や実践は、パブリック・ヒストリーとしての性格も持っているのか」と気付かせ、あるいは勇気付けるものでさえあった。だからこそ、本書の読者一人ひとりにとっても「パブリック・ヒストリー実践」やその萌芽が、すでに自分の生活の中にあるのではないかと、まずは探してみてほしい。あるいは、自らや近しい誰かが語りづらさを抱えているとき、自分たちの語られ方にどうも納得がいかないとき、オルタナティブで多声的な歴史を紡ぐ一歩を踏みだしてほしい。

＊

　本書の刊行にあたっては慶應義塾大学出版会の森万佑子さんにお世話になった。その丁寧で迅速なご指摘に感謝したい。

　また、本書に示された調査や歴史実践は、私たち専門家が協働し議論していくべき人たちなくしてはなしえなかったものである。これからも多くの方と共にパブリック・ヒストリーを紡いでいきたいと願っている。

　ここで、私にも市民や生活者としての顔があるのは当然のことで、だからこそ、「私たち専門家」という位置付け方の権威的な印象や、自他を分ける境界線を明確にすることに抵抗がないわけではない。しかし、ことパブリック・ヒストリーを語るときに、自らが専門家であるという立場性を示し、その責任を引き受けることが学術に身を置くものにとっては必要だと考え、あえてこの表現を採用した。

2024 年 10 月 6 日
台湾国立政治大学の研究室にて

編者を代表して　笠井賢紀

参考文献

保苅実（2004）『ラディカル・オーラル・ヒストリー――オーストラリア先住民ア
　ボリジニの歴史実践』御茶の水書房。
柳田国男（1910＝1976）『遠野物語・山の人生』岩波書店。

索　引

執筆者紹介（掲載順）

笠井　賢紀（かさい　よしのり）※編者
慶應義塾大学法学部准教授。1983 年生まれ、慶應義塾大学大学院政策・メディア研究科後期博士課程修了、博士（政策・メディア）。専門分野：社会学。主要著作：『栗東市の左義長からみる地域社会』（サンライズ出版、2019 年）、『共生の思想と作法——共によりよく生き続けるために』（共編著、法律文化社、2020 年）、ほか。

田島　英一（たじま　えいいち）※編者
慶應義塾大学総合政策学部教授。1962 年生まれ、慶應義塾大学大学院文学研究科博士後期課程単位取得退学、修士（文学）。専門分野：中国地域研究、宗教と公共性。主要著作：『弄ばれるナショナリズム——日中が見ている幻影』（朝日新聞出版、2007 年）、『協働体主義——中間組織が開くオルタナティブ』（共編著、慶應義塾大学出版会、2009 年）、ほか。

松本　章伸（まつもと　あきのぶ）
早稲田大学教育・総合科学学術院次席研究員（研究員講師）／日本学術振興会特別研究員 -CPD／メリーランド大学カレッジパーク校客員研究員。1983 年生まれ、大阪大学大学院文学研究科博士後期課程修了、博士（文学）。専門分野：メディア史、番組研究。主要著作：「占領期日本のラジオドキュメンタリー——音声と番組制作工程から読み解く」（大阪大学大学院文学研究科博士学位論文、2021 年）、「米国 VICE Media の表現形式にみる共生」笠井賢紀・工藤保則編『共生の思想と作法——共によりよく生き続けるために』（法律文化社、2020 年、200–215 頁）、ほか。

熊野谷　葉子（くまのや　ようこ）
慶應義塾大学法学部教授。東京大学大学院人文科学系研究科博士課程単位取得退学、博士（文学）。専門分野：ロシア・フォークロア。主要著作：『マトリョーシカのルーツを探して——「日本起源説」の謎を追う』（岩波書店、2023 年）、『ロシア歌物語ひろい読み——英雄叙事詩、歴史歌謡、道化歌』（慶應義塾大学教養研究センター選書、2017 年）、ほか。

内尾　太一（うちお　たいち）
静岡文化芸術大学文化政策学部准教授。1984 年生まれ、東京大学大学院総合文化研究科博士課程修了、博士（国際貢献）。専門分野：文化人類学。主要著作：『復興と尊厳——震災後を生きる南三陸町の軌跡』（東京大学出版会、2018 年）、Uchio, Taichi (2024) "Bicoastal Resonances: Toward a Cultural Anthropology on JTMD, Debris Hitchhikers, and the Extended Effects of 3.11 ," *Ritsumeikan Pan-Pacific Civilization*

Studies, 8, 1–24. ほか。

大橋　香奈（おおはし　かな）

東京経済大学コミュニケーション学部准教授。1981 年生まれ、慶應義塾大学大学院政策・メディア研究科後期博士課程修了、博士（政策・メディア）。専門分野：移動の社会学、ビジュアル・エスノグラフィー。主要著作：『Digital Media Practices in Households: Kinship through Data』（共著、Amsterdam: Amsterdam University Press、2020 年）、ドキュメンタリー映画 "Transition"（Co-directed by Kana Ohashi and Daijiro Mizuno, 2019）、ほか。

湯川　真樹江（ゆかわ　まきえ）

滋賀大学経済経営研究所客員研究員。1982 年生まれ、慶應義塾大学大学院博士後期課程単位取得退学、修士（歴史学）。専門分野：満洲史。主要著作：『戦後日本の満洲記憶』（共編、東方書店、2020 年）、「満洲『水稲作』の嚆矢に関する一考察——朝鮮と満洲の日本人技術者の『乾稲』認識の差異に着目して」（『東洋学報』第 105 巻第 4 号、2024 年）、ほか。

藤谷　悠（ふじたに　ひろき）

神奈川大学国際日本学部非常勤講師／文教大学情報学部非常勤講師。1984 年生まれ、慶應義塾大学大学院政策・メディア研究科後期博士課程修了、博士（学術）。専門分野：社会学、ひきこもり経験者への生活史調査、当事者研究論。主要著作：「ハーフとひきこもりの部分的つながり——複言語・複文化性の原点回帰と『移動』概念の再定義」（『言語文化教育研究』第 17 巻、2019 年、339–359 頁）、「『ひきこもり学』を構想する二人のひきこもり経験者の対話——当事者研究から共事者研究へ」（『日本オーラル・ヒストリー研究』第 16 号、2020 年、187–206 頁）、ほか。

阿毛　香絵（あもう　かえ）

京都大学大学院アジア・アフリカ地域研究研究科助教。フランス国立社会科学高等研究院（EHESS）、博士（民族学・文化人類学）。専門分野：文化人類学、アフリカ地域研究。主要著作：阿毛香絵・樫尾直樹「現代社会における宗教性に関するアフリカ・アジア比較研究の可能性——認識論的視座の再検討」（『京都精華大学紀要』第 57 号、2024 年）、"Les étudiantes musulmanes sénégalaises. Une ethnographie de la diversité religieuse et identitaire au sein des campus universitaires（セネガル人ムスリム女学生たち——大学キャンパスにおける宗教的多様性とアイデンティティのエスノグラフィー）" Cahier d'Etudes Africaines, Ed., *EHESS, LXII*（4）, 248, 797–827, 2022, Dec. ほか。

ハディ・ハーニ（Hani Abdelhadi）

明治大学商学部特任講師。1992 年生まれ、慶應義塾大学大学院政策・メディア研究科後期博士課程修了、博士（政策・メディア）。専門分野：パレスチナ地域研究、イスラーム地域研究。主要著作：「パレスチナ問題における「解決」のディスコース分析」（慶應義塾大学大学院政策・メディア研究科博士学位論文、2021 年、1–519 頁）、「イスラーム法からみるパレスチナ問題」（『イスラム世界』第 93 号、2020 年、27-60 頁）、ほか。

竹山　和弘（たけやま　かずひろ）

NPO 法人くらすむ滋賀理事長。1972 年生まれ、京都橘大学大学院文化政策学研究科博士後期課程単位取得退学、博士（文化政策学）。専門分野：文化政策学（まちづくり）。主要著作：『まちを楽しくする仕事――まちづくりに奔走する自治体職員の挑戦』（水曜社、2018 年）、「地方自治体におけるまちづくり主体の転換に関する研究――滋賀県栗東市の事例を中心に」（京都橘大学大学院文化政策学研究科博士学位論文、2016 年）、ほか。

後藤　一樹（ごとう　かずき）

千葉商科大学政策情報学部准教授。1983 年生まれ、慶應義塾大学大学院社会学研究科後期博士課程修了、博士（社会学）。専門分野：社会学、生活史研究、映像制作。主要著作：「生きられる亡き人――時間の旅としての四国遍路」浜日出夫編著『サバイバーの社会学――喪のある景色を読み解く』（ミネルヴァ書房、2021 年）、「私の人生を歌える？――ライフストーリーのビジュアル化とサウンド化」岡原正幸編著『アート・ライフ・社会学――エンパワーするアートベース・リサーチ』（晃洋書房、2020 年）、ほか。

慶應義塾大学東アジア研究所叢書

パブリック・ヒストリーの実践
——オルタナティブで多声的な歴史を紡ぐ

2025 年 1 月 30 日　初版第 1 刷発行

編著者————笠井賢紀・田島英一
発行者————大野友寛
発行所————慶應義塾大学出版会株式会社
　　　　　　〒 108-8346　東京都港区三田 2-19-30
　　　　　　TEL 〔編集部〕03-3451-0931
　　　　　　　　〔営業部〕03-3451-3584〈ご注文〉
　　　　　　　　〔　〃　〕03-3451-6926
　　　　　　FAX 〔営業部〕03-3451-3122
　　　　　　振替　00190-8-155497
　　　　　　https://www.keio-up.co.jp/
装　丁————鈴木　衛
印刷・製本——株式会社理想社
カバー印刷——株式会社太平印刷社

©2025 Yoshinori Kasai, Eiichi Tajima, and Contributors
Printed in Japan　ISBN 978-4-7664-3005-9

慶應義塾大学出版会

阪神・淡路大震災から私たちは
何を学んだか──被災者支援の30年と未来の防災

阪本真由美著　阪神・淡路大震災から30年。未曾有の被害をもたらした原因は何だったのか。行政アドバイザーとして被災者支援に長年携わる著者が、東日本大震災、能登半島地震、世界の事例をもとに、日本特有の防災対策システムの限界を指摘し、改革を提言する。

定価 2,640 円（本体 2,400 円）

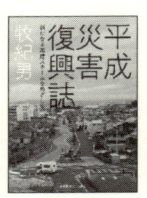

平成災害復興誌
──新たなる再建スキームをめざして

牧紀男著　雲仙普賢岳噴火災害から、阪神・淡路大震災、東日本大震災まで。平成は数多くの自然災害に翻弄される時代となった。これらの復興の軌跡を振り返り、気象災害や大規模地震への備えを考える。令和の復興像を描く現代復興小史。定価 2,750 円（本体 2,500 円）

われわれが災禍を悼むとき
──慰霊祭・追悼式の社会学

福田雄著　「たまたま被災してしまった」という「偶然性」。この苦難にともに向き合い、語り、祈ることには、いかなる社会的意味があるのか。その意味を後世に託し、折り合いをつけながら生きていくための営為を辿った力作。2021 年度印度学宗教学会賞受賞。

定価 3,300 円（本体 3,000 円）

占領期ラジオ放送と「マイクの開放」
──支配を生む声、人間を生む肉声

太田奈名子著　GHQ の指導のもと制作されたラジオ番組『真相はこうだ』『真相箱』『質問箱』『街頭録音』を分析し、アメリカの占領政策と「ウォー・ギルト」、そして戦後日本の民主化の内実を問いなおす。第 9 回内川芳美記念メディア学会賞受賞。

定価 4,620 円（本体 4,200 円）